辽金民族关系思想研究

孙政 著

西南交通大学出版社
·成都·

图书在版编目（CIP）数据

辽金民族关系思想研究／孙政著. —成都：西南交通大学出版社，2022.11
ISBN 978-7-5643-9001-3

Ⅰ.①辽… Ⅱ.①孙… Ⅲ.①民族关系–思想史–研究–中国–辽金时代 Ⅳ.①K280.046

中国版本图书馆 CIP 数据核字（2022）第 207333 号

Liao-Jin Minzu Guanxi Sixiang Yanjiu
辽金民族关系思想研究
孙　政　著

责 任 编 辑	郭发仔
助 理 编 辑	徐茂嘉
封 面 设 计	原谋书装
出 版 发 行	西南交通大学出版社 （四川省成都市金牛区二环路北一段 111 号 　西南交通大学创新大厦 21 楼）
发行部电话	028-87600564　028-87600533
邮 政 编 码	610031
网　　　址	http://www.xnjdcbs.com
印　　　刷	成都中永印务有限责任公司
成 品 尺 寸	170 mm × 230 mm
印　　　张	18.5
字　　　数	266 千
版　　　次	2022 年 11 月第 1 版
印　　　次	2022 年 11 月第 1 次
书　　　号	ISBN 978-7-5643-9001-3
定　　　价	68.00 元

图书如有印装质量问题　本社负责退换
版权所有　盗版必究　举报电话：028-87600562

Preface 前 言

　　契丹族建立的辽朝和女真族建立的金朝对中国传统民族关系思想的继承和创新作用都是显著的。

　　第一章讨论辽太祖至辽穆宗时期的民族关系思想。辽太祖耶律阿保机形成和实践了"广土众民之志""化家为国""因俗而治"以及"分而治之"等思想观点，对中国统一多民族国家的认同产生了积极影响。辽朝初期，契丹统治阶级对一些民族问题的认识出现分歧，形成了两个对立的思想流派：一是以旧制为依托，坚持草原本位主张的保守派；二是慕中华风俗，积极介入中原事务的开明派。双方的矛盾常常随时局变化而激化，彼此间斗争的结果影响了中国历史走向。

　　第二章论述辽景宗至辽兴宗时期的民族关系思想。辽景宗借鉴汉族统治者的经验治国，确立嫡长子继承制。在对宋关系方面，前期以和为贵；后期挫败宋太宗的北伐，转而进行报复性的南侵。辽景宗统治时期，境内的汉族士人大多已经摆脱华夷之辨的束缚，视辽朝为安身立命之所。萧绰倾向汉化，促进了辽朝的封建化。战胜"雍熙北伐"后，萧绰和辽圣宗产生了"压制北宋"的思想，经过长期对抗，在"以战促和"思想指导下，逼迫宋真宗订立"澶渊之盟"。辽圣宗钦慕华风，重用汉臣，在与北宋和平相处的同时，不断向周邻扩张。辽兴宗虽胁迫北宋增加岁币,但总体上珍惜双方的和平,为遏制西夏势力的扩张,他发动了对西夏的战争。辽兴宗不甘心被视为"夷狄",努力提高辽朝的正统地位。由于辽朝统治者穷兵黩武,造成民生困弊,萧韩家奴产生了不事四夷的思想。

第三章论述辽道宗和天祚帝时期的民族关系思想。辽道宗的民族关系思想体系主要由"吾修文物,彬彬不异中华""义若一家"和"示信以怀远方"等观点构成,具有一定的理论深度。但由于他为政昏聩导致国势衰落,以致其思想的价值长期被忽视。天祚帝在民族关系思想方面的失误,是其沦为亡国之君的重要原因。他以正统自矜,轻视女真崛起,致使局势失控;又狭隘多疑,造成了契丹内部分裂,企图依靠高丽、西夏抗金的想法也落了空;天祚帝弃军民而自为谋身计,最终国破家亡。

第四章涉及金太祖和金太宗时期的民族关系思想。完颜阿骨打的民族关系思想包括"苦契丹残忍,欲自立国""今欲中外一统""天下一家"以及"海上信誓已定,不可失也"等观点。他的思想符合历史发展趋势,使女真人由分裂走向统一,奠定了灭辽和北宋的基础。金太宗的民族关系思想有一个从"一依本朝旧制"到"威制中国"的转变过程。在批判其侵略扩张的同时,也应看到在当时的历史条件下他的思想存在着一定的合理性。完颜宗翰的民族关系思想主要体现在追求女真独立以及从支持海上之盟到伐宋问罪再到徐图统一的思想变化。完颜宗弼无论是主和或主战,都是从金朝的国家利益出发,审时度势的结果。

第五章范围是金熙宗至金章宗时期的民族关系思想。金熙宗的

前　言

民族关系思想体系由"四海之内，皆朕臣子，若分别待之，岂能致一""渐祈胥效，翕至大同""柔宋人而息兵戈"等观点构成，在政治上取得了高度的成就，奠定了金宋和平相处的基础。完颜亮的民族关系思想主要由"朕以天下为家，固无远迩之异"和"天下一家，然后可以为正统"两个观点支撑，在理论上达到了金朝时期的高峰，但因实践的时机、方法和策略不当而导致失败。金世宗总结历史经验并结合现实，形成了"以仁易暴，休息斯民""使子孙得见旧俗，庶几习效之""女真为本"等思想观点。他的思想存在矛盾性，产生了积极与消极两方面的影响。金章宗"欲跨辽、宋而比迹于汉、唐"，对金与南宋之间的关系以大体为重，挫败韩侂胄"开禧北伐"，达成"嘉定和议"，经略北疆，使金朝进入了鼎盛时期。

第六章讨论卫绍王至金哀宗时期的民族关系思想。卫绍王在蒙古进攻西夏时，坚持"敌人相攻，吾国之福"的观点，不肯出兵援助；在抗击蒙古入侵时持消极御敌的思想，导致"身弑国蹙"的悲剧结局。金宣宗民族关系思想出现了一系列失误是其未能中兴金朝的原因之一。面对成吉思汗入侵，金宣宗奉行消极避让的思想。大敌当前，金宣宗南开宋衅，西启夏侮，国势日衰。金哀宗纠正了金宣宗民族关系思想的偏差，停止侵宋，与西夏议和，从而能集中力量抵御蒙古入侵。虽然未能挽回亡国的结局，但其思想的价值应该予以肯定。

第七章对辽金民族关系思想进行比较和评价。辽金对中国传统民族关系思想的继承和发展具有相似性，但在统治民族发展的定位和对正统的追求上有所不同。辽金民族关系思想是中国民族关系思想史上的一个重要篇章，推动了中国统一的多民族国家的发展。

  本书是在博士论文基础上完善而成的，也是在导师的指导下完成的断代史成果之一。由于多方面原因，书中难免存在不是之处，请各位专家批评指正。

作　者
2022 年 3 月

目 录

绪 论 …………………………………………………………… 001
    一、研究背景 ………………………………………………… 001
    二、研究现状 ………………………………………………… 004
    三、研究方法 ………………………………………………… 006
    四、研究重点与难点 ………………………………………… 007

第一章　辽太祖至辽穆宗时期的民族关系思想 ……………… 009
    第一节　辽太祖的民族关系思想 …………………………… 009
    第二节　辽朝初期民族关系思想的两大流派 ……………… 024

第二章　辽景宗至辽兴宗时期的民族关系思想 ……………… 039
    第一节　辽景宗的民族关系思想 …………………………… 039
    第二节　萧绰的民族关系思想 ……………………………… 055
    第三节　辽圣宗的民族关系思想 …………………………… 077
    第四节　辽兴宗的民族关系思想 …………………………… 096

第三章　辽道宗和天祚帝时期的民族关系思想 ……………… 115
    第一节　辽道宗的民族关系思想 …………………………… 115
    第二节　天祚帝的民族关系思想 …………………………… 128

第四章　金太祖和金太宗时期的民族关系思想 …………… 141
　　第一节　完颜阿骨打的民族关系思想 ………………… 141
　　第二节　金太宗的民族关系思想 ……………………… 157
　　第三节　完颜宗翰的民族关系思想 …………………… 167
　　第四节　完颜宗弼的民族关系思想 …………………… 177

第五章　金熙宗至金章宗时期的民族关系思想 …………… 185
　　第一节　金熙宗的民族关系思想 ……………………… 185
　　第二节　完颜亮的民族关系思想 ……………………… 194
　　第三节　金世宗的民族关系思想 ……………………… 209
　　第四节　金章宗的民族关系思想 ……………………… 225

第六章　卫绍王至金哀宗时期的民族关系思想 …………… 239
　　第一节　卫绍王的民族关系思想 ……………………… 239
　　第二节　金宣宗的民族关系思想 ……………………… 244
　　第三节　金哀宗的民族关系思想 ……………………… 254

第七章　辽金民族关系思想的比较和评价 ………………… 260
　　第一节　辽金民族关系思想比较 ……………………… 260
　　第二节　辽金民族关系思想评价 ……………………… 274

参考文献 ……………………………………………………… 281

绪　论

一、研究背景

在学术界的相关论著中,我们往往能看到不同学者在研究历史人物的民族问题时会使用不同的概念,诸如"民族观""民族史观""民族思想""族群观""民族主义""民族主义思想"和"民族关系思想"等。"民族关系思想"概念作为其中之一,虽然出现较晚,但在较短的时间里取得了丰硕的研究成果,赢得众多学者的高度评价和赞誉。

中国民族关系思想是各个时期各个民族的各类人物对中国民族关系的认识,是几乎所有统治者制定民族政策、处理民族关系的理论基础其既是政治家、思想家、军事家、史学家和普通民众对历史上民族关系的总结和反思,也有他们对当时民族关系现状的理性思考和客观认识,还有他们对民族关系未来发展趋势的预见。[①]

1988年,崔明德教授发表《关于中国民族关系思想史研究的几点看法》一文,在学界最早提出了"民族关系思想"的概念,次年又发表《应当深入开展中国民族关系思想史研究》,建议开展中国民族关系思想史研究。1998年,崔明德教授发表《关于建立中国民族关系思想史学科的构想》,呼吁建立中国民族关系思想史学科。其后十几年里,崔明德教授在《中国民族关系思想史研究范围和方法的探讨》等一系列文章中,对民族关系思想的定义、研究范围、发展脉络、研究方法进行了科学的界定,

---

① 崔明德:《中国民族关系思想史研究范围和方法的探讨》,《民族研究》,2006年第2期,第68页。

构建了完整的民族关系思想史的理论与研究框架。

在这些文章中,崔明德教授对开展民族关系思想史研究的必要性进行了详细阐述:第一,从知行关系来看,一般来说,应是先有思想后有实践行动,思想决定或影响着行动,一切行为、政策、策略和方案都是在一定的意念和思想的支配下进行的。所以,研究中国历史上几乎所有涉及到民族关系的事件及政策,都离不开历史人物对民族关系的思考与认识。第二,深入研究中国民族关系思想史,既能更好地研究中国民族史和中国民族关系史,又能丰富中国思想史。第三,研究中国民族关系思想史有助于解决中国民族史及中国民族关系史研究中的若干理论问题。第四,从国内外学术发展的趋势来看,研究民族关系思想既是学科建设和学科发展的重要方面,也是民族学研究中的一个重要方向。第五,开展中国民族关系思想史研究可以更好地为当前制定民族政策、处理现实的民族关系提供理论依据,有利于中华民族的团结。第六,这是进一步繁荣学术研究事业的需要。①

近年来,民族关系思想概念已经得到很多学者的肯定,学术界在民族关系思想领域进行了比较深入的研究,取得了一大批有分量的研究成果。但由于这方面的工作起步较晚,目前研究的范围尚不够宽广,对中国历史上许多重要的时代和代表性人物的民族关系思想还缺乏系统梳理与深入发掘。

10世纪初到13世纪上半叶,是我国统一的多民族国家在秦汉形成以后经历的第二次大分裂阶段,也是中华各族迭起竞相建立政权的时期。在此之前,由于唐王朝开明的民族关系思想和民族政策的影响,各部族均获得了突破性的进步。当唐朝衰落后,诸族纷纷谋求更大的发展。北方的契丹族和女真族表现得最为活跃,成就也最大。他们建立的辽朝和金朝,疆域不断扩大,先后与中原王朝对峙,实际上形成了中国历史上

---

① 崔明德:《中国民族关系思想史研究范围和方法的探讨》,《民族研究》,2006年第2期。

绪 论

第二个南北朝的局面。虽然他们相互之间的战争给各族人民带来了深重的苦难，但彼此的交往也促进了各族人民的相互了解、学习和融合，为中国更高层次的统一奠定了基础。辽朝在200多年间，"不仅第一次将我国广大的北方地区各民族统一起来，而且还第一次打破了长城的阻隔，汉人北迁，北方民族南迁，将北方的游牧经济与长城以南的农业经济结合为一体……契丹国的政治体制以及'因俗而治'的民族政策，为后世祖国各朝统治者留下一份珍贵遗产，丰富了祖国的灿烂文化。所有这些，为祖国各民族再次大统一，奠定了基础"[①]。金朝"既大大推动了女真社会历史的发展，又在巩固祖国北部统一，发展北方社会经济，促进中华民族进一步形成等方面做出了很大的贡献"[②]。从这一点来看，经过这次分裂后，我国再没有出现过大的长时间的分裂绝不是偶然的，而是这一时期我国统一的多民族国家凝聚力进一步加强的结果。

以往学界的众多学者已充分认识到辽金在中国历史上的独特地位和重要价值，已就这一时期民族关系的诸多问题做了深入探讨，发表了大量有价值的研究成果。但迄今为止，还没有学者对指导着辽金统治者制定民族政策和处理民族关系的民族关系思想进行系统研究，这是一大缺憾。辽金作为少数民族执掌政权的王朝，长期处于大动荡、大融合、大发展时代，各民族既有友好往来，也有兵戎相见。辽金的政治家、思想家及史学家对当时的民族关系有切身体验和深刻认识，对传统民族关系思想的继承和结合自身情况进行的创新都是显著的，内容非常丰富，影响也十分深远，是中国民族关系思想史上的一个重要篇章。这些思想既有精华，也有糟粕。积极开展对辽金民族关系思想的研究，取其精华，弃其糟粕，为当今正确处理民族关系、制定合乎时代发展要求的民族政策提供一些理论借鉴，将有利于各民族的团结和进步，进一步铸牢中华民族共同体意识。

---

① 王锺翰：《中国民族史》，中国社会科学出版社，1994年。
② 王锺翰：《中国民族史》，中国社会科学出版社，1994年。

二、研究现状

目前，学界已有一些专家、学者开始关注和研究中国古代、近代和现代历史上政治家和思想家的民族关系思想，研究对象已涉及刘敬、臧衍、吕雉、汉文帝、贾谊、中行说、晁错、汉武帝、司马相如、刘安、张骞、司马迁、汉宣帝、赵充国、魏相、萧望之、贾捐之、谷吉、陈汤、汉哀帝、杨雄、王舜、刘欣、王莽、严尤、班彪、班固、班超、班勇、梁商、李固、皇甫规、宋文帝、隋文帝、长孙晟、梁睿、薛道衡、隋炀帝、裴矩、唐太宗、唐高宗、武则天、狄仁杰、郭元振、唐玄宗、唐德宗、李泌、陆贽、韦皋、杜佑、唐宪宗、李绛、白居易、韩愈、唐文宗、唐宣宗、李德裕、牛僧孺、杜牧、程宴、牛丛、司马光、王安石、丘浚、杨应琚、魏源、冒顿、赵佗、呼韩邪、苻坚、耶律阿保机、辽兴宗和突厥、吐蕃、回纥、南诏、唐时西域诸国历代首领等的民族关系思想。这方面代表性的著作主要有《两汉民族关系思想史》①和《隋唐民族关系思想史》②等专著。

另一方面，涉及辽金时期民族关系方面的研究也已取得了许多重要成果。陈述先生在《契丹政治史稿》第五篇《阿保机建国的基本情况及其政策》指出，阿保机广揽汉人，以实新国，对于被征服的人们，迁徙参合，以收防范融化之功。至于部落之间，则因势利导，以强干弱枝。基本上因俗而治。第六篇《统治政策的演变与汉人地位的提高》认为历穆宗而世宗，采取草原保守政策。周复三关，实际得自契丹政策方面的便利是很大的。景宗即位时期，已稍改此策，宋廷不得不纳币结盟，铸成南北朝的局面。兴宗而下，已经无别于汉家的太平天子。张博泉先生的《金史简编》是第一部全面系统的金朝断代史。书中对争议比较大的宗弼、完颜亮等人做出了恰如其分的评价。陶晋生先生的《宋辽关系史研究》集中了他多年来研究宋辽外交关系的成果，囊括宋辽间关系的各个层面。内容包括宋辽关系的历史背景、平等的外交关系、经济文化交

绪 论

流等。赵永春先生在《金宋关系史》中指出金"在整个宋金交往的过程中，始终处于主导地位"，论述了和平相处是金宋关系的主流，提出广义民族英雄和狭义民族英雄的见解。李桂芝教授的《辽金简史》对北方各民族之间的经济交往和政治联系，特别是辽金与两宋之间的关系提出了自己的见解。杨树森先生的《辽史简编》和舒焚先生的《辽史稿》是两部通行的辽朝断代史，其中有章节对辽朝的民族关系进行叙述和解读。邓广铭先生主编的《辽宋西夏金史》是《中国大百科全书·中国历史》的分册，李锡厚、白滨先生的《辽金西夏史》是《中国政治制度通史》的第七卷，两部著作都有相应的章节系统论述了辽金的民族关系。陈佳华先生主编的《宋辽金时期民族史》涵盖宋辽金时期各民族的历史发展，其中包括了各族人民和民族政权之间关系等诸方面。

辽金史研究既属于中国断代史研究的范畴，也属于民族史研究的范畴。随着民族史研究日益受到重视，对辽金史的专题研究硕果累累。例如崔明德先生的《辽朝和亲初探》，乔幼梅先生的《论女真统治者民族政策的演变》，任崇岳先生的《略论辽朝与五代的关系》，孟古托力先生的《辽代东北亚各国关系述论》《金朝儒家民族观探微——金以前儒家民族观发展的历史轨迹》《试论金朝儒家文化分期——兼议"崇儒重道"基本国策》，周峰先生的《辽代治边三题》《试论金朝对西部边疆的经略——以西夏和西辽为中心》，武玉环教授的《论辽与高丽的关系及辽的东部边疆政策》，程妮娜教授的《强力与绥怀：辽宋民族政策比较研究》《金朝西北部契丹等游牧民族的部族、乣制度研究》，郭康松先生的《辽朝夷夏观的演变》，刘浦江先生的《德运之争与辽金王朝的正统性问题》《金朝的民族政策与民族歧视》，郑川水先生的《辽圣宗及辽与高丽藩交考略》，宋德金先生的《大金覆亡辨》《金代社会与传统中国》，赵永春先生的《金世宗对宋议和述论》《金熙宗对宋政策的转变及其作用》《论金熙宗的改革》《试论金人的"中国观"》，刘建丽教授的《略论西夏与金朝的关系》，等等。尽管这些文章研究的重点有所不同，但资料之翔实、考证之严谨、立意之高远，无疑为后来的研究者树立了极好的典范。

此外，外国研究者尤其是日本学者也对辽金史的研究做了大量工作，如爱宕松男的《契丹古代史研究》，岛田正郎的《大契丹国：辽代社会史研究》，三上次男的《金史研究》，田村实造的《金朝通史》，等等。傅海波和崔瑞德的《剑桥中国辽西夏金元史》是《剑桥中国史》中难度较大的一卷，它在叙述辽、西夏、金、元的历史时，深入研究了民族关系和国家关系的发展变化、多元文化的构成及其相互影响等一系列问题。尽管外国研究者的一些观点，如征服王朝论等还有待商榷，但他们的研究成果也应得到重视和借鉴。

三、研究方法

本书所用的研究方法有如下一些。

（1）充分利用各种历史文献资料。文献法主要指搜集、鉴别、整理文献，并通过对文献的研究形成对事实的科学认识的方法，是一种古老而又富有生命力的科学研究方法。

辽金民族关系思想的相关资料散见于各种历史文献之中，因此必须充分搜集资料，从中整理并深入分析和阐释，力求全面展现辽金民族关系思想的真实面貌。最重要的历史文献当属元顺帝时宰相脱脱等人奉敕所撰之纪传体史书，名列中国历代官修正史"二十四史"之中的《辽史》《宋史》《金史》。主要的历史文献还有：《契丹国志》《旧五代史》《新五代史》《资治通鉴》《续资治通鉴长编》《续资治通鉴长编拾补》《宋大诏令集》《宋会要辑稿》《全辽金文》《辽史纪事本末》《宋史纪事本末》《金史纪事本末》《皇宋通鉴长编纪事本末》《大金国志》《大金吊伐录》《宋朝诸臣奏议》《三朝北盟会编》《建炎以来系年要录》《西夏书事》《高丽史》《元史》等；此外，宋人出使辽金语录、宋人行记、宋人文集、诸臣奏章和金人笔记、文集等也多有关于辽金史事的记录，是对辽金史研究有重要价值的资料,如《武溪集》《栾城集》《宣和乙巳奉使金国行程录》《松漠纪闻》《靖康稗史笺证》《揽辔录》《鄱阳集》《容斋随笔》《归潜志》,等等。

（2）采用多学科的理论和研究方法。"中国民族关系思想与民族学、历史学、社会学、宗教学及思想史、民族史、边疆史、文化史、儒学史、中外关系史等密切相关,研究中国民族关系思想既需要吸收上述学科中的研究力量,又要借助上述学科的研究成果。"①因此,本书运用了民族学、历史学、思想史、中外关系史等多学科的理论与方法。

（3）运用历史与逻辑相统一的方法。"所谓历史的即指客观事物的发展进程,而逻辑的即指理论,就是对客观进程的本质的和规律性的认识。历史和逻辑相统一的方法要求我们历史从哪里开始,逻辑就从哪里开始,历史的起点就是逻辑的起点,历史的进程就是逻辑的进程,历史的结论就是逻辑的结论。"②本书使用历史与逻辑相统一的研究方法,力求在全面审视和正确把握辽金民族关系发展的历史事实基础上,深入阐述辽金民族关系思想的发展历程。

四、研究重点与难点

"隋唐时期是中国民族关系思想的成熟时期。""宋元明清是对传统民族关系思想的继承、完善及理论总结的时期。"③辽金民族关系思想的发展正处于两者的转折时期,具有承前启后的重要作用。

---

① 崔明德:《中国民族关系思想史研究范围和方法的探讨》,《民族研究》,2006年第2期,第77页。
② 崔明德:《中国民族关系思想史研究范围和方法的探讨》,《民族研究》,2006年第2期,第77页。
③ 崔明德:《中国民族关系思想史研究范围和方法的探讨》,《民族研究》,2006年第2期,第70页。

辽金民族关系思想研究

本书拟在深入研读古代文献资料和充分吸收前人研究成果的基础上，对辽金民族关系思想进行系统梳理和深入研究：

其一，研究辽金时期民族关系思想形成与发展的历史背景及条件。

其二，研究辽金时期重要政治家、思想家、军事家的民族关系思想的具体内容及实践。

其三，研究辽金时期民族关系思想与传统民族关系思想的渊源。

其四，研究辽金时期民族关系思想的发展演变过程。

其五，研究辽金时期民族关系思想流派的交锋。

其六，研究辽金时期民族关系思想的实践成效、价值、影响及历史局限。

研究难点有二：

一是相关史料的匮乏。一方面，建立辽的契丹和建立金的女真族因其文化背景原因，很少直接对历史上和当时的民族关系进行反思、总结及预见，史书上留下的多是他们实践活动的记载，这样就只能依据他们的活动来分析和阐释他们的民族关系思想，这无疑增加了研究的难度。另一方面，辽金、金元更替之际，战乱频仍，官私著述，流散殆尽。而研究这一时期最重要的史书（宋、辽、金三史），由于正统之争，体例一直不能确定，至元之季世，史官们才仓促命笔，潦草了事，失误甚多。尤其是《辽史》一书，自至正三年（1343年）四月开局编修，次年三月成书，时间短促，缺乏周密安排和详审考订，因而内容贫乏，自相抵牾之处屡见不鲜，如纪年错误，记事矛盾、疏失，史事错误，译名混乱，一人两传等，尤为世人诟病。

二是这个课题本身具有相当的难度。中国民族关系思想是一个多学科交叉的新兴的研究领域，对研究者的综合素质要求较高，不但需要研究者掌握民族学、历史学、思想史、哲学等多学科的理论与方法，还需要研究者具备较强的逻辑推理能力和归纳概括能力，本人的理论水平和学识尚有很大的不足，相关问题只待后续进一步完善。

第一章
辽太祖至辽穆宗时期的民族关系思想

第一节 辽太祖的民族关系思想

辽太祖即耶律阿保机（872—926年），中国古代少数民族政治家、军事家。他是辽王朝的缔造者，推动了中国统一的多民族国家发展的历史进程。耶律阿保机的民族关系思想主要包括"广土众民之志""化家为国""因俗而治"，以及"分而治之""远交近攻"等内容。

一、"广土众民之志"

"广土众民"，出自《孟子·尽心上》[1]，即使土地广阔、人民众多之意，这是古代任何一个民族要在严酷的民族竞争中生存和发展的重要条件之一。

契丹源出鲜卑宇文部。北魏登国三年（388年），道武帝拓跋珪击破鲜卑宇文部，契丹从此走上独立发展的道路。几个世纪以来，契丹周旋于中原王朝和草原霸主之间，实力逐渐增长。9世纪后期，唐帝国衰落，回鹘汗国分裂。契丹首领趁机四处掠夺奴隶、畜产和财物，成为一个强大的征服力量。史载："光启中，其王沁丹者，乘中原多故，北边无备，遂蚕食诸郡，达靼、奚、室韦之属，咸被驱役，族帐浸盛，有时入寇。"[2]阿

---

[1] 赵岐、孙奭：《孟子注疏》卷第十三上《尽心·章句上》，北京：北京大学出版社，2000年，第426页。
[2] 薛居正：《旧五代史》卷137《外国列传第一》，北京：中华书局，1976年，第1827页。

保机的伯父释鲁当政后，野心进一步膨胀，"北征于厥、室韦，南略易、定、奚、霤，始兴板筑，置城邑，教民种桑麻，习织组，已有广土众民之志。"①因此，阿保机"广土众民"的思想是继承父祖遗志而来的。

自青年时代任侍卫军官挞马狨沙里，阿保机便开始了他漫长的戎马生涯。唐天复元年（901年），阿保机被推举为迭剌部夷离堇，专征讨。天复三年（903年），阿保机任于越，集军政大权于一身。这时，唐王朝的统治早已风雨飘摇，朱温、李克用等强藩忙于争夺中央权力；草原其他部族不是正处于衰落期，就是还比较弱小；东北的渤海政权也走向了腐朽没落。这样的外部环境为阿保机"广土众民"思想的实践提供了有利时机。

阿保机"广土众民"思想的发展和实践可以分三个阶段。

第一个阶段，从天复元年（901年）到天祐三年（906年），是阿保机为取代遥辇氏积聚力量的阶段。史籍上对他这一时期活动的记述充斥着"俘获"等字眼。阿保机连年向周边游牧部族和唐北部边境用兵，掠夺了大量人口和财富，个人实力和威望急剧膨胀。如：

天复元年（901年），阿保机"连破室韦、于厥及奚帅辖剌哥，俘获甚众"。

天复二年（902年）秋七月，阿保机伐河东代北，"获生口九万五千，驼马牛羊不可胜纪"。

天复三年（903年）春，阿保机伐嫭，"获其户三百"。冬十月，略蓟北，"俘获以还"。

天祐二年（905年），阿保机进军刘仁恭，"拔数州，尽徙其民以归"。②

第二个阶段，从太祖元年（907年）到太祖九年（915年），是阿保机开疆拓土的阶段。

首先，阿保机已经不满足于俘掠，而是要确认攻下的地区为自己的统

---

① 脱脱：《辽史》卷2《太祖下》，北京：中华书局，1974年，第24页。
② 《辽史》卷1《太祖上》，第1-2页。

第一章　辽太祖至辽穆宗时期的民族关系思想

治范围了。太祖元年（907年）二月，阿保机出征黑车子室韦，降其八部；次年，筑长城于镇东海口；四年（910年）冬十月，平乌马山奚叛乱；五年（911年）春正月，阿保机亲征西部奚，"是役所向辄下"，遂分兵讨东部奚，"亦平之。于是尽有奚、霫之地"，复"略地蓟州"；六年（912年）秋七月，"亲征术不姑，降之"；①九年（915年）春正月，平乌古部叛乱。阿保机陆续征服了黑车子室韦、吐谷浑、乌丸、奚、霫、乌古等部族，"东际海，南暨白檀，西逾松漠，北抵潢水，凡五部，咸入版籍"。②

其次，时值朱温篡唐，藩镇斗争加剧，阿保机利用各方相持不下之机，积极插手中原事务，收渔人之利。太祖元年（907年），刘守光因禁其父仁恭，自称幽州卢龙军节度使，其兄刘守奇率数千人投降契丹，阿保机置之平卢城。三年（909年），刘守光兄沧州节度使刘守文遣人来求援。阿保机命耶律苏、萧敌鲁等相助，败守光军。六年（912年）二月，阿保机亲自出征刘守光。虽然早在唐天祐二年（905年）阿保机即与李克用会盟共抗朱温，但当朱温自立为帝，遣使来聘时，他看到朱温声势日盛，遂奉表称臣，约定联合灭晋。对偏处东南的吴越，阿保机也交往甚密。为获取最大的利益，阿保机奉行远交近攻策略，根据形势变化随时更换盟友。

最后，由于受到"诸弟之乱"等内部矛盾的牵制，阿保机一度放慢了对外扩张的步伐。阿保机成为契丹最高首领后，试图建立中原式的专制王朝，遭到了一些家族成员的激烈反对。以阿保机诸弟为代表的保守派先后发动了多次政变，虽然最终被镇压下去，但在一定程度上削弱了阿保机的力量。经过一番波折，契丹物价腾贵，牲畜疫死，昔日"富有万马"的契丹民间，竟落到皆徒步而行的凄惨境地。在一段时间里，阿保机不得不"弭兵轻赋，专意于农"③，把精力集中到内部的治理整顿和

---

① 《辽史》卷1《太祖上》，第3-6页。
② 《辽史》卷1《太祖上》，第4-5页。
③ 《辽史》卷59《食货志上》，第924页。

恢复生产上。

第三个阶段，从神册元年（916年）到天赞五年（926年），是阿保机"广土众民"思想升华的阶段。神册元年（916年）阿保机正式称帝，契丹国内局势趋于稳定，随着地位的巩固和国力的上升，阿保机已不满于仅做一个草原上的霸主，而要建立一个疆域囊括整个中国北部的强大王朝。

一方面，阿保机立志"为群方之父母"，加快征服草原各部的步伐，巩固对已降附部族和地区的统治。神册元年（916年）秋七月壬申，阿保机亲征突厥、吐浑、党项、小蕃、沙陀诸部，"皆平之。俘其酋长及其户万五千六百，铠甲、兵仗、器服九十余万，宝货、驼马、牛羊不可胜算"。二年（917年），萧室鲁平定于骨里叛乱。①四年（919年），阿保机征乌古部，"俘获生口万四千二百，牛马车乘、庐帐器物二十余万。自是举部来附。"五年（920年）秋八月，阿保机亲征党项诸部。②天赞二年（923年）三月戊寅，阿保机军于箭笴山，讨伐奚胡损部，"获之，射以鬼箭。诛其党三百人，沉之狗河。置奚堕瑰部，以勃鲁恩权总其事"。③

另一方面，逐鹿中原的各大势力频繁的拉拢阿保机，企图借契丹之力削弱竞争对手。而中原"诸藩雾暗，五岳尘氛，赤县成墟，紫宸迁宅"④的衰落景象也刺激了阿保机向南扩张的野心。这一时期，阿保机对中原发动了多次大规模的进攻。

神册元年（916年）夏四月，晋幽州节度使卢国用降附契丹，阿保机任其为幽州兵马留后。八月，阿保机拔朔州，擒节度使李嗣本。十一月，攻蔚、新、武、妫、儒五州。自代北至河曲逾阴山，尽有其地。遂改武州为归化州，妫州为可汗州，设置西南面招讨司。

---

① 《辽史》卷1《太祖上》，第11-12页。
② 《辽史》卷2《太祖下》，第15-16页。
③ 《辽史》卷2《太祖下》，第18页。
④ 叶隆礼：《契丹国志》卷1《太祖大圣皇帝》，上海：上海古籍出版社，1985年，第12页。

第一章　辽太祖至辽穆宗时期的民族关系思想

二年（917年）春二月，晋将卢文进投降契丹。三月辛亥，攻幽州……大破之，斩首三万余级。

三年（918年），耶律安端攻云州及西南诸部。①

五年（920年），耶律倍等略地云内、天德。冬十月辛未，攻天德……丙子，拔其城，擒宋瑶，俘其家属，徙其民于阴山南。②

神册六年（921年），李存勖征讨张文礼，王郁游说契丹出兵解围。阿保机空国入寇，与李存勖会战于沙河、望都，战况不利，"会大雪弥旬，平地数尺，契丹人马无食，死者相属于道"，③被迫撤军。阿保机虽无所得而归，然自此颇有窥中国之志。当后唐明宗李嗣源遣姚坤出使契丹时，阿保机蛮横得以"吾以甲马三万会新天子幽、镇之间，共为盟约"相威胁，宣称"若与我大河之北，吾不复南侵矣"。在姚坤断然拒绝后，他又表示："河北恐难得，得镇、定、幽州亦可也。"④

经过多次失利，阿保机认识到契丹国力尚不足以逐鹿中原，遂转向彻底吞并草原诸部和渤海，欲待羽翼丰满再择机南下。天赞三年（924年）六月，阿保机大举出征吐浑、党项、阻卜等部，兵锋北至乌孤山、古回鹘城，西逾流沙，"拔浮图城，尽取西鄙诸部"。天赞四年（925年），阿保机宣布"惟渤海世仇未雪，岂宜安驻！"⑤举兵亲征渤海。天显元年（926年）围攻忽汗城，渤海国王大諲譔出降。阿保机改渤海为东丹国，将渤海故地纳入契丹统治。

经数十年东征西讨，阿保机终于实现了"广土众民"的思想，将版图扩展到"东自海，西至于流沙，北绝大漠，信威万里"⑥的辽阔区域。

---

① 《辽史》卷2《太祖下》，第11-12页。
② 《辽史》卷2《太祖下》，第16页。
③ 司马光：《资治通鉴》卷271《后梁纪六》龙德二年，北京：中华书局，1956年，第8873页。
④ 《资治通鉴》卷275《后唐纪四》天成元年，第8989页。
⑤ 《辽史》卷2《太祖下》，第21页。
⑥ 《辽史》卷2《太祖下》，第24页。

二、"化家为国"

所谓"化家为国",就是从以家族利益为出发点转换到以国家利益为重,建立君主专制统治的合法性。

契丹从宇文部析出后,就开始向国家的过渡。但是它在役属于柔然、突厥和回纥等草原霸主时,备受欺凌;归附中原王朝期间,也屡因不顺从而受到压制。遭受了多次沉重打击后,这个过渡变得非常缓慢。

遥辇氏联盟后期,随着契丹生产力水平的提高和社会财富的积累,部落社会残存的平均观念,越来越被以个体家庭为主的私有制观念所取代,阶级分化加剧,贵族对权力的争夺日趋激烈。阿保机的祖父匀德实就因权力斗争而为耶律狼德所害,家人惟有四散逃命。为保护阿保机不受伤害,祖母把他"常匿于别幕,涂其面,不令他人见"。①以后又发生了耶律辖底靠阴谋手段夺取夷离堇和耶律释鲁遭暗杀等事件。一连串血雨腥风清楚地表明了旧制度已经不能适应时代的需要。契丹部落联盟的形式过于松散,缺乏严密的组织和领导,急需进行变革,建立中央集权。而遥辇氏汗权衰落,痕德堇可汗昏聩无能,无力承担这一历史使命,如曷鲁所言"君臣之分乱,纪纲之统隳。委质他国,若缀斿然。羽檄蜂午,民疲奔命。"②这就给了阿保机脱颖而出的机会。天复七年(907年),阿保机凭借此前多年征战建立的威信和掌握军政大权的优势,废除传统的选汗制度而即位。这表明阿保机"化家为国"的思想已然形成并付诸实施了。

然而,阿保机面临着如何在契丹人中间维持其最高权力这一难题。他试图加强其绝对权威的计划并非一帆风顺。最大的威胁来自于他的弟弟们与其他耶律氏的贵族。按惯例,契丹首领每三年需要重新选举一次,阿保机却没有履行这一程序,这使他的弟弟们感到自己的权利受到侵犯,因此要阻止他建立一个父子相传的世袭王朝,因为这意味着他们将永远

---

① 《辽史》卷1《太祖上》,第1页。
② 《辽史》卷73《耶律曷鲁传》,第1221页。

第一章 辽太祖至辽穆宗时期的民族关系思想

失去取得汗位的机会。

太祖五年（911年）五月，阿保机诸弟剌葛、迭剌、寅底石、安端等阴谋改选可汗，安端的妻子粘睦姑向阿保机告发了这件事。双方作出妥协，阿保机"与诸弟登山刑牲，告天地为誓而赦其罪。出剌葛为迭剌部夷离堇"。①太祖六年（912年）十月，在辖底怂恿下，诸弟乘阿保机亲征阻卜之机，带兵阻其归路，逼他重新选举。阿保机抢先燔柴告天，造成连任的既成事实，迫使诸弟各遣人谢罪。

经过一番较量，诸弟认识到靠传统已经不能约束阿保机。太祖七年（913年）三月，诸弟私下拥立剌葛，企图用武力夺取汗位。迭剌和安端殆称入觐，欲劫持阿保机。阿保机识破其诡计，拘捕二人。寅底石攻打阿保机行宫，"焚其辎重、庐帐，纵兵大杀。皇后急遣曷古鲁救之，仅得天子旗鼓而已。其党神速姑复劫西楼，焚明王楼……命北宰相迪里古为先锋进击之，剌葛率兵逆战……伏发合击，遂大破之。剌葛奔溃，遗其所夺神帐於路，上见而拜奠之。……五月甲寅，奏擒剌葛"。②这次叛乱可以看作革新与保守之争，虽然给契丹造成十分严重的破坏，但是反对派也暴露得比较彻底。阿保机采取了不同以往的严厉措施，处死了辖底等叛乱贵族300余人。

《新五代史》中有这样一段记载："阿保机益以威制诸部而不肯代。其立九年，诸部以其久不代，共责诮之。阿保机不得已，传其旗鼓，而谓诸部曰：'吾立九年，所得汉人多矣，吾欲自为一部以治汉城，可乎？'诸部许之。汉城在炭山东南滦河上，有盐铁之利，其地可植五谷，阿保机率汉人耕种，为治城郭邑屋如幽州制度，汉人安之，不复思归。阿保机知众可用，乃用其妻述律策，使人告诸部大人曰：'我有盐池，诸部所食。然诸部知食盐之利，而不知盐有主人，可乎？当来犒我。'诸部以为然，共以牛酒会盐池。阿保机伏兵其旁，酒酣伏发，尽杀诸部大人，遂

---

① 《辽史》卷1《太祖上》，第5页。
② 《辽史》卷1《太祖上》，第6-7页。

立，不复代。"①

对于"盐池宴"的真实性，目前学术界众说纷纭，尚无定论。②然而，这一戏剧性的事件颇符合当时"太祖初受命，属籍比局萌觊觎，而遥辇故族尤觖望"③的历史背景和政治形势。"诸弟之乱"就因有众多旧贵族参与，以致经此乱，"府之名族多罹其祸"。④当阿保机的力量因"诸弟之乱"受到削弱之际，各部旧贵族很可能联合起来，逼迫阿保机恢复旧制。在这种形势下，汉人的作用就凸现出来。虽然阿保机掳掠了大量的汉人，但并没有强迫他们做奴隶，而是"依唐州县置城以居之"，使之"各有配偶""各安生业"。⑤因此，在阿保机"化家为国"的思想实践中，他们全力支持阿保机摆脱旧制的羁绊。借助汉人之力，阿保机得以用铁腕镇压反对派，推动改革走向了成功。

随着地位的巩固，阿保机于神册元年（916年）正式称帝，国号契丹（947年改称辽），建元神册，立长子耶律倍为皇太子，建立了世袭皇权。

神册三年（918年），阿保机"问侍臣曰：'受命之君，当事天敬神。有大功德者，朕欲祀之，何先？'皆以佛对。太祖曰：'佛非中国教。'倍曰：'孔子大圣，万世所尊，宜先。'太祖大悦，即建孔子庙，诏皇太子春秋释奠"。⑥阿保机采纳耶律倍的建议，尊崇孔子和儒家思想，既有利于借儒家的伦理道德来维护中央专制的统治，也有利于增强汉人对契丹政权的认同。阿保机强调"佛非中国教"，否定了群臣祀佛的主张，反映了他认为契丹政权属于中国和他要做一个"中国天子"的思想。在天赞三年（924年）的诏书中，阿保机更明确地宣称自己"上承天命，下统

---

① 欧阳修：《新五代史》卷72《四夷附录第一》，北京：中华书局，1974年，第886-887页。
② 参见肖爱民：《耶律阿保机"盐池宴"考辨》，《北方文物》2003年第4期；任爱君：《契丹"盐池宴"、"诸弟之乱"与夷离堇任期问题》，《史学集刊》2007年第6期。
③ 《辽史》卷73《耶律海里传》，第1227页。
④ 《辽史》卷2《太祖下》，第16页。
⑤ 《新五代史》卷72《四夷附录第一》，第886页。
⑥ 《辽史》卷72《义宗倍传》，第1209页。

第一章 辽太祖至辽穆宗时期的民族关系思想

群生",要成为"万载一遇"的"圣主明王"。①

三、"因俗而治"

经过阿保机多年扩张,契丹境内民族众多,且经济、文化差异很大,大都处于不同的社会发展阶段,主要分为两类:一是"耕稼以食,桑麻以衣,宫室以居,城郭以治"的汉人和渤海人;一是"畜牧畋渔以食,皮毛以衣,转徙随时,车马为家"的契丹和其他游牧部族。②在这样辽阔的疆域内,对众多发展不平衡的民族实行单一制度无疑是不现实的。因此,阿保机汲取了历史上华夏统治者对待少数民族"因其俗,简其礼"③的政治智慧和十六国时期少数民族统治者"民族分治"的思想,创造性地发展了"以国制治契丹,以汉制待汉人"④的"因俗而治"思想。

唐末,大量被掳掠的和逃避战祸的汉人流落契丹,绝大多数流入了迭剌部。"阿保机的迭剌部,实际上,已经形成了草原外缘的新区域。这一区域是极富汉风的契丹。"⑤《辽史》载:"初,皇祖匀德实为大迭烈府离堇,喜稼穑,善畜牧,相地利以教民耕。仲父述澜为于越,饬国人树桑麻,习组织。"⑥迭剌部习染汉文化较多和阿保机的父祖对农业生产价值的重视为他"以汉制待汉人"的思想奠定了基础。

起初,阿保机建"汉城"来安置汉人,让他们能继续从事农耕,以便获得最大的利益。如天复二年(902年),阿保机下令于潢河南筑城,安置征伐河东、代北所获生口。据传韩延徽出使契丹,为阿保机器重留

---

① 《辽史》卷 2《太祖下》,第 19 页。
② 《辽史》卷 32《营卫志中》,第 373 页。
③ 司马迁:《史记》卷 32《齐太公世家第二》,北京:中华书局,1959 年,第 1480 页。
④ 《辽史》卷 45《百官志一》,第 685 页。
⑤ 陈述:《契丹政治史稿》,北京:人民出版社,1986 年,第 97 页。
⑥ 《辽史》卷 59《食货志上》,第 923-924 页。

用,"乃请树城郭,分市里,以居汉人之降者。又为定配偶,教垦艺,以生养之"。① 随着流亡和被掳掠到契丹的汉人、渤海人不断增加,阿保机开始设置州县治理,又在朝廷设汉儿司,任用康默记、韩延徽、韩知古等汉人主管事宜。神册六年(921年),"诏正班爵","汉人则断以律令,仍置钟院以达民冤"。② 对汉人的治理,阿保机遵循封建程序和法规制度,不改变他们的生产方式和生活习惯,力图使汉人能在契丹安居乐业。

神册三年(918年),阿保机任命礼部尚书康默记担任版筑使,修建皇都。同一年,他下令在皇都建立孔庙、佛寺和道观。这是阿保机为适应契丹经济、政治、军事、文化、宗教多方面发展的客观要求,突破传统的游牧观念,兴建的第一座草原都城。

天显元年(926年)征服渤海后,阿保机改渤海为东丹国,保留原来的政治文化制度,参用渤海旧臣一同辅政,有效缓和了渤海人的反抗情绪。

所谓"国制",是指建立在契丹旧俗基础上的"治契丹及诸夷之法"。"太祖初年,庶事草创,犯罪者量轻重决之。其后治诸弟逆党,权宜立法……神册六年,克定诸夷,上谓侍臣曰'凡国家庶务,拒细各殊,若宪度不明,则何以为治,群下亦何由知禁'乃召大臣定治契丹及诸夷之法。"③ 契丹"国制"的确立,也是与阿保机"化家为国"和"因俗而治"思想的实践过程紧密联系在一起的。

辽王朝建立在继承遥辇氏汗国的基础上,且契丹等族受限于游牧生计方式,只能把原来的组织制度在改良后保留下来。如部族、石烈、瓦里、弥里、闸撒等部落组织形式。同时,为了维护契丹贵族的统治优势,重要官职的世选制和将掳掠或内附的部族编入契丹等政策都延续了下来。为培育契丹自己的特色文化,增强民族凝聚力,神册五年(920年)

---

① 《辽史》卷74《韩延徽传》,第1231页。
② 《辽史》卷61《刑法志上》,第937页。
③ 《辽史》卷61《刑法志上》,第936-937页。

第一章 辽太祖至辽穆宗时期的民族关系思想

正月，阿保机命突吕不和鲁不古等人创制契丹大字，"以隶书之半增损之，作文字数千。"① 后来在阿保机指示下，迭剌又借鉴回纥语言，成功创制了契丹小字。

四、"分而治之"

"分而治之"思想由来已久，最初的记载见于《资治通鉴》烈王七年（前369年），"（韩）懿侯乃与赵成侯合兵伐魏……懿侯曰：'杀魏君，暴也；割地而退，贪也。不如两分之。魏分为两，不强于宋、卫，则我终无魏患矣'"。② 西汉名将赵充国平定羌人叛乱，就是依靠成功实践"分而治之"的思想，顺利瓦解了诸羌同盟。相比较而言，阿保机的"分而治之"思想有了较大的发展，不仅使用于外敌，且在契丹内部施行。

辽王朝的崛起并非一日之功，有一个由小变大、由弱到强的过程。面对初期自身实力较弱、内部保守派阻挠、外部强敌林立等不利情况，阿保机机智地运用"分而治之"思想，内则削弱了保守势力的基础，外则避免了四面树敌的危险局面。

其一，强大的迭剌部为阿保机取代遥辇氏铺平了道路，在他"化家为国"的过程中却成为加强皇权的严重威胁。不但忠诚于阿保机的耶律曷鲁看到这一点，在弥留之际呼吁："惟析迭剌部议未决，愿亟行之。"③ 曾参与谋乱的耶律辖底也进言："迭剌部人众势强，故多为乱，宜分为二，以弱其势。"④ 天赞元年（922年），阿保机采取果断措施，分迭剌部为二院。夷离堇由皇帝任命，驻守南境，既加强了边防，又减少了对皇权的威胁。经过改编，迭剌部的力量分化，成为与乙室、奚和遥辇氏互相牵制的力量。故史称阿保机"有英雄之智者三：任国舅以耦皇族，崇乙室

---

① 《契丹国志》卷23《国土风俗》，第128页。
② 《资治通鉴》卷1《周纪一》烈王七年，第40页。
③ 《辽史》卷73《耶律曷鲁传》，第1222页。
④ 《辽史》卷112《逆臣上》，第1499页。

以抗奚王，列二院以制遥辇"。①

其二，奚族与契丹族"异种同类"，历史渊源颇深。在兼并过程中，阿保机没有一味地依靠武力，而是采取了一些怀柔安抚的手段。阿保机为迭剌部夷离堇时，曾讨伐奚部，其首领术里恃险固守，无法攻克。阿保机命曷鲁前往劝谕，曰："契丹与奚言语相通，实一国也。我夷离堇于奚岂有轾轹之心哉？汉人杀我祖奚首，夷离堇怨次骨，日夜思报汉人。顾力单弱，使我求援于奚，传矢以示信耳。夷离堇受命于天，抚下以德，故能有此众也。今奚杀我，违天背德，不祥莫大焉。且兵连祸结，当自此始，岂尔国之利乎！"术里被说服，遂降。②天赞二年（923年），阿保机置堕瑰部，与五部奚一起合归奚王府统领，并使奚族享有仅次于契丹族的社会地位，成为支持契丹政权的坚定力量。

其三，对于那些人口众多、势力庞大的被征服者，阿保机采取了迁徙分化的策略。担心女真成为后患，阿保机把女真强族大姓数千户移置到辽阳之南。这部分女真人被编入辽的户籍直接统治，称之为"熟女真"。对位于粟末江以北，宁江州东北的10余万户女真人则实行"羁縻"统治，称之为"生女真"。"熟女真"不得与"生女真"相通，以分其势。占领渤海国后，阿保机又将渤海大諲譔王族及名门大姓迁至契丹内地安置。

五、阿保机民族关系思想的评价

综上所述，尽管阿保机本人没有进行系统总结和理论阐述，但其民族关系思想的产生、确立和演变脉络是清晰的。阿保机的民族关系思想及其实践，既是因契丹民族发展的要求和外部有利局势造成的历史机遇，也是由阿保机的出身背景和卓越素质决定的。

阿保机出生在契丹最强大的迭剌部耶律家族，其家族拥有世选本部夷离堇的特权，从七世祖涅里起就掌握了联盟的军权。阿保机本人武艺

---

① 《辽史》卷45《百官志一》，第711页。
② 《辽史》卷73《耶律曷鲁传》，第1220页。

第一章 辽太祖至辽穆宗时期的民族关系思想

高强,"帝生而拓落多智,与众不群。及壮,雄健勇武,有胆略。好骑射,铁厚一寸,射而洞之……部落惮其雄勇,莫不畏而服之"①;且有人君之度,"辽太祖有帝王之度者三:代遥辇氏,尊九帐於御营之上,一也;灭渤海国,存其族帐,亚於遥辇,二也;并奚王之众,抚其帐部,拟於国族,三也"。②

在频繁的对外征战和内部斗争中,阿保机表现出杰出的军事和领导才能。这使得人们把振兴耶律家族和契丹的希望都寄托在他身上。偶思病危时曾嘱咐儿子曷鲁,"阿保机神略天授,汝率诸弟赤心事之。"当阿保机来探望,偶思握着他的手说:"尔命世奇才。吾儿曷鲁者,他日可委以事,吾已谕之矣。"③于越释鲁也高度评价阿保机,"吾犹蛇,儿犹龙也"。④

在家族支持下,天复元年(901年)阿保机升任"大迭烈府夷离堇",天复三年(903年)官拜"于越","总知军国事"。作为契丹实际上的最高领导者,阿保机不得不从历史和现状出发,思考契丹和耶律家族的出路,从而产生了他的民族关系思想和实践过程。由于其植根于解决实际问题,加以阿保机宏伟的政治抱负和宽广的胸襟,因此具有一定的现实性和兼容性。

关于现实性,这既体现在阿保机的民族关系思想并不是空中楼阁,而是顺应了唐以来边疆民族大发展的历史趋势,是契丹民族自身积累的突破,也体现在阿保机的思想和实践注重从实际出发。例如,阿保机对学习汉族的典章制度不可谓不重视,但有别于北魏孝文帝改革的"全盘汉化"思想,阿保机只撷取了其中适用于当时契丹的部分,使之与保留的契丹优秀传统相辅相成。

关于兼容性,阿保机成功地实现了他的民族关系思想的主要内容,冲破契丹保守派贵族的阻挠,建立了以契丹贵族为核心,联合汉、奚、

---

① 《契丹国志》卷1《太祖大圣皇帝》,第8页。
② 《辽史》卷45《百官志一》,第711页。
③ 《辽史》卷73《耶律曷鲁传》,第1219-1220页。
④ 《辽史》卷73《耶律曷鲁传》,第1221页。

渤海等族上层人物共同执政的辽王朝,实现了契丹民族的飞跃,既继承和发展了草原游牧文化,又借鉴和吸收了中原农业文化,促进了各民族的交往、融合和进步,在我国统一的多民族国家的发展史上有着重要地位。

需要注意的是,虽然阿保机的民族关系思想总体上体现了积极和进取,但也存在一些矛盾和失误之处。

第一,阿保机对继嗣问题的犹豫不定,导致了严重的后果。早在神册元年(916年),阿保机就册立长子耶律倍为皇太子,但一直没有为其继承皇位做好准备。虽然阿保机说过"宪章斯在,胤嗣何忧?"①,似乎暗示耶律倍继位的权利,却不断给次子耶律德光建功立业的机会,并在天赞元年(922年)封其为"天下兵马大元帅",掌握了兵权;至于册命耶律倍为东丹王,更使其远离了契丹权力的核心。天显元年(926年)阿保机在扶余城去世,述律平临朝称制,支持耶律德光即位,大肆迫害反对者,耶律倍被迫出走后唐。阿保机对继承人选的犹疑,固然和耶律德光才略出众、功勋卓著以及皇后述律平的偏爱有关,最主要的原因还是阿保机没有摆脱世选制等旧思想的束缚。联系到阿保机对诸弟叛乱的一再纵容,可以看出在尊崇汉制还是旧制问题上,阿保机的立场并不坚定。《辽史》编者为之哀叹:"李胡而下,宗王反侧,无代无之,辽之内难,与国始终。厥后嗣君,虽严法以绳之,卒不可止。乌呼,创业垂统之主,所以贻厥孙谋者,可不审欤!"②

第二,阿保机缺乏问鼎中原的决心。在这一点上,他甚至落后于同时代的沙陀贵族。唐末沙陀酋长朱邪赤心因平叛有功被赐姓为李,名国昌。当朱温颠覆唐朝建立后梁之时,国昌子李克用以复兴唐朝为政治号召,与其逐鹿中原。天赞二年(923年)克用子李存勖灭后梁,建立后唐。继之建立后晋的石敬瑭和后汉的刘知远亦为沙陀人。尽管阿保机久已垂

---

① 《辽史》卷2《太祖下》,第19页。
② 《辽史》卷72《宗室传》,第1214-1215页。

第一章 辽太祖至辽穆宗时期的民族关系思想

涎中原的土地和财富,而且多次介入中原各大势力的斗争,但他并没有问鼎中原的决心。这一方面是出于阿保机对契丹建国初期综合国力尚弱,保守派的牵制以及中原各方势力实力不可小觑等现实问题的考虑,另一方面也是由于阿保机顾忌中原王朝传统权威的心态。在这种心态的影响下,他最大的目标也只是占据"大河之北"。从阿保机"我要幽州,令汉儿把捉"的声明来看,他没有打算直接统治,而是想使之成为契丹与中原王朝的缓冲地带。这种消极的态度助长了契丹贵族中草原本位主义的主张,给辽朝的发展制造了障碍。

第三,阿保机对汉人颇轻视,曾言"吾解汉语,历口不敢言,惧部人效我,令兵士怯弱故也"。[①]对汉族官员,阿保机在利用的同时,也表现出不信任与限制,如规定"凡军国大计,汉人不与"[②]等。权力过于集中在宗室和外戚手中,导致契丹统治阶级内部政治斗争日趋激烈。对此,《辽史》中有一段尖锐的批评:"辽之秉国钧,握兵柄,节制诸部帐,非宗室外戚不使,岂不以为帝王久长万世之计哉。及夫肆叛逆,致乱亡,皆是人也。有国家者,可不深戒矣乎!"[③]

第四,在阿保机民族关系思想实施的过程中,有一些民族压迫政策和战争行为给当时各族人民造成了深重的灾难。阿保机动辄斩首数万级的赫赫武功,是广大被征服人民的血泪铸成的。契丹铁骑所过之处,城邑破败,人口离散,社会经济被严重破坏。过度迷信武力、歧视和掠夺弱小民族的思想糟粕流毒深远,成为历代契丹统治者的痼疾,由此造成的仇恨埋下了其覆灭的隐患。

崔明德先生指出:"隋唐时期是中国民族关系思想的成熟时期。宋元明清是对传统民族关系思想的继承、完善及理论总结的时期。"[④]阿保机生活的年代正处于两者的转折时期。这一时期民族关系思想的发展对中

---

① 《旧五代史》卷137《外国列传第一》,第1831-1832页。
② 《辽史》卷102《张琳传》,第1441页。
③ 《辽史》卷114《逆臣下》,第1517页。
④ 崔明德:《隋唐民族关系思想史》,第7页。

华民族多元一体格局的形成产生了重大影响。少数民族精英开始接受汉族传统的民族关系思想，汉人在严峻的现实压力下也逐渐认同了少数民族建立的王朝，于是"中国"的概念延伸了，统一多民族国家的认识逐步得到强化。这个转折的过程是漫长而曲折的。就阿保机的民族关系思想而言，无疑比他同时代的绝大多数人要高明得多，但还远不够成熟与全面，有待他的继承者进一步地探索、丰富和深化。

第二节 辽朝初期民族关系思想的两大流派

民族关系思想流派是政治家、思想家、史学家和普通知识分子在认识、反思和规划民族关系中形成的派别。[①]自耶律阿保机建国到辽穆宗被弑，这半个多世纪是辽政权建立和巩固的初期阶段，其间既有过大发展，也经历过波折。与中原王朝统治者拥有成熟的民族关系思想体系相比，由于居统治地位的契丹族在思想文化和政治经验等方面的不足，要如何应对复杂的民族关系状况，解决一系列棘手的民族关系问题，辽朝统治阶级必然会产生更多的困惑，需要进行更艰苦的探索和实践。在这个过程中，对一些关系到国家发展方向和民族前途的基本问题的认识出现分歧，产生了两个立场对立的民族关系思想流派：一是以旧制为依托，坚持草原本位主张的保守派；二是慕中华风俗，改革旧制，积极参与中原逐鹿的开明派。这两派之间的斗争和势力消长，不仅决定了辽朝中后期民族关系思想的发展，而且在一定程度上影响了当时中国历史的走向。

一、两派的代表人物和思想观点

辽朝初期民族关系思想流派既是一个复杂的客观存在，也有一个不

[①] 崔明德：《两汉民族关系思想史》，北京：人民出版社，2007年，第14-15页。

第一章 辽太祖至辽穆宗时期的民族关系思想

断演变与发展的过程。

（一）保守派

保守派思想的核心在于维护旧制，坚持草原本位主张。随着辽政权的发展以及自身地位的转变，保守派的代表和思想内容也有所变化，大体上可以分为如下三类。

第一类，以耶律阿保机诸弟剌葛、迭剌、寅底石、安端和族叔辖底等为代表的部分皇族。唐天复七年（907年），阿保机取代了遥辇氏痕德堇可汗，试图建立一个世袭王朝，这使他的弟弟们和部分皇族成员感到自己的权利受到侵犯，因为这意味着他们将永远失去取得汗位的机会。剌葛等人"自矜有出人之智"①，在辖底怂恿下，趁阿保机统治尚未稳固，"时制度未讲，国用未充，扈从未备"②，屡次发动叛乱。他们以旧制为依托，建立起一个庞大的组织，阻止阿保机变革。

第二类，代表人物是述律后和辽穆宗。述律后即辽太祖淳钦皇后述律氏，她对自己的草原本位主张有清楚的表述。神册六年（921年），阿保机听从王郁游说出兵中原，述律后认为："吾有西楼羊马之富，其乐不可胜穷也，何必劳师远出以乘危徼利乎！"③辽太宗耶律德光执意南下灭晋，述律后担心"汝今虽得汉地，不能居也，万一蹉跌，悔何所及"，又表示："汉儿何得一饷眠？自古但闻汉和番，不闻番和汉，汉儿果能回意，我亦何惜与和？"④这些言辞反映了述律后的保守思想。在她看来，契丹作为番邦，统治草原游牧部族就可以满足了，根本没必要将中原纳入版图。

辽穆宗一改契丹统治者热心插手中原事务的惯例，与南方各国的交往急剧减少。南唐多次遣人求救，希望穆宗能牵制后周和北宋，穆宗均敷衍了事。如应历六年（956年），南唐"遣兵部郎中陈处尧持重币浮海

---

① 《辽史》卷1《太祖上》，第9页。
② 《辽史》卷73《耶律曷鲁传》，第1221页。
③ 《契丹国志》卷1《太祖大圣皇帝》，第4页。
④ 《契丹国志》卷3《太宗嗣圣皇帝下》，第29页。

诣契丹乞兵；契丹不能为之出兵，而留处尧不遣"①。辽穆宗对中原毫无兴趣，指示南京留守萧思温："敌来。则与统军司并兵拒之。敌去。则务农作。勿劳士马。"②对先祖奋战夺来的汉地、汉民，辽穆宗也不以为意。史载："应历二年冬十月，辽瀛、莫、幽州大水，流民入塞者数十万口，本国亦不之禁。周诏所在赈给存处之，中国民被掠得归者什五六。"③又载："瀛、莫之失，幽州急递以闻，帝曰：'三关本汉地，今以还汉，何失之有？'"④

第三类，主要是萧翰、耶律郎五、麻答等一部分契丹贵族。他们对中原的领土并不热心，垂涎的是中原的子女玉帛。由于害怕特权会被削弱，他们对汉官进行了抵制。萧翰擅自拘捕张砺，说："汝何故于先帝言国人不可为节度使？我以国舅之亲，有征伐功，先帝留我守汴，以为宣武军节度使，汝独以为不可。又谮我与解里好掠人财物子女。今必杀汝！"⑤麻答为推卸丢弃定州的责任，扬言"朝廷徽汉官致乱尔"。⑥麻答留守镇州时的表现更为僭妄，"崔廷勋见麻答，趋走拜，起，跪而献酒，麻答踞而受之……出入或被黄衣，用乘舆，服御物，曰：'兹事汉人以为不可，吾国无忌也。'又以宰相人员不足，乃牒冯道判史馆、李崧判弘文馆、和凝判集贤、刘煦判中书"。⑦

（二）开明派

开明派乐于吸收汉族文化，热衷于逐鹿中原。辽太祖耶律阿保机、耶律倍、辽太宗、辽世宗等是开明派的代表人物。

耶律阿保机顺应契丹民族发展的客观要求，缔造了辽王朝。神册元年（916年），阿保机称帝，立耶律倍为皇太子。神册三年（918年），阿

---

① 《资治通鉴》卷293《后周纪四》世宗显德三年，第9562页。
② 《辽史》卷78《萧思温传》，第1267页。
③ 《契丹国志》卷5《穆宗天顺皇帝》，第51页。
④ 《契丹国志》卷5《穆宗天顺皇帝》，第54-55页。
⑤ 《辽史》卷76《张砺传》，第1252页。
⑥ 《契丹国志》卷4《世宗天授皇帝》，第45页。
⑦ 《资治通鉴》卷287《后汉纪二》天福十二年，第9370页。

第一章 辽太祖至辽穆宗时期的民族关系思想

保机采纳耶律倍的建议，建孔子庙春秋释奠，借儒家思想来维护中央权威。阿保机"颇有窥中国之志"，向后唐使者姚坤要求"若与我大河以北，吾不复南侵矣"，又提出"河北恐难得，得镇、定、幽州亦可也"。①天赞三年（924年），阿保机宣称辽朝"为群方之父母"，自己"上承天命，下统群生"，是"万载一遇"的"圣主明王"②，表达了他不满于仅做一个草原霸主，而要建立一个中原式的王朝。

耶律倍是阿保机长子，自幼聪敏好学，"通阴阳，知音律，精医药、砭焫之术。工辽、汉文章，尝译阴符经。善画本国人物"③。阿保机欲祭祀有大功德者，耶律倍倡议"孔子大圣，万世所尊，宜先"。④阿保机以耶律倍为东丹王，一切制度皆遵循汉法。天显元年（926年），阿保机去世，耶律德光在述律后支持下继承皇位，耶律倍不堪忍受疑忌，渡海投奔后唐。唐明宗赐其姓东丹，名慕华，后来又赐国姓李，名赞华。明宗养子从珂弑闵帝李从厚自立，耶律倍密报太宗说："从珂弑君，盍讨之。"⑤从耶律倍一生的作为来看，他算得上是辽朝初期汉化程度最深的契丹贵族。

辽太宗耶律德光虽然是耶律倍政治上的对手，但思想却极开明。这表现在如下几个方面。

首先，积极学习和吸收汉文化。耶律德光多次南下，对中原情况有相当多的感性认识。他目睹了汉家仪物之盛，同时也领教了汉人的激烈抵抗，认识到只有学习中原统治者的治国经验才有出路。会同元年（938年）十一月，石敬瑭遣使来献燕云十六州图籍。耶律德光"既得燕、代十有六州，乃用唐制，复设南面三省、六部、台、院、寺、监、诸卫、

---

① 《契丹国志》，卷1《太祖大圣皇帝》，第6页。
② 《辽史》卷2《太祖下》，第19页。
③ 《辽史》卷72《义宗倍传》，第1211页。
④ 《辽史》卷72《义宗倍传》，第1209页。
⑤ 《辽史》卷72《义宗倍传》，第1211页。

东宫之官。诚有志帝王之盛制,亦以招徕中国之人也。"①同年,诏建日月四时堂,图写古帝王事于两庑。会同三年(940年),德光至燕,行入阁礼;诏契丹人授汉官者从汉仪,听与汉人婚姻。入大梁后,耶律德光服通天冠,绛纱袍,百官起居皆如旧制。《辽史·百官制》载:"至于太宗,兼制中国,官分南、北,以国制治契丹,以汉制待汉人。"②

其次,形成和实践了"混一天下"思想。耶律羽之上表言,"坐制南邦,混一天下,成圣祖未集之功,贻后世无疆之福"③,完全说出了耶律德光的心声。天显十一年(936年)七月,石敬瑭遣使求援,德光亲自出征。十一月,册石敬瑭为大晋皇帝,"受兹南土,世为我藩辅"。④后晋石重贵试图摆脱辽朝控制,给他再次用兵提供了借口。耶律德光的思想由"欲择一人君之"⑤发展为"朕举国南征,五年不解甲,仅能得之,岂为他人乎!"⑥占领汴梁后,耶律德光改元"大同",宣布"自今不修甲兵,不市战马,轻赋省役,天下太平矣"。⑦

最后,倡导兴农、爱民。耶律德光秉持"军国之务,爱民为本。民富则兵足,兵足则国强"⑧的思想。会同元年(938年),"将东幸,三克言农务方兴,请减辎重,促还朝,从之"。⑨二年(939年),"诏有司劝农桑,教纺绩","以乌古之地水草丰美,命瓯昆石烈居之,益以海勒水之善地为农田"。会同九年(946年),"诏征诸道兵,敢伤禾稼者,以军法论"。⑩

辽世宗耶律阮是东丹王耶律倍的长子。辽太宗病死于南征归途中,

---

① 《辽史》卷47《百官志三》,第772页。
② 《辽史》卷45《百官志一》,第685页。
③ 《辽史》卷75《耶律羽之传》,第1238页。
④ 《辽史》卷3《太宗上》,第39页。
⑤ 《资治通鉴》卷286《后汉纪一》天福十二年,第9338页。
⑥ 《资治通鉴》卷286《后汉纪一》天福十二年,第9331页。
⑦ 《资治通鉴》卷286《后汉纪一》天福十二年,第9330页。
⑧ 《辽史》卷4《太宗下》,第56页。
⑨ 《辽史》卷4《太宗下》,第43页。
⑩ 《辽史》卷4《太宗下》,第57页。

第一章　辽太祖至辽穆宗时期的民族关系思想

随行的耶律阮在宗室大臣耶律安抟、耶律吼、耶律洼等拥戴下继承帝位。耶律阮"慕中华风俗，多用晋臣"。① 天禄元年（947年），辽世宗设置北枢密院，命耶律安抟为北枢密院使。天禄二年（948年），世宗以高勋为南院枢密使。天禄四年（950年），又建政事省，使辽朝南北面官制得以完善和巩固。

二、两派斗争的经过

在严峻的政治形势压力下，认识上的分歧常常导致两大思想流派之间的矛盾激化，从而出现激烈斗争。

第一次斗争发生在耶律阿保机和以剌葛为首的诸弟之间。天复七年（907年），阿保机登上契丹汗位后，企图废除传统的选举可汗制度，建立一个父子相传的世袭王朝，这使他的弟弟们失去取得汗位的机会，导致他们发动了多次叛乱。

太祖五年（911年）五月，剌葛、迭剌、寅底石、安端等密谋改选可汗，粘睦姑（安端妻）向阿保机告发，双方作出妥协，阿保机"与诸弟登山刑牲，告天地为誓而赦其罪。出剌葛为迭剌部夷离堇"②。太祖六年（912年）十月，辖底怂恿诸弟威逼阿保机重新选举。阿保机抢先燔柴告天，迫使诸弟谢罪。太祖七年（913年）三月，诸弟拥立剌葛，以武力夺取汗位。迭剌和安端欲劫持阿保机，被其拘捕。寅底石攻打阿保机行宫，"焚其辎重、庐帐，纵兵大杀。皇后急遣曷古鲁救之，仅得天子旗鼓而已。其党神速姑复劫西楼，焚明王楼……命北宰相迪里古为先锋进击之，剌葛率兵逆战……伏发合击，遂大破之。剌葛奔溃……五月甲寅，奏擒剌葛。"③ 鉴于这次叛乱造成的严重破坏，阿保机处死叛乱贵族300余人。以诸弟为首的一派保守势力基本上被摧毁。

---

① 《资治通鉴》卷287《后汉纪二》天福十二年，第9367页。
② 《辽史》卷1《太祖上》，第5页。
③ 《辽史》卷1《太祖上》，第6-7页。

第二次斗争的对立方是耶律倍和述律后。阿保机死后，围绕帝位继承问题，开明派和保守派展开了斗争。耶律倍作为阿保机长子，早在神册元年（916年）就被立为皇太子，成为符合嫡长子继承制的人选。然而，次子耶律德光屡立战功，而且对述律后一向言听计从，天赞元年（922年）被封为"天下兵马大元帅"，掌握兵权。述律后是草原本位主义的代表人物，与耶律倍政见不合。她利用世选传统，助耶律德光继承了皇位。史载："述律爱中子德光，欲立之，至西楼，命与突欲俱乘马立帐前，谓诸酋长曰'二子吾皆爱之，莫知所立，汝曹择可立者执其辔。'酋长知其意，争执德光，遂立之，是为辽太宗，尊述律为应天皇太后，国事皆决焉。"为消除废长立次的阻力，述律后对支持耶律倍的上层进行了清洗，"左右有桀黠者，后辄谓曰'为我达语于先帝'。至墓所则杀之，前后所杀以百数"。①南院夷离堇耶律迭里就是一位受害者。"太祖崩，述律皇后称制，欲以大元帅嗣位。迭里建言，帝位宜先嫡长……由是忤旨。以党附东丹王……杀之，籍其家。"②耶律倍虽然让位，仍然受到排挤，被迫投奔后唐。

第三次冲突发生在耶律德光和述律后之间。耶律德光即位不久，就在出兵中原问题上与述律后产生了分歧。天显三年（928年）三月，契丹援助定州节度使王都失利，"铁剌死之，涅里衮、查剌等数十人被执。上以出师非时，甚悔之"③。述律后对德光产生不满，德光表面依从，讨其欢心，"应对不称旨，母扬眉视之，辄惧而趋避，非复召不敢见"④。却在暗中等待时机。天显十一年（936年）七月，后唐河东节度使石敬瑭在晋阳起兵，遣使赴辽求援，"约事捷之日，割卢龙一道及雁门关以北诸州与之"。⑤德光大喜，对述律后说："吾尝梦石郎召我，而使者果至，岂非

---

① 《资治通鉴》卷275《后唐纪四》后唐明宗天成二年正月，第8993页。
② 《辽史》卷77《耶律安抟传》，第1259、1260页。
③ 《辽史》卷3《太宗上》，第29页。
④ 《资治通鉴》卷275《后唐纪四》后唐明宗天成二年，第8993页。
⑤ 《资治通鉴》卷280《后晋纪一》高祖天福元年，第9146页。

第一章 辽太祖至辽穆宗时期的民族关系思想

天邪！"①述律后召巫占卜得到吉兆,才予以应许。德光亲率五万骑兵南下,大败唐将张敬达。十一月,耶律德光册敬瑭为大晋皇帝,与其约为父子,并得到农耕发达的燕云十六州。这一突破性成功,使其威望空前提高。然而会同五年(942年)石敬瑭死,侄石重贵继位,不再向辽称臣,但当时辽与晋"用兵连年,中国疲惫,契丹人畜亦多死,国人厌苦之。"德光借口"石氏负恩不可容",欲征后晋,述律后质疑德光:"使汉人为胡主,可乎？"德光回答:"不可。"太后说:"然则何故欲得汉地？"警告他"汝今虽得汉地,不能居也,万一蹉跌,悔何所及？"她建议辽与后晋议和,说"汉儿果能回意,我亦何惜与和。"②虽然述律后没能阻止德光,却给他留下了后顾之忧,当他在中原面临困境时,就无法一心一意地克服困难,而是急于归省太后。

第四次斗争的对立方是辽世宗耶律阮和述律后。大同元年(947年),辽太宗耶律德光在回师途中病死,随军诸将拥戴耶律倍之子耶律阮继位。述律后属意于少子李胡,闻讯大怒,出兵讨伐。经过耶律屋质从中斡旋,双方才罢兵言和。述律后不甘心失去权力,暗中策划废掉世宗,被幽禁并死于祖州。这次斗争有一特别之处,因述律后曾在阿保机去世后大肆清除异己,且耶律李胡暴戾残忍不得人心,许多保守派贵族担心悲剧重演,选择支持耶律阮。

第五次斗争发生在辽世宗耶律阮和萧翰、察割等保守派贵族之间。述律后的威胁一消除,耶律阮和保守派的同盟便告瓦解。一方面,耶律阮钦慕中华风俗,重用晋臣。尽管他已经娶萧阿古只之女撒葛只,却又立汉人甄氏为后。耶律阮"轻慢诸酋长","由是国人不服,诸部数叛"③;另一方面,经过连年南伐,人民疲敝,财政匮乏,当刘旻"欲循晋室故事,求援北朝",耶律阮"欲引兵会之,与酋长议于九十九泉。诸部皆不

---

① 《新五代史》卷72《四夷附录第一》,第892页。
② 《契丹国志》卷13《后妃传》,第139页。
③ 《资治通鉴》卷287《后汉纪二》天福十二年,第9367页。

欲南，帝强之。行至新州之火神淀，燕王述轧及伟王之子太宁王沤僧等率兵作乱，弑帝，而述轧自立。齐王述律太宗之子。逃于南山，诸大臣奉之以攻述轧、沤僧，杀之，并其族党。立述律为帝，改元应历。"① 述律即辽穆宗，在他统治时期，保境睦邻的草原本位主张占据了主导地位。

以上只是简述了五次持续时间长、影响大的斗争，其他小规模的冲突不胜枚举，此处不再赘述。

三、辽朝初期民族关系思想流派长期对立的原因

辽朝初期民族关系思想流派的存在和对立有其历史必然性，简单地对其作出肯定或否定的评价都是片面的。就开明派而言，公元10世纪前后，契丹社会的发展已经到了一个需要进行变革的时刻。

第一，在中原农耕文化影响下，契丹农业经济有了很大的发展。唐朝末年，大量逃避战祸和被掳掠的汉人流落契丹。他们进入草原，带来了农业、手工业生产技术和工具，促进了农业经济的发展。渤海国和燕云十六州的先后并入，更使辽朝获得了富饶而广阔的农业区。农业比畜牧、渔猎可以提供更稳定的生活资料和战争补给，这一点日益受到契丹统治者的重视。《辽史》载："初，皇祖匀德实为大迭烈府离堇，喜稼穑，善畜牧，相地利以教民耕。仲父述澜为于越，饬国人树桑麻，习组织。"② 阿保机"率汉人耕种"，"弭兵轻赋，专意于农"③。辽朝的社会经济逐渐由单一的游牧、渔猎经济，发展到农业和畜牧业并重。

第二，契丹社会的发展需要进行政治变革，建立中央集权统治。契丹原来的部落联盟是一种松散的形式，缺乏严密组织和领导。在遥辇氏联盟后期，随着生产力水平提高和社会财富积累，个体家庭私有制观念不断增强，阶级分化加剧，贵族对权力的争夺日趋激烈。曷鲁曾言："君

---

① 《资治通鉴》卷290《后周纪一》后周太祖广顺元年，第9462-9463页。
② 《辽史》卷59《食货志上》，第923页。
③ 《辽史》卷59《食货志上》，第924页。

第一章 辽太祖至辽穆宗时期的民族关系思想

臣之分乱，纪纲之统隳。"①随着与中原政权接触增多，他们对组织和结构健全的政府模式更加了解。这使他们认识到，契丹传统的部落联盟组织，很容易衰落和瓦解，不适应时代发展的要求，急需进行变革，建立中央集权。

第三，中原形势和草原民族势力的消长变化为契丹崛起提供了有利的契机。回鹘汗国被黠戛斯摧垮后，北方草原出现了权力真空，而唐王朝在黄巢起义和藩镇争霸冲击下已经摇摇欲坠，失去了控制边疆的能力，这就为契丹崛起提供了有利的契机。契丹兴起后，统治者为了贵族集团的利益，穷兵黩武，不断扩张，野心越来越大。逐鹿中原的各方势力频频拉拢契丹统治者，企图借其削弱竞争对手，而中原"诸藩雾暗，五岳尘氛，赤县成墟，紫宸迁宅"②的衰落景象也加强了契丹统治者南下的信心，促使其渴望成为"真天子"。

第四，汉人对辽朝的贡献和影响日益显著。尽管汉人在契丹处于被统治地位，但拥有经济、文化和人口等优势。不管契丹统治集团主观愿望如何，都无法抗拒他们的影响。"阿保机的迭剌部，实际上，已经形成了草原外缘的新区域。这一区域是极富汉风的契丹。"③契丹建国称帝、草创制度等都需要汉族官僚的协助。因此，统治者极力争取汉人上层的合作。汉族士人在"以夏变夷"思想指导下，推动了辽朝社会向前发展。

就保守派而言，他们的主张同样具有社会基础和历史根据。

第一，辽朝初期，畜牧业仍然在社会生产中占据重要地位。契丹原本是一个游牧民族，生活于"大漠之间，多寒多风"，"畜牧畋渔以食，皮毛以衣，转徙随时，车马为家"。④游牧和渔猎的生产方式决定了契丹人"马逐水草，人仰湩酪，挽强射生，以给日用"的生活方式和"契丹

---

① 《辽史》卷73《耶律曷鲁传》，第1221页。
② 《契丹国志》卷1《太祖大圣皇帝》，第12页。
③ 《契丹政治史稿》，第97页。
④ 《辽史》卷32《营卫志中》，第373页。

旧俗，其富以马，其强以兵"①的价值观念。尽管建国后农业发展很快，但统治者通过大规模的对外掠夺和建立官营"群牧"，使畜牧业经济出现了跨越式发展，仍然在社会生产中占据重要地位。

第二，世选制度的传统在契丹根深蒂固。世选制度是契丹旧俗，可以上溯到大贺氏部落联盟时期。它与建立在游牧生产方式基础上的部族组织相适应，成为权贵家族宣示其权利继承合法性的工具。契丹贵族一直是支持辽政权的核心力量，由于世选制既维护了契丹贵族的特殊权益，又满足了国家政权的需要，因此在建国后仍得以长期保留。

第三，突厥、回纥等草原文化对契丹文化的深刻影响。契丹文化的形成，固然广泛吸收了汉族文化，而突厥、回纥等草原文化的影响也不容忽视。突厥强盛时，在契丹设吐屯监理。回纥崛起，亦在契丹置监护使。回鹘汗国崩溃后，大批回鹘人进入契丹，与契丹人联姻。如阿保机皇后述律平是回鹘人糯思之后。契丹对突厥、回鹘的文字、官制、律法等有较多借鉴。契丹"于越""惕隐"等官职等均来自回鹘官制。天赞三年（924年），阿保机"诏砻辟遏可汗故碑，以契丹、突厥、汉字纪其功"。②天赞年间，迭剌负责陪同回鹘使者，"能习其言与书，因制契丹小字，数少而该贯"。③

第四，传统的华夷有别观念对思想的束缚。一方面，中原汉人对于被契丹统治抱有很强的抗拒心理。例如：在耶律德光招降云州时，云州判官吴峦曰："吾属礼义之俗，安可臣事夷狄乎？"④闭城坚守，德光攻之不克。后晋大将安重荣耻于事辽，遣轻骑掠幽州南境，见辽使者至，必箕踞谩骂，甚至暗中杀害。另一方面，契丹人一时也难以摆脱忐忑心理。耶律德光在潞州送别石敬瑭，曰："我若南向，河南之人必大惊骇。"⑤

---

① 《辽史》卷59《食货志上》，第923页。
② 《辽史》卷2《太祖下》，第20页。
③ 《辽史》卷64《皇子表》，第968—969页。
④ 《契丹国志》卷2《太宗嗣圣皇帝上》，第20页。
⑤ 《契丹国志》卷2《太宗嗣圣皇帝上》，第18页。

第一章 辽太祖至辽穆宗时期的民族关系思想

入汴梁后,他坐于崇元殿上犹自忐忑:"汉家仪物,其盛如此。我得于此殿坐,岂非真天子邪!"① 胡峤在《陷北记》中记载契丹人言:"夷狄之人岂能胜中国?"②

第五,契丹统治下的其他民族向心力并不强,叛服无常。辽朝境内民族众多,许多并不甘心臣服于契丹的统治。耶律德光言,"吾国广大,方数万里,有君长二十七人"③。安重荣上表后晋高祖称:"吐谷浑、两突厥、浑、契苾、沙陀各帅部众归附。党项等亦纳辽告牒,言为辽所陵暴,愿自备十万众,与晋共击辽。"④ 对国内局势不安定的顾虑,成为保守派思想的一个出发点。

既然两个流派之间存在着尖锐的矛盾并经常激化,他们何以能够长期并存而没有导致辽朝的分裂呢?以下几个因素值得考虑。

一是"开明派"顺应历史潮流,占据了主导地位。建国伊始,"开明派"就主动汲取汉族思想文化和生产方式中的优秀成分来充实自己。他们打破了长城的阻隔,将游牧经济与农耕经济结合在一起,符合历史发展的趋势,促进了北方各民族的融合与发展。而"开明派"参与中原逐鹿,适应了辽朝初期开拓疆土的客观需要,具有促使契丹进步的积极意义。因此,"开明派"逐渐取得了主导地位,在大多数时间里决定着辽朝的大政方针。

二是保守派的主张在一定程度上符合当时国情。辽朝幅员辽阔,民族众多,不同区域和民族间政治、经济、文化发展不平衡,差距悬殊。"保守派"的主张,在一定程度上符合国情。由于他们的牵制,"开明派"不能仿效北魏孝文帝进行类似激进的改革,避免了可能造成的社会动荡,使各民族得以在长期的交往中达到自然的融合。

三是两派精英认识到他们的根本利益存在一致性,关键时刻能达成

---

① 《新五代史》卷72《四夷附录第一》,第889页。
② 《契丹国志》卷25《胡峤陷北记》,第240页。
③ 《资治通鉴》卷286,《后汉纪一》天福十二年,第9338页。
④ 《契丹国志》卷2《太宗嗣圣皇帝上》,第22页。

妥协。尽管"保守派"和"开明派"有诸多分歧，但他们在很多根本利益上存在一致性，因此在思想上也能找到不少共同点。"保守派"中不乏雄才大略的人物，对"开明派"的主张并非一味排斥。如述律后，"简重果断，有雄略"①，"太祖开拓四方平渤海，述律后有力焉"。②在对汉官的使用上，她劝阿保机"延徽能守节不屈，此今之贤者，奈何辱以牧圉？宜礼用之。"③"开明派"从现实角度出发，也常常持有一些保守观念。如阿保机"能汉语，然绝口不道于部人，惧其效汉而怯弱也"④。由于两派认识到他们根本利益的一致，往往在关键时刻能够达成妥协。面对可能两败俱伤的局面，述律后和辽世宗耶律阮鉴于"向太祖遭诸弟乱，天下荼毒，疮痍未复，庸可再乎"⑤，握手言和，避免了导致分裂的内战。

四是契丹杰出人物居中调停，化解了部分危机。辽朝初期，契丹贵族中涌现出许多才识高卓的人物。当两派冲突有动摇国本的危险时，他们能挺身而出，居中调停。耶律屋质即是其中之一，参与平息了两次危及国祚的动乱。屋质"资简静，有器识，重然诺。遇事造次，处之从容，人莫能测。博学，知天文"⑥。述律后与耶律阮陈兵横渡，屋质劝说述律后"李胡、永康王皆太祖子孙，神器非移他族，何不可之有？太后宜思长策，与永康王和议"，"为今之计，莫若以言和解，事必有成"，否则"人心一摇，国祸不浅"；又谏耶律阮"能释怨以安社稷，则臣以为莫若和好"。⑦和议过程中，屋质公正剖析了双方的过错，敦促述律后将皇位授于"顺天合人"的耶律阮。察割弑帝后，屋质召诸王及众将领同力讨贼，劝说寿安王"大王嗣圣子，贼若得之，必不容。群臣将谁事，社稷将谁赖？万一落贼手，悔将何及？"在屋至号召下，诸将联合起来诛杀察割及其

---

① 《辽史》卷71《后妃传》，第1199页。
② 《辽史》卷37《地理志一》，第446页。
③ 《契丹国志》卷13《后妃传》，第138页。
④ 《新五代史》卷72《四夷附录第一》，第890页。
⑤ 《辽史》卷77《耶律屋质传》，第1256-1257页。
⑥ 《辽史》卷77《耶律屋质传》，第1255页。
⑦ 《辽史》卷77《耶律屋质传》，第1256页。

第一章　辽太祖至辽穆宗时期的民族关系思想

同党。①

四、造成的影响

辽朝初期两大思想流派的并存、斗争与妥协产生了巨大的影响。

其一，牵制了契丹社会发展的步伐。

首先，内战对社会生产造成了严重破坏。例如诸弟之乱，"时大军久出，辎重不相属，士卒煮马驹、采野菜以为食，孳畜道毙者十七八，物价十倍，器服资货委弃于楚里河，狼藉数百里"。②叛乱虽然被平定，但契丹已是物价腾贵，牲畜疫死，民间昔有万马，至此竟落得皆徒步而行。

其次，斗争中失败的精英被迫出走敌国，结局悲惨。剌葛夺权失败，携妻子投奔晋王李存勖，又南投后梁。天赞二年（923年）后梁灭亡，剌葛被斩首。耶律倍"浮海"投奔唐明宗，后唐覆灭前被李从珂遣人杀害。

再次，错失历史机遇。五代的混乱局面本是契丹入主中原的最佳机会，可是内部的分歧牵制了开明派的力量，继辽太宗耶律德光功败垂成，辽世宗因"诸部数叛，兴兵诛讨，故数年之间，不暇南寇"③，辽穆宗拘泥于草原本位思想，被周世宗夺去三关，致使国势一度衰落。

其二，形成了具有辽朝特色的政治体制。

辽朝特色的政治体制萌芽于阿保机时期。神册六年（921年），阿保机谓侍臣曰："凡国家庶务，拒细各殊，若宪度不明，则何以为治，群下亦何由知禁"，召大臣定治契丹及诸夷之法，汉人则断以律令。④后设立"汉儿司"，专门负责管理汉人的事务。至辽太宗和述律后分别成为"开明派"和"保守派"阵营的代表，他们思想的分歧与妥协导致辽朝特色政治体制的确立。自太宗入晋之后，皇帝与南班汉官用汉服，太后与北

---

① 《辽史》卷77《耶律屋质传》，第1257-1258页。
② 《辽史》卷1《太祖上》，第7页。
③ 《资治通鉴》卷287《后汉纪二》天福十二年，第9367页。
④ 《辽史》卷61《刑法志上》，第936-937页。

班契丹臣僚用国服。服装和礼仪是体制的表现形式，表明耶律德光和述律后"二元寡头"对政治体制的影响。在中央政府，形成北、南两面官制，北面官治宫帐、部族、属国之政，南面官治汉人州县、租赋、军马之事。与之相适应，地方上契丹等游牧民族实行部族制，汉人和渤海人实行州县制。

其三，奠定了辽朝中后期民族关系思想的基础。

辽朝初期两大思想流派为了实现各自的主张和争取自身的利益，进行了长期和广泛的对峙，涉及对中原的策略、对汉官的任用、对汉文化的吸收，以及对被征服部族的政策等各个方面，奠定了辽朝中后期民族关系思想的基础。一方面，一些行之有效、深入人心的思想观点得到了很好的继承和推广。如"因俗而治"的思想原则贯穿整个辽代，发挥了积极作用。另一方面，辽朝中后期民族关系思想的一些重要内容是从前期的思想观点发展演进而来的。如辽圣宗对儒家"忠孝"思想的推崇，辽道宗"正统"观念的滥觞等，无不发轫于初期开明派的主张。同时，由于保守派的抵制，契丹贵族保持了很强的民族自尊意识，使得类似北魏孝文帝全盘汉化的思想没有立足之地。

其四，在一定程度上决定了当时中国历史的走向。

辽朝统一了我国北方辽阔地区，国势强盛，与中原王朝对峙占据军事优势地位，辽朝民族关系思想流派力量的消长和认识变化在一定程度上决定了当时中国历史的走向。例如，阿保机和耶律德光热衷于逐鹿中原，导致后唐、后晋沦为短命王朝；辽穆宗秉持草原本位思想，坐视后周、北宋逐步削平地方割据势力。

第二章

辽景宗至辽兴宗时期的民族关系思想

第一节 辽景宗的民族关系思想

辽景宗，名耶律贤，是辽世宗的次子。应历十九年（969年），辽穆宗被近侍所弑，耶律贤在侍中萧思温、飞龙使女里和南院枢密使高勋等亲信的拥戴下即位，尊号天赞皇帝。辽景宗继位之初，正值辽朝国势中衰。为了巩固自己的统治，结束辽穆宗造成的混乱局面以及应对正在统一南方的北宋的威胁，他采取了一系列改革措施，为圣宗时辽朝的全盛奠定了基础。从中我们可以看出他对当时复杂的民族关系的思考和认识，在辽朝初期因俗而治、分而治之，以及草原本位主义与汉化之争等思想的基础上，有了进一步的发展。

一、中兴改革时期的思想

辽穆宗亡故后辽景宗虽然登上了皇帝的宝座，但他的江山能否坐稳，却是一个未知数。首先，自辽太宗南征中原无功而返后，辽朝一度陷入了衰落的颓势。草原本位主义大行其道，导致热心南伐的辽世宗被害和辽穆宗的不思进取。其次，由于辽穆宗酗酒嗜杀，荒于政事，朝野人心动荡，激起了一些宗室权贵的野心。虽经辽穆宗铁腕镇压，公开的政变减少了，但这类阴谋活动并没有终止，只不过进行得更为隐秘。辽景宗本人就一直在暗中培植势力，待机而动。辽穆宗遇弑后，辽景宗迅速率领甲骑千人驰赴行在，用群臣劝进的方式夺得皇位。辽景宗动作之迅捷，令竞争者猝不及防。事后，他们自然不会甘心失败，对辽景宗的统治地位进行或明或暗的挑战。

有鉴于此，辽景宗利用穆宗暴政后人人望治的有利时机，进行了一系列以中兴辽朝为目的的改革。改革的核心思想就是排除草原本位主义的干扰，借鉴汉族统治者成功的经验，建立传统的封建王朝治理模式。具体来说，主要包括以下数种措施。

(一) 安抚百姓，整顿吏治，重用汉人

辽穆宗在位期间，昏庸残暴，视人命如草芥。辽朝的权贵也大肆欺凌百姓，甚至掳掠大量的平民为奴隶。对于百姓疾苦，他们毫不关心，史载："辽瀛、莫、幽州大水，流民入塞者数十万口，本国亦不之禁。周诏所在赈给存处之，中国民被掠得归者什五六。"①在这样昏聩的统治下，百姓逃亡和反抗在所难免，辽穆宗就是因奴隶的激烈反抗而丢掉了性命。当时社会动荡不安，民族矛盾愈加尖锐。辽景宗吸取了穆宗衰乱的教训，着手缓和紧张的民族关系。"保宁三年，以穆宗废钟院，穷民有冤者无所诉，故诏复之，仍命铸钟，纪诏其上，道所以废置之意"。②辽景宗复回登闻鼓院，令百姓有申冤之地，宽减刑法，对百姓加以安抚。保宁五年"二月丁亥，近侍实鲁里误触神纛，法论死，杖释之"。③这与穆宗时的严苛形成鲜明的对比。景宗乾亨四年 (982年)，因宋辽战争，燕云地区民力凋敝，田园荒芜，辽景宗下诏免当年租赋，又命"诸州有逃户庄田，许蕃汉人承佃，供给租税。五周年内归业者，三分还二分；十周年内还一半；十五周年内三分还一分"。④这些举措有效地减少了汉族在内的各族底层百姓与契丹统治阶级的对立，缓和了曾一度激化的民族矛盾。

为了充分吸收汉族地主阶级的政治经验，辽景宗整顿吏治，更多地

---

① 《契丹国志》卷5《穆宗天顺皇帝》，第51页。
② 《辽史》卷61《刑法志上》，第938页。
③ 《辽史》卷8《景宗纪上》，第93页。
④ 参见《中国通史》丙编典志第一章"农业和农学技术"第五节"辽的牧业与农业"，白寿彝总主编，北京：中华出局，2004年。

第二章　辽景宗至辽兴宗时期的民族关系思想

任用汉人为官。高勋、郭袭、室昉、韩匡嗣及其子韩德让等汉官,先后得到重用。景宗即位后,将有拥立之功的南枢密院使高勋加封为秦王;韩匡嗣拜为上京留守,后为南京留守,封燕王。他还向室昉询问治国之道,吸取历代王朝的经验教训。辽景宗还有虚心纳谏的雅量,郭袭向他上书,劝谏减少游猎次数,景宗看了后很赞赏,对郭袭予以重用。景宗不仅对汉人上层人物大加恩宠,而且着手把一般汉族知识分子拉到自己的阵营。保宁八年,"戊午,诏南京复礼部贡院。"①即准备实行科举,为汉族知识分子入仕打开通路。

值得注意的是,辽景宗对汉官的重用并不是毫无保留的。《辽史》记载:"保宁中,(高勋)以南京郊内多隙地,请疏畦种稻,帝欲从之。林牙耶律昆宣言于朝曰:'高勋此奏,必有异志。果令种稻,引水为畦,设以京叛,官军何自而入?'帝疑之,不纳。寻迁南院枢密使。"②这件事表明辽景宗在对汉官积极利用时,也不无防范之心。这既是因为"非我族类,其心必异"的思想在作祟,也有当时辽宋对峙的恶劣政治环境的因素影响。

(二)扶持皇后势力,确立嫡长子继承制

虽然契丹建国已60年,但许多旧俗的影响仍根深蒂固。世选制就是其一,按照这种传统,皇帝的宝座不一定要父子承袭,辽景宗之前的几代皇帝,都是通过激烈的斗争得到的。这就使宗室诸王结党营私,图谋篡位有了一定法理上的依据,导致辽朝前期契丹宗室的政变叛乱层出不穷。《辽史》曰:"夫自太祖之世,剌葛、安端首倡祸乱……李胡而下,宗王反侧,无代无之,辽之内难,与国始终。厥后嗣君,虽严法以绳之,卒不可止。"③统治阶级内部屡次围绕皇位进行的斗争,不仅仅损害了在位者自身的利益,也严重削弱了辽朝的统治基础。最惨痛的教训,就是

---

① 《辽史》卷8《景宗纪上》,第96页。
② 《辽史》卷85《高勋传》,第1317页。
③ 《辽史》卷72《章肃皇帝李胡传》,第1214-1215页。

在五代中原政权更迭之际，辽朝一度有混一天下的机会，却因为统治阶层思想的分歧和皇位争夺导致的分裂，最终功亏一篑。

辽景宗本人也深受其害。他的父母在火神淀政变中被察割所害，自己也险遭毒手。《契丹国志》载："火神淀弑逆之时，述轧之害世宗，并及于后，复求帝杀之。帝时年九岁（一说四岁），御厨尚食刘解里以毡束之，藏于积薪中，由是得免。"①在穆宗统治时期，这种叛乱活动达到了高峰，宗室诸王多有参与。仅《辽史·穆宗纪》所载，"应历二年（952年）正月，太尉忽古质谋逆，伏诛；六月，国舅政事令萧眉古得、宣政殿学士李澣谋南奔，事觉，诏暴其罪；七月，政事令娄国、林牙敌烈、侍中神都、郎君海里等谋乱就执；三年十月，李胡子宛、郎君嵇干、敌烈谋反，事觉，辞逮太平王罨撒葛、林牙华割、郎君新罗等，皆执之；九年十二月，王子敌烈、前宣徽使海思及萧达干等谋反，事觉，鞫之；十年七月，政事令耶律寿远、太保楚阿不等谋反，伏诛；十年十月，李胡子喜隐谋反，辞连李胡，下狱死……"②辽景宗其实也在收拢人心，积聚力量，只不过他做的更隐秘罢了。《辽史》记载："察割之乱，帝甫四岁。穆宗即位，养永兴宫。即长，穆宗酗酒怠政。帝一日与韩匡嗣语及时事，耶律贤适止之。帝悟，不复言。"③

当辽景宗如愿坐上龙椅，享受诸王朝拜的同时，也感觉到了他们的威胁，因此"初践阼，多疑诸王或萌非望，阴以贤适为腹心"。④他的竞争者们确实不会拱手认输，很快就开始了疯狂的反扑。报复行动的第一个牺牲品，就是拥立景宗功劳最大的萧思温。《辽史》记载："乙卯，次盘道岭，盗杀北院枢密使萧思温。九月辛丑，得国舅萧海只及海里杀萧思温状，皆伏诛，流其弟神睹于黄龙府。"⑤在此前一年，"太平王罨撒葛

---

① 《契丹国志》卷6《景宗孝成皇帝》，第57页。
② 《辽史》卷6《穆宗耶律璟上》，第70、72、76页。
③ 《辽史》卷8《景宗耶律贤上》，第89页。
④ 《辽史》卷79《耶律贤适传》，第1272-1273页。
⑤ 《辽史》卷8《景宗耶律贤上》，第90-91页。

第二章 辽景宗至辽兴宗时期的民族关系思想

亡入沙沱。己丑，夷离毕粘木衮以阴附罨撒葛伏诛。"①则罨撒葛必然有政变阴谋被发觉已不言而喻。面对这种情况，辽景宗不得不深刻反思。

辽景宗要开创长治久安的局面，这个问题的解决已经迫在眉睫，而良方近在眼前，那就是学习中原王朝，建立皇位嫡长子继承制。一方面，辽景宗一改穆宗武力镇压的手段，以尊爵厚禄来安抚政治对手，史载："癸巳，罨撒葛入朝。夏四月戊申朔，进封太平王罨撒葛为齐王，改封赵王喜隐为宋王，封隆先为平王，稍为吴王，道隐为蜀王，必摄为越王，敌烈为冀王，宛为卫王。"②另一方面，积极扶持皇后萧绰的势力，为确立嫡长子继承制提供可靠的保障。

辽景宗即位不久，就娶萧思温之女萧绰为妃，同年五月又立为皇后。萧绰不仅聪颖美丽，而且有杰出的政治才能，深得景宗的宠爱。《契丹国志》曰："刑赏政事，用兵追讨，皆皇后决之，帝卧床榻间，拱手而已。"③又曰"燕燕皇后以女主临朝，国事一决于其手。大诛罚，大征讨，蕃汉诸臣集众共议，皇后裁决，报之知帝而已。"只是把原因归结为"帝性仁懦……自幼得疾，沉疴连年……耽于酒色，暮年不少休"。④这种看法无疑是片面的。辽景宗染病不假，但因此不能亲理朝政，以致皇后主政，却不免言过其实，而观其行事，更非庸懦无能之辈。在《辽史·营卫志》中记载了一个有趣的典故："秋捺钵：曰伏虎林。七月中旬，自纳凉处起牙帐，入山射鹿及虎。林在永州西北五十里。尝有虎据林，伤害居民畜牧。景宗领数骑猎焉，虎伏草际，战栗不敢仰视，上舍之，因号伏虎林。"⑤寥寥数语，景宗英武豪迈的气概跃然纸上。而郭袭的《谏猎书》也指出："侧闻恣意游猎，甚于往日。"⑥这也不是一个"体惫不能亲跨马"病人的表现。对于景宗政绩，《辽史》赞曰："以景宗之资，任人不疑，信赏必罚，

---

① 《辽史》卷8《景宗耶律贤上》，第90页。
② 《辽史》卷8《景宗耶律贤上》，第90页。
③ 《契丹国志》卷6《景宗孝成皇帝》，第57页。
④ 《契丹国志》卷6《景宗孝成皇帝》，第60页。
⑤ 《辽史》卷32《营卫志中》，第374-375页。
⑥ 《辽史》卷79《郭袭传》，第1274页。

若可与有为也。"①一位身怀中兴之志的有为之君，又岂会甘心任人摆布。直到圣宗即位，"时诸王宗室二百余人拥兵握政，盈布朝廷。后当朝虽久，然少姻媛助，诸皇子幼稚，内外震恐"。②以致萧绰感叹"母寡子弱，族属雄强"。③可见，景宗之所以给萧绰这样超越常理的规格待遇，绝非受萧绰裹胁，而是深谋远虑之举。因此，保宁四年"夏四月庚寅朔，追封萧思温为楚国王"；保宁五年"追封皇后祖胡母里为韩王，赠伯胡鲁古兼政事令，尼古只兼侍中"；保宁八年"二月壬寅，谕史馆学士，书皇后言亦称'朕'暨'予'，著为定式"；④乾亨四年"遗诏梁王隆绪嗣位，军国大事听皇后命"。⑤这些都是景宗有目的、有步骤地树立皇后的权威。

除了直接为皇后造势，景宗对萧绰的亲信也曲加优容。《辽史》对景宗"知匡嗣之罪，数而不罚"之事大加批评，认为其"不亦惑乎"。⑥据记载："匡嗣与南府宰相沙、惕隐休哥侵宋，军于满城。方阵，宋人请降。匡嗣欲纳之，休哥曰：'彼军气甚锐，疑诱我也。可整顿士卒以御。'匡嗣不听。俄而宋军鼓噪薄我，众蹂践，尘起涨天。匡嗣仓卒谕诸将，无当其锋。众既奔，遇伏兵扼要路，匡嗣弃旗鼓遁，其众走易州山，独休哥收所弃兵械，全军还。帝怒匡嗣，数之曰：'尔违众谋，深入敌境，尔罪一也；号令不肃，行伍不整，尔罪二也；弃我师旅，挺身鼠窜，尔罪三也；侦候失机，守御弗备，尔罪四也；捐弃旗鼓，损威辱国，尔罪五也。'促令诛之。皇后引诸内戚徐为开解，上重违其请。良久，威稍霁，乃杖而免之。既而遥授晋昌军节度使。"⑦辽景宗最终违背原则网开一面，当然不是因为他一时昏惑，而是碍于韩家与皇后的渊源极深，是皇后的重要支持力量，打击韩家，不啻于剪除皇后羽翼，因此重违皇后之请。

---

① 《辽史》卷9《景宗下》，第105页。
② 《契丹国志》卷18《耶律隆运传》，第175页。
③ 《辽史》卷71《景宗睿智皇后萧氏传》，第1202页。
④ 《辽史》卷8《景宗耶律贤上》，第92-95页。
⑤ 《辽史》卷9《景宗下》，第105页。
⑥ 《辽史》卷9《景宗下》，第105页。
⑦ 《辽史》卷74《韩匡嗣传》，第1234页。

第二章 辽景宗至辽兴宗时期的民族关系思想

萧绰势力的增强，无疑为嫡长子耶律隆绪继承皇位提供了可靠保障。这也是当乾亨四年（982年）九月辽景宗病逝，萧绰能够克服重重危机，稳定政局的重要原因。

二、从"以和为贵"到报复性南侵

辽景宗对与北宋的关系的认识有一个发展变化的过程，以太平兴国四年（979年）宋太宗平定北汉为分水岭，前期辽景宗奉行对宋以和为贵，同时坚决援汉御宋；后期则围绕燕云地区的争夺，大败宋太宗对幽州的亲征，进行报复性的南侵。

在辽穆宗统治时期，由于穆宗本人及大多数契丹贵族怀有草原本位主义思想，对中原政局大不如前代契丹统治者那样关切，《契丹国志》载："是时，承会同之余威，中原多事，藩镇争强，莫不求援于辽国以自存。晋阳之北汉，江南之李唐，使车狎至，馈遗络绎，辽帝以政昏兵弱，不能应之。""瀛、莫之失，幽州急递以闻，帝曰：'三关本汉地，今以还汉，何失之有？'"[①]这种想法在景宗当政时仍然很有影响。而景宗甫即位，忙于稳定国内的局势，同时惮于北宋日益强盛，几次试探性交锋辽朝都没有占到什么便宜，也采取了勿妄侵伐的策略。保宁三年（971年）以后，辽就基本停止了对宋边境的侵扰，并严令北汉不得惹是生非。而宋太祖赵匡胤鉴于辽朝兵强马壮，对燕云十六州的收复，考虑采取赎买的方式。宋人王辟之的《渑水燕谈录》有一段记载："太祖讨平诸国，收其府藏贮之别府，曰封桩库，每岁国用之余，皆入焉。尝语近臣曰：'石晋割幽燕诸郡以归契丹，朕悯八州之民久陷夷房，俟所蓄满五百万缗，遣使北房，以赎山后诸郡。如不我从，即散府财募战士以图攻取。'"[②]对得到辽朝支持的北汉，也留待平定江南后解决。为了避免引起摩擦，宋太祖特下诏

[①]《契丹国志》卷之5《穆宗天顺皇帝》，第54-55页。
[②] 王辟之：《渑水燕谈录》卷1《帝德》，北京：中华书局，1981年。

"敕沿边诸州禁民无得出塞侵盗,前所盗马,尽令还之"。①既然暂时都无战意,这就为双方的和谈提供了可能。保宁六年(974年)三月,"宋遣使请和,以涿州刺史耶律昌术加侍中使宋议和"。②此即"开宝和议"。和约达成后,辽宋边境基本恢复了安定。此后几年中,使臣往来频繁,紧张的关系得到缓和,贸易也得到恢复和发展。据《续资治通鉴长编》载:宋太宗太平兴国二年(977年)三月,"契丹在太祖朝,虽听沿边互市,而未有官司。是月,始令镇、易、雄、霸、沧州各置榷务,命党参官与内侍同掌。"③

宋太祖虽然制订了"先南后北"的统一策略,实际上并没有机械地执行,而是根据形势的变化,几次试图在有利的时机平定北汉。开宝二年(969年),宋太祖在"取荆、湖,下西蜀,储积充羡"的情况下,亲征北汉,兵抵太原城下。北汉坚持抵抗,宋军久攻不克,又因"大军顿甘草地中,会暑雨,多破腹病,而契丹亦复遣兵来援",④不得不班师回朝。开宝九年(976年),宋太祖相继平定南汉、南唐,于是"令党进、潘美、杨光美、牛思进、米文义率兵分五道以攻太原,又遣郭进等分攻忻、代、汾、沁、辽、石等州。诸将所向克捷,进败北汉兵于太原城。北汉主急求救于契丹,契丹主遣其相耶律沙救之,师还"。⑤

北汉自刘崇建国,即附辽为援,奉辽帝为叔皇帝。虽说地瘠民贫,国力微弱,却是辽牵制北宋的重要力量。它使辽宋边界缩短为河北平原相对狭小的地带,若宋直接向北进攻幽州,北汉可以对宋进行包抄。北汉若覆灭,辽宋之间就失去了缓冲,燕云地区更容易遭到威胁。因此北宋进攻北汉,辽景宗不能听之任之。以开宝九年(976年)为例,北汉就得到了辽的大力支援,《辽史》记载"九月壬午,汉为宋人所侵,遣使求

---

① 李焘:《续资治通鉴长编》卷2太祖建隆二年十月戊戌,北京:中华书局,1995年,第54页。
② 《辽史》卷8《景宗耶律贤上》,第94页。
③ 《续资治通鉴长编》卷18太宗太平兴国二年三月戊寅,第402页。
④ 《续资治通鉴长编》卷10太祖开宝二年闰五月己酉,第224页。
⑤ 杨仲良:《皇宋通鉴长编纪事本末》卷5,黑龙江人民出版社,2006年。

第二章 辽景宗至辽兴宗时期的民族关系思想

援,命南府宰相耶律沙、冀王敌烈赴之。戊子,汉以宋师压境,遣驸马都尉卢俊来告。冬十月辛丑,汉以辽师退宋军来谢"。"十二月壬寅,丁未,汉以宋军复至掠其军储来告。且乞赐粮为助"。①次年"三月癸亥,耶律沙、敌烈献援汉之役所获宋俘。戊辰,诏以粟二十万斛助汉"。②辽景宗对北汉的援助无疑是坚定的。但有两点值得注意:其一,辽景宗支持北汉的同时,也试图对其更加严格地控制。其二,辽景宗一直避免事态发展到辽宋关系决裂的地步,只要北宋撤军,辽军就凯旋。

太平兴国三年(978年),形势发生了根本性的变化。吴越的钱俶和漳、泉的陈洪进纳土归朝,宋太宗完成了统一南方的大业,目光转向了仍在负隅顽抗的北汉。太平兴国四年(979年),宋太宗亲征北汉,力图毕其功于一役。辽景宗遣使责问兴师讨伐北汉之故,宋太宗感觉胜券在握,决定与辽摊牌,回答"河东逆命,所当问罪。若北朝不援,和约如旧,不然则战",③耶律沙率领的辽援军在白马岭被宋军凭险击败,北汉主被迫出降,五代十国最终以北宋的统一结束。

平定北汉以后,北宋的下一个目标就是收复燕云。"燕云十六州"通常指后晋石敬瑭割让给契丹的太行山以东的幽、蓟、瀛、莫、涿、檀、顺山前七州和以西的新、妫、儒、武、云、应、寰、朔、蔚山后九州。燕云十六州处在中原抗击北方游牧民族南下的军事防御线上,有金坡关、居庸关、古北口、松亭关及渝关等长城要隘。《契丹国志》云:"幽、燕诸州,盖天造地设以分蕃、汉之限,诚一夫当关,万夫莫前也。"④中原政权失去燕云十六州,北部边防几乎无险可守,游牧民族铁骑可纵横驰骋于千里平原。因此,收复幽云十六州从此成为中原王朝梦寐以求的理想。

太平兴国四年(979年),宋太宗亲率大军直取幽燕。宋军轻取易州、

---

① 《辽史》卷8《景宗耶律贤上》,第95-96页。
② 《辽史》卷9《景宗下》,第99页。
③ 《辽史》卷9《景宗下》,第101页。
④ 《契丹国志》卷3《太宗嗣圣皇帝下》,第39-40页。

涿州，进而包围了幽州。一时间辽朝野人心惶惶，草原本位主义思想再度抬头，出现放弃幽州的主张。《契丹国志》记载："烽书旁午，国内惶惶"，"帝方猎，急归牙帐，议弃幽、蓟，以兵守松亭、虎北口而已。"①幽州自古为兵家必争之地，对双方都至关重要。对北宋来说，将其控扼在手中，可凭险设防，成为阻止辽军南下的屏障，再现汉唐盛世辉煌的必经之路；对辽朝来说，失去燕云十六州，不仅关闭了随时可以南下的方便之门，更丧失了庞大的人口和赋税，其进一步发展的源泉也将枯竭。契丹王朝将会像曾经的匈奴、突厥、回纥等草原霸主一样，其兴也勃焉，其亡也忽焉，沦为历史舞台上的匆匆过客。在时任惕隐的耶律休哥等人坚决请战的支持下，辽景宗排除了草原本位主义的干扰，坚定了保卫幽州的决心。

宋军攻幽州，代理南京留守的韩德让登城坚守，"逾旬不下，士卒疲顿，转输回远"②，辽景宗命耶律休哥领兵赴援。七月，耶律沙与宋兵战于高梁河，耶律休哥与南院大王耶律斜轸从后邀击，宋兵被斩"万余级"，丢失兵仗、器甲、军粮、货币等不可胜计，宋太宗"仅以身免"，奔涿州"微服乘驴车，间道而走"。③韩德让出城夹击，辽军大获全胜。

宋太宗一方面调派兵马防备辽的反扑，另一方面仍然在积聚力量，为再次北伐做准备。同年9月，辽景宗为"报围城之役"，命韩匡嗣为帅，耶律休哥、耶律斜轸等随行，发兵南伐。10月，韩匡嗣、耶律休哥等与宋兵战于满城。韩匡嗣指挥失误，辽兵大败。独耶律休哥整军力战，全师而还。辽景宗下诏责韩匡嗣，赏耶律休哥，晋升为北院大王。乾亨二年（980年）辽景宗亲征北宋。在围攻瓦桥关的战斗中，耶律休哥的英勇善战，深为景宗所赏识，"劳之，曰'尔勇过于名，若人人如卿，何忧不克？'""帝以休哥，马介独黄，虑为敌所识，乃赐玄甲、白马易之。"④宋

---

① 《契丹国志》卷6《景宗孝成皇帝》，第59页。
② 《契丹国志》卷6《景宗孝成皇帝》，第59页。
③ 《辽史》卷84《耶律沙传》，第1307-1308页。
④ 《辽史》卷83《耶律休哥传》，第1300页。

第二章 辽景宗至辽兴宗时期的民族关系思想

军突围南逃,辽军追至莫州,宋廷大震,宋太宗出巡北边以稳定军心。虽然辽军连续取得了一些战役的胜利,但没能消灭宋军主力,在前方宋军已经严阵以待的情况下,辽景宗下令班师。乾亨四年(982年)四月,辽景宗再次亲征,兵分三路南下,主力在满城、唐兴为宋崔彦进击败,辽将奚瓦里战死;进攻雁门关、府州的西路军,也被宋军击败,辽景宗以"战不利",被迫还军。

辽景宗的南征,并没有统一天下的宏伟目标,更具有报复的性质,这也是因为辽朝不甘受辱的血性和多年来唯吾独尊的地位,决定了它一旦受到攻击,必然要加倍索还。如果说还有其他目的,那就是利用骑兵的机动优势,削弱宋军的实力,瓦解宋太宗可能发动的新攻势。

围绕燕云地区的归属,辽宋从此展开了旷日持久的拉锯战。幽燕历来是汉。但从辽景宗的角度来看,燕云十六州归属辽朝数十余年,早已成为辽朝国土不可分割的一部分了,辽朝也因此不再是单纯草原政权,而也有了汉人的成分。

三、"汉官不思归"

辽朝的汉人主要由契丹历次征伐中俘掠、逃避乱世主动投附和燕云十六州的居民构成。在交聘中也曾有汉人使臣被羁留,人数虽少,却多才学出众,得到了契丹统治者的重视。由于历代契丹统治者对投靠他们的汉人精英都是礼遇有加,不吝封赏,随着辽朝政治和社会文明的进步,至辽景宗时期,辽朝汉族士人的思想有了一个较大的转变,大多数人已经摆脱了华夷之辨的思想束缚,视辽朝为安身立命之所,不复思归。辽景宗有中兴之志,为此他积极利用汉族地主阶级的统治经验,重用汉官。一批有才干的汉族官员,在辽朝的政治舞台上大放光芒。下面简略介绍其中几位代表性人物。

高勋,后晋北平王高信韬之子。会同九年(946年),与杜重威一同投降辽太宗。高勋喜欢结交契丹贵族大臣,颇得他们的赞扬和推荐。先后担任上京留守、南京留守、南枢密院使等职,被封为赵王。应历十九年(969年),辽穆宗被弒,高勋等拥戴辽景宗即位,以定策功,进封秦王。后来因高勋以毒药馈驸马都尉萧啜里,被判流放铜州,又因牵涉到萧思温被害一事,被景宗下诏处死。

室昉,南京人。自幼谨厚笃学,会同元年(938年),考中进士。历仕太宗、世宗、穆宗、景宗、圣宗五朝。会同九年(946年)辽太宗进入汴京后,室昉受命主持起草诏书。世宗时期,担任南京留守判官。穆宗时期,升任翰林学士。景宗即位后,多次向他请教古今治乱得失。官至枢密使,兼北府宰相。乾亨初,负责监修国史。统和年间,室昉与韩德让、耶律斜轸同心辅政,改革时弊。十二年(994年)病逝,赠尚书令。

韩匡嗣,中书令韩知古的第三子。韩匡嗣精通医术,深得应天皇太后宠爱。辽穆宗应历十年(960年),担任太祖庙详稳。宋王喜隐谋叛,案件牵连到韩匡嗣,穆宗却没有追究。耶律贤和韩匡嗣关系亲密,登上帝位后,任命韩匡嗣为上京留守,又改任南京留守,封燕王,后因与宋军满城之战的失败,受到景宗重责,幸有皇后为之求情,被遥授晋昌节度使,改为秦王。

韩德让,即耶律隆运,韩匡嗣第二子。辽景宗时,累迁至权知南京留守事。乾亨元年(979年),因守南京抗击北宋有功,授辽兴军节度使。不久,入朝为南院枢密使。景宗病危,他与耶律斜轸成为顾命大臣,立梁王耶律隆绪为帝。辽圣宗嗣位,萧太后摄政,命韩德让负责宿卫,对稳定圣宗初年的政局起了重要作用。十二年,代室昉为北府宰相兼领枢密使。耶律斜轸死后,韩德让兼北院枢密使。十八年拜大丞相,进封齐王,总理北南两院枢密院事。澶渊之盟后,徙封晋王,赐国姓耶律;且出宫籍,位在亲王之上。统和二十九年(1011年)随辽圣宗出征高丽,在军中去世,追赠尚书令,谥文忠。

郭袭,一直担任地方官吏。景宗即位,知道他很有才干,官拜南院枢密使。因为辽景宗喜欢游猎,郭袭上书劝谏:"昔唐高祖好猎,苏世长言不满十旬未足为乐,高祖即日罢,史称其美。伏念圣祖创业艰难,修

第二章 辽景宗至辽兴宗时期的民族关系思想

德布政,宵旰不懈。穆宗逞无厌之欲,不恤国事,天下愁怨。陛下继统,海内翕然望中兴之治。十余年间,征伐未已,而寇贼未弭;年谷虽登,而疮痍未复。正宜戒惧修省,以怀永图。侧闻恣意游猎,甚于往日。万一有衔橛之变,搏噬之虞,悔将何及?况南有强敌,伺隙而动,闻之得无生心乎?伏望陛下节从禽酣饮之乐,为生灵社稷计,则有无疆之休。"①景宗看过《谏猎书》后很赞赏,赐郭袭协赞功臣的称号。

这几个人尽管出身、经历、结局不尽相同,但是从他们身上,我们可以看到一些共性的东西。

其一,他们长期生活在辽朝,身居要职。韩匡嗣和韩德让父子是契丹统治者宠信的玉田韩家的第二代、第三代自不必说,最晚的高勋,入辽也已经二十余年了。他们普遍担任过辽朝权势显赫的要职,既有上京留守、南京留守这样的封疆大吏,也有北府宰相、北院枢密使这些以往只有契丹统治阶层的核心人物才能得到的高位。

其二,他们才能出众,为辽朝建立了功勋。高勋在应历年间多次击败宋军的进攻,维护了辽朝边境的稳定;景宗即位,高勋也功不可没。室昉曾因"上多昉有理剧才","改南京副留守,决讼平允,人皆便之";在统和二年(984年)秋,室昉奉"诏修诸岭路","昉发民夫二十万,一日毕功";与韩德让、耶律斜轸友善,"同心辅政,整析蠹弊,知无不言,务在息民薄赋,以故法度修明,朝无异议"。②韩德让"性忠愿谨愨,智略过人",③在宋太宗北征幽州的危急关头,韩德让在登城坚守,才使最后的胜利有了可能;辽圣宗即位时年幼,韩德让与耶律休哥、耶律斜轸、室昉等大臣齐心协力,稳定了政局;许多方针大略的制定和实施,韩德让都发挥了举足轻重的作用。

其三,他们得到了辽朝统治者的厚待,对辽朝忠心耿耿。辽统治者

---

① 《辽史》卷79《郭袭传》,第1274页。
② 《辽史》卷79《室昉传》,第1271-1272页。
③ 《契丹国志》卷18《室昉传》,第174页。

给予高勋、室昉、韩匡嗣、韩德让、郭袭等人的不仅是高官厚禄,还有许多封建臣子梦寐以求的殊荣。如统和九年(991年),"上以昉年老苦寒,赐貂皮衾褥,许乘辇入朝病剧,遣翰林学士张干就第授中京留守,加尚父"。①韩德让得到的宠遇更是旷古绝伦,以致叶隆里惊叹:"其眷遇始终,无与比伦有如此者。……遂乃释肺腑之戚,玉谱联名;席茅土之封,金枝入继。斯不谓之千载之逢而非常之遇欤!"②他们对辽朝也是忠心耿耿。尽管高勋涉嫌一系列宗室阴谋被处死,但他参与的也只是内部的争权夺利,而无投向外敌的行为。室昉进《尚书·无逸篇》,郭袭上《谏猎书》等都可称得上典型的忠君直谏,表现了他们对辽朝的忠诚。叶隆里就此评价:"隆运孜孜奉国,知无不为,忠孝至诚,出于天性。"③

要看清他们的思想转变,有必要关注一下辽初汉官们的表现。需要注意的是,素有广土众民之志的契丹统治者很早就认识到了契丹民族要发展强大、契丹政权要长治久安离不开汉人精英的支持。对投靠他们的汉族杰出人才,即便昏聩如辽穆宗,也是加以笼络和重用的。韩延徽、张砺、韩知古、卢文进、赵延寿等人可以看作当时汉族精英人物的代表。虽然出身贵贱不同、投辽原因有别、结局荣辱各异,表现在民族关系思想方面,却有一个共同点,那就是身在契丹,心思中原。

最能说明这一点的,就是韩延徽、张砺、韩知古、卢文进等人都有过南逃的举动。韩延徽初为燕帅刘守光幕僚,奉命出使契丹,被辽太祖留用,颇受器重,后来怀其乡里,逃奔到晋阳,投靠晋王,迫于掌书记王缄的妒忌,复走契丹。张砺初仕后唐,当后唐大军败于柏谷,随军的张砺陷于契丹,仍被任命担任原来的职务。不久,寻找机会南逃,为追骑捕回。"上责曰:'汝何故亡?'砺对曰:'臣不习北方土俗,饮食居处,意常郁郁,以是亡耳。'上顾通事高彦英曰:'朕尝戒汝善遇此人,何乃

---

① 《辽史》卷79《室昉传》,第1272页。
② 《契丹国志》卷18《耶律隆运传》,第176页。
③ 《契丹国志》卷18《耶律隆运传》,第175页。

第二章　辽景宗至辽兴宗时期的民族关系思想

使失所而亡？砺去，可再得耶？'遂杖彦英而谢砺"①。玉田韩氏的开创者韩知古，在辽太祖平蓟时，为淳钦皇后兄欲稳所得。后来随从出嫁，一直没有机会得到太祖的信用，怏怏不得志，挺身逃庸保。卢文进因主帅李存矩在兵变中被杀，投奔契丹。后唐明宗李嗣源继位后，卢文进自平州率众数万归附。

这么多在契丹建国和发展中立下功勋的汉官，曾经有过南逃或归隐的经历，反映出辽初汉族士人思想上普遍存在着矛盾与挣扎。卢文进的《遣使诣后唐上表》反映了他们的共同心声："臣既抛父母之邦，入朔漠之地。几年雁塞，徒向日以倾心；一望家山，每销魂而断目。李少卿之河畔，空有怨辞；石季伦之乐中，莫陈归引。"②传统的华夷有别思想令他们即使得到了异族给予的高官厚禄，内心也充满了痛苦。

经过对比，我们可以看到辽中期汉族士人们的心态已经有了很大的转变，不再依恋中原政权。这种思想的转变有其深刻的基础：

第一是岁月的磨合。尽管初入契丹时，汉民"既不乐附"，又"企思中国声教"，然而"岁月既久，汉民宿齿尽逝，新少者便渐习不怪"。③数十年的磨合，民族间的矛盾渐趋缓和，契丹日益汉化而部分汉人逐渐胡化。且经过多年奋斗，相当一批汉族上层人物已经跻身辽朝的统治集团，其家族也开始兴旺发达，视辽朝为安身立命之所。

第二是契丹统治者的笼络。契丹统治者为了巩固统治，极力笼络汉族杰出人物，安抚汉族百姓，吸收汉族的有识之士进入统治集团。辽朝政权的日益巩固，使汉族士人的向心力增强了，乐于为契丹统治者效力。

第三辽朝社会和经济的进步。自五代以来，辽境内相对来说比较安定，因此经济发展较快，保宁七年（975年）汉使来乞粮，"诏赐二十万斛助之。非经费有余，其能若是"。④"辽自初年，农民充羡，振饥恤难，

---

① 《辽史》卷76《张砺传》，第1252页。
② 《旧五代史》卷97《卢文进传》，第1296页。
③ 田况：《儒林公议》卷下，北京：中华书局，1985年。
④ 《辽史》卷59《食货志上》，第924页。

用不少勒，旁及邻国，沛然有余。"①辽朝统治者审时度势，制定了适合当时社会情况的"因俗而治"政策，"以国制治契丹，以汉制待汉人"。②在燕云十六州"置百官，皆依中国，参用中国之人"。③汉人在辽朝的生活已经基本与中原无异，对中原的依恋渐渐消失。

  第四还有以夏变夷思想的影响。孔子著春秋大义，提出尊王攘夷，发扬文化之大义。如楚国自称蛮夷，其后文明日进，中原诸侯与之会盟，则不复以蛮夷视之；而郑国本为诸夏，如行为不合义礼，亦视为夷狄。华夷之辨，不以种族，而以是否具有中华思想为标准。神册三年（918年），辽太祖诏令在上京建孔子庙，以儒家思想做为治国安邦的理论基础。景宗保宁八年（976年），"戊午，诏南京复礼部贡院。"④辽朝在意识形态方面接受汉族封建制度，在统治方式上吸收了中原政治制度，在文化方面崇尚儒家文化，自然得到了汉族士人的拥护。

  由于辽中期汉官们得到了统治者的信任和重用，因此他们思想的变化对现实产生了重大的影响。

  首先，加速了辽朝的封建化。汉族士人在辽朝任官，采取了通权达变的态度，通过各种手段推进辽朝封建化，来达到以夏变夷的目的。有感于汉官们的忠诚和贡献，认识到学习汉族统治者成功经验的价值，契丹统治者主动吸取汉族优秀文化。史载"自契丹侵取燕蓟以北……其间所生豪英，皆为其用，得中国土地，役中国人力，称中国位号，仿中国官属，任中国贤才，读中国书籍，用中国车服，行中国法令"。⑤

  其次，促进了民族团结。辽太宗曾下诏"契丹人授汉官者从汉仪，听与汉人婚姻。"⑥随着汉官地位的上升，他们开始与契丹等民族上层人物通婚。例如玉田韩氏家族娶妻大多是契丹女性。这一时期，既有契丹

---

① 《辽史》卷60《食货志下》，第932页。
② 《辽史》卷45《百官志一》，第685页。
③ 《新五代史》卷72《四夷附录第一》，第894页。
④ 《辽史》卷8《景宗耶律贤上》，第96页。
⑤ 《续资治通鉴长编》卷150仁宗庆历四年六月戊午，第3640、3641页。
⑥ 《辽史》卷4《太宗下》，第49页。

第二章 辽景宗至辽兴宗时期的民族关系思想

等民族出现了汉化的趋势，也存在着汉族胡化的现象。以玉田韩氏家族为例，"不但数代仕于辽，为辽政权的建设和统治以及契丹、汉文化在辽朝境内的发展作出了贡献，而且本身也接受了契丹习俗、文化的影响。这个家族的发展变化是游牧民族与汉族、农业文化与游牧文化互相影响、互相渗透的缩影，也是民族交往和民族自然融合的体现"。①苏辙曾赋诗："哀哉汉唐余，左衽今已半。""汉人何年被流徙，衣服渐变存语言。"②汉语在北方各族人民之间极为通行，黄龙府、吉林农安一带由于民族成份比较复杂，故凡聚会处，诸国人言语不通，则各为汉语以证，方能辨之。华夷之辨观念逐渐淡化乃至消失。南宋时的朱熹曾说过："大抵当初出时是夷狄，及志得意满，与我何异。"③

最后，增强了国力，抵御了北宋的进攻。在汉官的辅佐下，辽景宗扭转了穆宗时期国势不振的局面，国力有了较大的发展。由于人民生活已经安定，尤其以汉官为代表的上层人物，已经成功的进入了辽朝的统治集团，因而他们是反对宋师北伐的。在宋太宗兵临城下之时，以韩德让为首的汉官进行了坚决的抵抗，致使宋军功败垂成。

第二节 萧绰的民族关系思想

萧绰，即萧太后，是辽景宗耶律贤的皇后，辽圣宗耶律隆绪的母亲。辽朝皇族耶律氏和后族萧氏世为婚姻，太后皆姓萧氏。但我们一般说的萧太后，指的就是为辽朝的发展做出了重大贡献的萧绰。乾亨四年（982年）九月，辽景宗病逝于云州行宫，遗诏："梁王隆绪嗣位，军国大事听

---

① 白寿彝：《中国通史》，第7卷《五代辽宋夏金时期史》，上海人民出版社，2005年，第79章。
② 白彝族：《中国通史》，第7卷《五代辽宋夏金时期史》，第79章。
③ 《朱子语类卷》本朝7《盗贼》，卷133。

皇后命。"①年仅十二岁的辽圣宗登上皇帝宝座，次年即尊萧绰为"承天皇太后"，由其总摄辽军政大权。直至统和二十七年（1009年）十一月，萧绰还政于辽圣宗，同年十二月病逝。

一、封建化改革思想

萧绰是中国古代著名的女政治家、军事家。《辽史》评价她"后明达治道，闻善必从，故群臣咸竭其忠。习知军政，澶渊之役，亲御戎车，指麾三军，赏罚信明，将士用命"。②在辽朝民族关系思想的发展上，萧绰也功不可没。

（一）倾向汉制，主张封建化改革

1.推行新政

其一，正如《辽史》所言，"国以人重"。③萧绰当政后，非常重视人才的选拔和使用。由于契丹传统的世选制度堵塞了出身低微的人进入仕途，已不能满足统治的需要。萧绰打破旧制的束缚，摒弃民族偏见，对地方官采取考任制，唯才是用。统和二年（984年）三月，"划离部请今后详稳止从本部选授为宜"，萧绰批示："诸部官惟在得人，岂得定以所部为限。"④

萧绰还很重视延揽北宋的人才。统和七年（989年）三月，宋进士17人挈家来归，萧绰"命有司考其中第者，补国学官，余授县主簿、尉"。⑤统和十二年（994年），她"诏诸部所俘宋人有官吏儒生抱器能者，诸道军有勇健者，具以名闻"。⑥统和二十一年（1003年），宋将王继忠在望都之战失败被俘。萧绰"知其贤，授户部使，以康默记族女女之"，并"赐

---

① 《辽史》卷9《景宗下》，第105页。
② 《辽史》卷71《景宗睿智皇后萧氏传》，第1202页。
③ 《辽史》卷83《列传第十三论》，第1305页。
④ 《辽史》卷10《圣宗耶律隆绪一》，第113页。
⑤ 《辽史》卷12《圣宗三》，第134页。
⑥ 《辽史》卷13《圣宗四》，第145页。

第二章 辽景宗至辽兴宗时期的民族关系思想

宫户三十,加左武卫上将军,摄中京留守"。①

对官吏的考课,萧绰非常严格,"下诏谕三京左右相……当执公方,毋得阿顺。诸县令佐如遇州官及朝使非理征求,毋或畏徇。恒加采听,以为殿最"。②由于萧绰唯才是用,任人不疑,使得蕃汉臣僚能各尽其职,精诚合作。

其二,萧绰很注意吸收汉族统治者的经验,推崇儒学。统和元年(983年)正月,室昉"进《尚书·无逸篇》以谏",萧绰"闻而嘉奖"。③为把耶律隆绪培养成一代明君,萧绰还精心为他选择了名儒李内贞和马得臣等人为师。适应辽朝形势的变化,萧绰开始诏开贡举,设科取士,吸收一般的汉、渤海等族知识分子加入到统治集团。统和六年(988年),辽朝"诏开贡举",从此渐成定制。同时,出资设立学校培养人才,"九月戊午,以南京太学生员浸多,特赐水碾庄一区"。④

其三,强化"忠孝"观念。历代封建帝王都把"以孝治天下"作为屡试不爽的法宝。辽太祖和辽太宗在史书中都有可圈可点的孝行记载。但是辽朝把"忠孝"提到国策的高度来施行,应该是自萧绰而始的。统和元年(983年)十一月,她下诏:"民间有父母在,别籍异居者,听邻里觉察,坐之。有孝于父母,三世同居者,旌其门闾。"⑤

其四,强干弱枝,加强中央集权。鉴于宗室藩王常常觊觎大位,萧绰学习中原统治者削藩的历史经验,着手削弱他们的势力。圣宗初即位,萧绰下令诸王不得相互宴请,无事不得出门,并解除了他们的兵权。对手握重兵的新贵,萧绰也加以限制,以免他们势力坐大。萧绰对耶律休哥的态度就是典型的例子。一方面,萧绰十分借重耶律休哥的才能,"令休哥总南面军务,以便宜从事",并褒奖休哥的功绩,封"宋国王,诏免

---

① 《辽史》卷81《王继忠传》,第1284页。
② 《辽史》卷10《圣宗耶律隆绪一》,第112页。
③ 《辽史》卷79《室昉传》,第1271页。
④ 《辽史》卷13《圣宗四》,第147页。
⑤ 《辽史》卷10《圣宗耶律隆绪一》,第112页。

拜，不名"，①赐行再生礼；另一方面，萧绰常驻南京，多次"诏南京决滞狱"，②并"复置南京统军都监"，③统和十三年（995年）"诏蔚、朔等州龙卫、威胜军更戍"，④用以牵制休哥。由于投下州的存在，助长了宗室权贵对抗中央的能力。统和八年（990年）七月，她下诏"省遂、妫、松、饶、宁、海、瑞、玉、铁里、奉德等十州"，⑤其中至少遂、松、宁三州为投下州。统和13年（995年），她乘奚王和朔奴伐兀惹败归，降其封爵，并籍奚六部隶北府，加强了对奚族的管理。

2. 轻徭薄赋

为发展经济，萧绰鼓励农桑，轻徭薄赋。统和三年（985年），"枢密奏契丹诸役户多困乏，请以富户代之。上因阅诸部籍，涅剌、乌隗二部户少而役重，并量免之"；⑥统和六年（988年），"乌隗于厥部以岁贡貂鼠、青鼠皮非土产，皆于他处贸易以献，乞改贡。诏自今止进牛马"⑦。统和七年（989年），"禁部从伐民桑梓，诏燕乐、密云二县荒地许民耕种，免赋役十年"⑧统和八年（990年），"以吐谷浑民饥，振之"⑨。同年，诏括民田，次年通括户口。统和十四年（996年），诏诸军官毋非时畋猎妨农，又以南京道新定税法太重，予以减轻。统和十五年（997年），劝品部富民出钱以赡贫民，募民耕滦州荒地，免其租赋10年。在她执政期间，减免赋税，赈济百姓，保护农田，禁误农时，并亲自"观稼"，遣使劝农。

3. 施行法制

针对辽朝前期，尤其是辽穆宗"滥施刑罚"造成人心惶惶的局面，

---

① 《辽史》卷83《耶律休哥传》，第1300，1301页。
② 《辽史》卷13《圣宗四》，第145页。
③ 《辽史》卷46《百官志二》，第746页。
④ 《辽史》卷13《圣宗四》，第146页。
⑤ 《辽史》卷13《圣宗四》，第140页。
⑥ 《辽史》卷10《圣宗耶律隆绪一》，第114页。
⑦ 《辽史》卷12《圣宗三》，第130页。
⑧ 《辽史》卷12《圣宗三》，第135页。
⑨ 《辽史》卷13《圣宗四》，第140页。

第二章 辽景宗至辽兴宗时期的民族关系思想

萧绰摄政后"留心听断,尝劝帝宜宽法律"①。随着辽朝社会的发展,许多建国之初设立的保障契丹统治阶级特权的律令已经不合时宜,萧绰果断地对带有民族歧视的法令进行了改革。废除了一人犯罪连坐、契丹人殴汉人死者偿以牛马等多项不合理的条律,对同罪异论、贵贱异视等导致民族不平等的法律做了修改。"统和元年,枢密请诏北府司徒颇德译南京所进律文,从之";"诸刑辟已结正决遣而有冤者,听诣台诉"②;"十二年,诏契丹人犯十恶者依汉律"③;"先是,契丹及汉人相殴致死,其法轻重不均。至是一等科之"④。萧绰主张法从宽简,减少各民族量刑的差别,限制契丹贵族的特权,增加维护封建统治的条文,在一定程度上消除了民族歧视和民族压迫,缓和了民族矛盾。

（二）萧绰思想的现实根源

1.巩固政权的需要

乾亨四年（982年）,辽景宗耶律贤在云州去世,萧绰母子面对的形势非常严峻,正所谓"母寡子弱,族属雄强,边防未靖"⑤。耶律隆绪即位时年仅12岁,在有尚武传统的契丹贵族中,自然难孚众望;虽然萧绰在辽景宗支持下曾主持朝政,但是父亲萧思温在景宗初年就被政敌杀害,两个姐姐分别嫁给齐王罨撒葛和赵王喜隐,分属两个与她对立的政治派别,分散了她的家族势力,"当朝虽久,然少姻媛助,诸皇子幼稚,内外震恐"⑥。受到世选制的影响,部分实力雄厚的宗室贵族对皇位虎视眈眈,面对"诸王宗室二百余人拥兵握政,盈布朝廷"⑦的局面,萧绰感到势孤力单。而且宋太宗也欲乘机再次北伐,一雪高粱河之败的耻辱,萧绰不得不加紧与北宋争夺民心。在这样严峻的形势下,萧绰认识到必须改革

---

① 《辽史》卷61《刑法志上》,第939页。
② 《辽史》卷10《圣宗耶律隆绪一》,第112页。
③ 《辽史》卷13《圣宗四》,第145页。
④ 《辽史》卷61《刑法志上》,第939页。
⑤ 《辽史》卷71《景宗睿智皇后萧氏传》,第1202页。
⑥ 《契丹国志》卷18《耶律隆运传》,第175页。
⑦ 《契丹国志》卷18《耶律隆运传》,第175页。

旧制，推行新政，加速辽朝的封建化进程，借助儒家伦理道德，巩固君主权威。

2.辽朝社会发展的要求

萧绰摄政之时，正处在辽朝奴隶制日趋衰落，封建制逐渐形成的关键时期。辽的领土"东至于海，西至金山，暨于流沙，北至胪朐河，南至白沟，幅员万里"。①境内既有封建经济发达的燕云地区，也有发展到一定水平的原渤海地区；既有游牧的契丹、乌古、敌烈、于厥等民族，也有部分于渔猎为生的生女真等民族。随着这片广阔国土的统一，各族人民的交流和贸易也日益频繁。这就需要一个强有力的中央政权，来指导和调和民族间的分歧。随着辽朝社会和经济的发展，很多旧的政治传统已经成为社会进步的阻碍，甚至成为社会动荡、民族矛盾和朝政混乱的源头。萧绰继承辽景宗实现辽朝中兴的遗志，必然要加速辽朝封建化的进程。

3.萧绰个人的经历和才干

萧绰出身于契丹贵族家庭，父亲萧思温"通书史"，是一位汉化很深的知识分子。她的少年时代在南京度过，深受汉文化的熏陶。《辽史》记载，萧绰"早慧"，"思温尝观诸女扫地，惟后洁除，喜曰'此女必能成家'"。②萧绰被封为皇后不久，萧思温就在残酷的政治斗争中被杀害，萧绰对导致叛乱的旧习俗深恶痛绝。辽景宗对萧绰极为珍爱，因有病在身，他把朝政托付给萧绰处理，《契丹国志》评论"刑赏政事，用兵追讨，皆皇后决之，帝卧床榻间，拱手而已"③；"燕燕皇后。以女主临朝，国事一决于其手。大诛罚，大征讨，蕃汉诸臣集众共议，皇后裁决，报之知帝而已"。④景宗的用意在于培植萧绰的势力，为嫡长子继承制的施行打下基础。这一时期的辅政经历，增加了萧绰的从政经验，形成了以她为

---

① 《辽史》卷37《地理志一》，第438页。
② 《辽史》卷71《景宗睿智皇后萧氏传》，第1202页。
③ 《契丹国志》卷6《景宗孝成皇帝》，第57页。
④ 《契丹国志》卷6《景宗孝成皇帝》，第60页。

第二章　辽景宗至辽兴宗时期的民族关系思想

核心的政治集团。正如傅海波先生评价:"皇太后并不是一位反复无常的暴君,而是一位深深懂得权力的现实性和统治艺术的统治者,她总是愿意听取他人的建议。她赢得了辽朝官员,无论是契丹人还是汉人的极大忠诚。"①萧绰长子耶律隆绪即位后,遵照景宗遗诏,由萧绰摄政。耶律隆绪年纪既幼,又事母至孝,"每承顺,略无怨辞"②,这样萧绰就得以集中权力,名正言顺的把景宗开始的中兴改革大业继续下去。

(三) 萧绰思想的实践成果

1. 加速了辽朝封建化的进程

陈述先生认为"阿保机的汗国(帝国)是以奴隶占有为基础的各部落联合"。③契丹统治者中的保守派津津乐道的是"吾有西楼羊马之富,其乐不可胜穷也"④。但由于阿保机建国时就借鉴了汉族政权的模式,汉官在契丹的发展过程中也发挥了重要的作用,这就使辽政权存在着许多封建因素。随着辽灭渤海和燕云地区的并入,辽境内农耕经济的比重大大增加了。主张汉化的呼声渐高。但是辽太宗混一天下尝试的失败,使得草原本位主义占据了上风,导致了穆宗时期的中衰。萧绰洞察时弊,采取整顿吏治,重用汉官;解放奴婢,改编部族;轻徭薄赋,发展经济;审理滞狱,修订法律等改革措施,冲破了保守派的阻挠,促进了经济的发展和民族融合,使辽朝封建化的步伐大大加快了。

2. 使辽朝国力继续向鼎盛发展

萧绰勇于改革,扫清了辽朝封建化道路上的障碍,使辽国经济富裕,军事强盛。辽朝的群牧事业日益兴旺,"马群动以千数","羊以千百为群,生息极繁"⑤,燕云地区的经济得到恢复和发展,辽海地区也出现了"编

---

① 傅海波:《剑桥中国辽西夏金元史》,北京:中国社科出版社,1998年,第102页。
② 《契丹国志》卷7《圣宗天辅皇帝》,第71页。
③ 陈述:《契丹社会经济史稿》,北京:三联书店,1963年,第15页。
④ 《资治通鉴》卷271《后梁纪六》,第8870页。
⑤ 《苏魏公集》卷13。

户数十万，耕垦千余里"①的繁荣景象。萧绰消除番汉不平等待遇，民族关系和阶级关系得到缓和，人心思附，统治日臻巩固。特别是汉人的华夷有别的思想逐渐淡化，在辽宋对峙过程中，很多人开始把辽朝作为效忠的对象。

3.对辽后期产生了重大的影响

萧绰对辽圣宗的培养非常严格。圣宗"纵众弋猎，左右押邪与帝为笑谑者，太后知之，重行杖责"，圣宗"亦不免诟问"。②统和十五年（997年），圣宗猎于平地松林，萧绰诫之曰"前圣有言，欲不可纵"。③圣宗派人到内库领取物什，萧绰"必诘其所用"。④在萧绰的教导之下，圣宗"幼喜书翰，十岁能诗。既长，精射法，晓音律，好绘画"⑤，好读《贞观政要》和太宗、明皇《实录》，乐于学习汉族统治者的政治经验。《辽史》评论"圣宗称辽盛主，后教训为多"。⑥萧绰去世后，圣宗"益习国事，锐意于治"⑦，遵循萧绰的思想路线，完成了辽朝的封建改革。后来的统治者继承他们留下的太平盛世，同时也继承了他们的思想。

二、从保卫南京到"以战促和"的思想演变

（一）萧绰在雍熙北伐之前应对的准备

萧绰摄政之初，相对国内的危机重重，外部威胁同样严重。宋太宗击退了辽景宗的报复进攻，开始筑城河北，聚粮边境，为再次北伐秣马厉兵。萧绰在国内进行改革的同时，也为即将发生的大战做着必要的准备。

首先，萧绰命耶律休哥驻守南京，"仍赐南面行营总管印绶，总边

---

① 《续资治通鉴长编》卷27"太宗雍熙三年春正月戊寅"，第604页。
② 《契丹国志》卷7《圣宗天辅皇帝》，第71页。
③ 《辽史》卷13《圣宗四》，第150页。
④ 《契丹国志》卷7《圣宗天辅皇帝》，第71页。
⑤ 《辽史》卷10《圣宗耶律隆绪一》，第107页。
⑥ 《辽史》卷71《景宗睿智皇后萧氏传》，第1202页。
⑦ 《辽史》卷61《刑法志上》，第939页。

第二章 辽景宗至辽兴宗时期的民族关系思想

事"①，对宋严加戒备。"令休哥总南面军务，以便宜从事。休哥均戍兵，立更休法，劝农，修武备，边境大治"。②"壬午，涿州刺史安吉奏宋筑城河北，诏留守于越休哥挠之，勿令就功"。"己丑，南京奏，闻宋多聚粮边境及宋主将如台山，诏休哥严为之备"。"壬子，大臣以太后预政，宜有尊号，请下有司详定册礼。诏枢密院谕沿边节将，至行礼日，止遣子弟奉表称贺，恐失边备"。又安抚边界百姓，与北宋争夺人心。"辛丑，南京统军使耶律善补奏宋边七十余村来附，诏抚存之"。"庚午，耶律善补招亡入宋者，得千余户归国，诏令抚慰。"③

其次，镇压游离于辽朝统治之外的女真部族、渤海国残部，并对高丽施加军事和外交压力，瓦解他们与北宋的联合。统和元年（983年）"上将征高丽，亲阅东京留守耶律末只所总兵马"。④"统和三年（985年）秋七月甲辰朔，诏诸道缮甲兵，以备东征高丽。八月癸酉朔，以辽泽沮洳，罢征高丽。命枢密使耶律斜轸为都统，驸马都尉萧恳德为监军，以兵讨女直。"⑤统和四年（986年），萧绰又遣厥烈至高丽议和。

最后，节制党项，并把握时机扶植李继迁制约北宋。统和元年（982年）春正月"甲申，西南面招讨使韩德威奏党项十五部侵边，以兵击破之"。"乙酉，以速撒破阻卜，下诏褒美；仍谕与大汉讨党项诸部。"⑥统和四年（986年）二月，李继迁遣张浦持重币至契丹请附。"癸卯，西夏李继迁叛宋来降，以为定难军节度使、银夏绥宥等州观察处置等使、特进检校太师、都督夏州诸军事。"⑦

从以上可以看出，萧绰对宋太宗即将发动的雍熙北伐并非毫无准备。她采取的是在辽宋对峙的正面战场积极防御，大力削其羽翼的策略。这

---

① 《辽史》卷10《圣宗耶律隆绪一》，第108页。
② 《辽史》卷83《耶律休哥传》，第1300页。
③ 《辽史》卷10《圣宗耶律隆绪一》，第108，109，110页。
④ 《辽史》卷10《圣宗耶律隆绪一》，第112页。
⑤ 《辽史》卷10《圣宗耶律隆绪一》，第115页。
⑥ 《辽史》卷10《圣宗耶律隆绪一》，第108，109页。
⑦ 《辽史》卷11《圣宗二》，第119页。

是因为：

其一，辽圣宗即位未久，统治尚不稳固，宗室诸王对皇帝宝座虎视眈眈。萧绰母子需要稳定的环境来解决契丹统治阶级内部的权力之争，不便在此时与北宋大动干戈。

其二，辽景宗曾几次挥兵南下，双方互有胜败，并没有占到多大的便宜。辽景宗本人也在南征失利的情况下病逝于云州。萧绰深知北宋国力雄厚，自然要停止这种意义不大的消耗战。

其三，无论从大一统观念出发，还是考虑到燕云十六州的现实价值，北宋都不可能放弃收复的努力。"开宝九年（976年）二月己亥，群臣请加尊号曰'一统太平'。太祖曰：'燕、晋未复，遽可谓一统太平乎？'不许"。①宋太宗在经历了高粱河惨败耻辱后，更急于报此一箭之仇。因此当乾亨四年（982年），"南京留守荆王道隐奏宋遣使献犀带请和，诏以无书却之"。②萧绰清醒地看到了北宋的请和只是迷惑人的假象，没有放松对北宋的防范。

其四，除了北宋，辽朝的国家安全还面临着其他势力的挑战。主要有渤海国残部、鸭绿江女真、党项和高丽等。宋太宗已经开始利用他们与辽朝的矛盾，试图在北伐时形成夹击之势。渤海国残部主要有乌舍国即兀惹和定安国。太平兴国六年（981年），宋太宗曾预备率兵大举北伐，赐乌舍国王诏："蠢兹北戎，犯我封略。今欲鼓行深入，大歼丑类。素闻尔国密迩寇仇，势迫并吞，力不能制，因而服属，困於宰割。当灵旗破虏之际，是邻邦雪愤之日，所宜尽出族帐，佐子兵锋。俟其翦灭，沛然封赏，幽、蓟土宇，复归中朝，朔漠之外，悉以相与"。③同年冬，定安国托女真贡使附表来上，称"契丹恃其强暴，入寇境土，攻破城寨，俘略人民。臣祖考守节不降，与众避地，仅存生聚，以迄于今。而又扶余

---

① 《续资治通鉴长编》卷17太祖开宝九年二月己亥，第364页。
② 《辽史》卷10《圣宗耶律隆绪一》，第108页。
③ 马端临：《文献通考》，杭州：浙江古籍出版社，2007年，卷326《四裔考三》。

第二章 辽景宗至辽兴宗时期的民族关系思想

府昨背契丹,并归本国,灾祸将至,无大于此。所宜受天朝之密画,率胜兵而助讨,必欲报敌,不敢违命"。①宋太宗答以诏书,褒奖勉励。鸭绿江女真常渡海至登州,以马匹等与北宋贸易。高丽的北进政策与辽朝的东扩存在着尖锐的冲突。"到985年宋已准备发动另一场大规模入侵,而且这次他们试图与高丽国王组成联盟,以对辽发动联合进攻,'保卫他们共同的文明准则'"。②统和三年(985年),宋太宗遣韩国华赴高丽曰:"……蠢兹北裔,侵败王略,幽蓟之地,中朝土疆,晋、汉多虞,寅缘盗据,今国家照临所及,书轨大同,岂使齐民陷诸犷俗?今已董齐师旅,殄灭妖氛,惟王久慕华风,素怀明略,效忠纯之节,抚礼义之邦。而接彼边疆,罹于蛊毒,舒泄积愤,其在兹乎!可申戒师徒,迭相掎角,协比邻国,同力荡平。奋其一鼓之雄,戡此垂亡之寇,良时不再,王其图之!应俘获生口、牛羊、财物、器械,并给赐本国将士,用申赏劝。"③"治迁延未即奉诏,国华屡督之,得报发兵而还"。④

其五,党项平夏部历来依附中原政权,牵制了辽的力量。乾亨四年(982年),李继迁不满族兄李继捧纳土归宋,率亲信逃往地斤泽,与宋作战经年,屡受挫折。李继迁总结教训,"不能克服旧业,致兹丧败,兵单力弱,势不得安。北方耶律氏方强,吾将假其援助,以为后图。"统和四年(986年)二月,遣张浦持重币至契丹请附。由于党项与辽朝累年交战,积怨甚深,且虑其桀骜难驯,辽朝内部对此事莫衷一是。西南招讨使韩德威向萧绰陈述利害:"河西为中国右臂。向年府州折氏与银夏共御刘汉,致大兵援应无功;今李氏来归,国之利也,宜从其请。"⑤萧绰出于扶夏制宋的目的,接受了李继迁的投附,授予李继迁定难军节度使等官职。李继迁得到辽朝的支持,在诸番中的威信高涨,从此成为北宋的心腹之患。

---

① 《文献通考》,卷327《四裔考四》。
② 傅海波:《剑桥中国辽西夏金元史》,第37页。
③ 脱脱:《宋史》卷487《高丽传》,北京:中华书局,1977年,第14038页。
④ 《宋史》卷487《高丽传》,第14039页。
⑤ 吴广成:《西夏书事》卷4,上海古籍出版社,2005年,第37页。

由此可见，萧绰充分利用了短暂的和平，集中精力理清了纷繁紊乱的关系，剪除了北宋的两只臂膀，赢得了先机。

（二）萧绰对雍熙北伐的粉碎

萧绰摄政后，北宋知雄州贺令图等向宋太宗上言："契丹主年幼，国事决于其母，其大将韩德让宠幸用事，国人疾之，请乘其衅以取幽蓟。"[①]统和四年（986年）正月，宋太宗决定再次北伐，史称"雍熙北伐"。宋太宗吸取高粱河的教训，命田重进统率中路军出飞狐口，攻占山后地区；潘美、杨业为西路军统帅，北出雁门东进；曹彬、崔彦进率东路军出高阳关，持重缓进，会同中、西路军攻辽南京。在宋军发动全面进攻，岐沟关、涿州、固安、新城陆续失守的紧急时刻，萧绰和辽圣宗亲赴南京督战，并命东京留守耶律抹只率预备东征高丽的辽军增援。任命北院枢密使耶律斜轸为山西兵马都统，抵御宋军中路军和西路军的进攻。

在名将耶律休哥机动灵活的节节抵制下，曹彬率领的东路军"劳于防御""粮运不继"，进退失据。五月初，曹彬得知萧绰率援军赶到，急忙从涿州南撤。在岐沟关被辽军追及，宋军连夜抢涉拒马河，耶律休哥乘机猛攻，"宋师望尘奔窜，堕岸相蹂死者过半，沙河为之不流"。[②]残部退到易水南岸，又被辽军追及，士卒被杀达数万。宋太宗得知东路军溃败，急令中路军撤守定州，西路军退回代州。七月初，辽援师西路，连下蔚州、飞狐。宋太宗令西路军出代州掩护云、应、寰、朔四州民众内迁。宋将杨业此战被俘后绝食而死。"雍熙北伐"遭到彻底失败。

历来人们对"雍熙北伐"为什么会失败这个问题十分关注，得到普遍认同的原因如下：

首先，北伐的时机尚未成熟。宋太宗君臣对辽朝政局作出错误的判断，夸大对手的不利，高估己方的实力。贺令图等人的奏报有失片面，且时过境迁。具有卓越政治才能的萧绰已经快速瓦解了反对她的势力，

---

① 《续资治通鉴长编》卷27"太宗雍熙三年春正月戊寅"，第602页。
② 《辽史》卷83《耶律休哥传》，第1300页。

第二章 辽景宗至辽兴宗时期的民族关系思想

稳定了政局，使辽朝国势蒸蒸日上。

其次，宋军主帅曹彬等人的失误。宋太宗就曾说："朕昨者兴师选将，止令曹彬等顿龄雄、霸，裹粮坐甲以张军声。俟一两月间山后平定，潘美、田重进等会兵以进，直抵幽州，然后控扼险固，恢复旧疆，此朕之志也。奈何将帅等不遵成算，各骋所见，领十万甲士出塞远斗，速取其郡县，更还师以援轴重，往复劳弊，为戎人所袭，此责在主将也。"①曹彬受制于宋太宗的疑忌和诸将急于争功，进退失据，没有执行预定的战略决策，致使分进合击的初衷完全落空。西路军主帅潘美、监军王侁拒绝杨业的合理建议，强命其在不利的形势下出击，又违约不予接应，使杨业全军覆没。

再次，宋军的实力不济。"雍熙北伐"时期，恰值辽军兵强马壮，耶律休哥、耶律斜轸、萧达凛等人皆是智勇双全的名将。宋军虽然也不乏名臣宿将，却有所逊色。而宋军以步兵对抗骑兵的劣势，在南京外围的开阔平原被格外地放大了。耶律休哥就是充分利用了辽军铁骑的机动灵活和强大冲击力，"夜以轻骑出两军间，杀其单弱以胁余众，昼则以精兵张其势……又设伏林莽，绝其粮道"②，使得宋军疲于往返，粮运不继，士气衰落。

还有其他的观点，此处不再絮说。这些看法多是站在北宋的角度来分析这个问题。如果从萧绰的视角来看，就会发现有几个大家忽视的因素值得注意。

其一，萧绰保卫燕云的决心。回顾太平兴国四年（979年）宋太宗亲征幽州，辽朝"烽书旁午，国内惶惶"，在草原本位主义思想的影响下，"帝方猎，急归牙帐，议弃幽、蓟，以兵守松亭、虎北口而已"。③与之形成鲜明的对比，萧绰一得到宋军进攻的消息，立即派耶律抹只驰援南京，

---

① 《宋史》卷256《赵普传》，第8935-8936页。
② 《辽史》卷83《耶律休哥传》，第1300页。
③ 《契丹国志》卷6《景宗孝成皇帝》，第59页。

本人和辽圣宗也亲往督战，并调回正在征讨女真的耶律斜轸，命他抵御北宋的中路军和西路军。

其二，萧绰成功瓦解了反辽同盟。面对渤海国残部、女真、高丽纷纷联络北宋，试图与之结盟的不利形势，萧绰迅速采取了强有力的措施。鸭绿江女真成为首当其冲的打击对象。统和元年（983年）"上将征高丽，亲阅东京留守耶律末只所总兵马。丙午，命宣徽使兼侍中蒲领、林牙肯德等将兵东讨，赐旗鼓及银符"。统和二年（984年）二月，"东路行军、宣徽使耶律蒲宁奏讨女直捷，遣使执手奖谕"。四月丁亥，"宣徽使、同平章事耶律普宁、都监萧勤德献征女直捷，授普宁兼政事令，勤德神武卫大将军，各赐金器诸物"。统和三年（985年）"秋七月甲辰朔，诏诸道缮甲兵，以备东征高丽"，"遣使阅东京诸军兵器及东征道路。"虽"以辽泽沮洳，罢征高丽"，未和高丽发生正面战争，但"命枢密使耶律斜轸为都统，驸马都尉萧恳德为监军，以兵讨女直"。①统和四年（986年）春正月，"丙子，枢密使耶律斜轸、林牙勤德等上讨女直所获生口十余万、马二十余万及诸物"。②经过几次大规模用兵，鸭绿江女真和渤海国残部已经不能形成对辽的威胁。萧绰在高丽边境大肆讨伐女真，且几次声言东征高丽，意在威慑高丽。在展现了实力后，萧绰又采取了灵活的手段，遣厥烈至高丽请求议和。在强大的军事和外交压力下，高丽作出了明哲保身的选择，屡经宋使催促，终未发兵相助。至于曾为"中国右臂"的党项，在萧绰接纳李继迁的投附之后，已成为牵制宋军的重要力量。

其三，萧绰给辽朝带来的新思想、新力量。萧绰对旧制的改革，不仅稳定了自己和辽圣宗的统治地位，同时也为辽朝带来了新思想、新力量。萧绰明达治道，在政务上，室昉、邢抱朴、韩德让等人，同心同德，整析蠹弊，因此法度修明，朝无异议。萧绰习知军政，耶律休哥、耶律斜轸等都是治军严明的一代名将。"雍熙北伐"时，宋军面对的已不是一

---

① 《辽史》卷10《圣宗耶律隆绪一》，第115页。
② 《辽史》卷11《圣宗二》，第119页。

第二章 辽景宗至辽兴宗时期的民族关系思想

支只知掳掠的落后军队了。史载:"休哥以燕民疲弊,省赋役,恤孤寡,戒戍兵,无犯宋境。虽马牛逸于北者,悉还之。远近向化,边鄙以安。休哥智略宏远,料敌如神。每战胜,让功诸将,故士卒乐为之用。身更百战,未尝杀一无辜。"①在岐沟关一战中,曾有宋军"挽漕数万人匿歧沟空城中,围之。壬申,以皇太后生辰,纵还"之事。"丁丑,诏诸将校,谕功行赏,无有不实。"②这些事例充分反映了辽朝军事思想的转变。士卒们不是被迫为奴役自己的异族政权作战,而是为了保卫自己的家园在战斗。

(三)萧绰压制北宋中的思想实践

宋太宗两次北伐均告失败,开始对辽朝采取防御的战略。萧绰乘胜屡次南侵,试图收复燕云十六州中被周世宗夺取的三关(瓦桥、益津、淤口)。在统和二十二年(1004年)澶渊之役前,主要有君子馆之战、唐河之战、徐河之战、裴村之战、遂城之战、望都之战,等等。

君子馆之战,统和四年(986年)十一月,萧绰携辽圣宗亲征,以休哥为先锋都统,经过滹沱桥、满城、望都等小规模交锋,十二月,两军会战于莫州的君子馆,宋军刘廷让部惨败,死者数万人,辽军乘胜攻掠附近州县,陷邢、深、祁等州,远至德州。次年正月,连破束城、文安后退兵。

唐河之战,统和六年(988年)九月,萧绰与辽圣宗再度亲征,首先夺回涿州,继之连破满城、祁州、新乐、小狼山寨等州县,却在唐河北被宋军李继隆、袁继忠等部击败。辽军次年正月班师后不久,攻下易州。

徐河之战,统和七年(989年)七月,宋威虏军粮馈不济,李继隆护送辎重数千辆接济。耶律休哥率数万精骑深入宋境,袭击运粮大军。至唐河与徐河之间,反遭宋将尹继伦突袭,耶律休哥负伤。李继隆、范廷召等乘机进军,辽军大败。

---

① 《辽史》卷83《耶律休哥传》,第1301页。
② 《辽史》卷11《圣宗二》,第122页。

裴村之战，统和十七年（999年），九月，萧绰与辽圣宗幸南京，以梁王耶律隆庆为先锋，大举南伐。宋军主帅傅潜怯懦畏战，辽军横行河北。次年正月，宋军范廷召部、康保裔部与辽军在瀛州西南的裴村决战，范廷召率兵遁走，康保裔全军覆没。辽军乘胜深入，渡过黄河对淄州、齐州等地大肆掳掠。

遂城之战，统和十九年（1001年）十月，梁国王耶律隆庆率辽先锋军进攻宋威虏军，因气候恶劣以及宋军英勇作战，辽军败退。辽圣宗亲率辽军主力进军满城，也因天气等原因班师。

望都之战，统和二十一年（1003年）四月，辽将萧达凛和南府宰相耶律奴瓜进攻望都，宋军主帅王超为解望都之围，带领主力北上迎敌。辽军先行攻克望都，在望都南六里双方遭遇。辽军激战后获胜，并俘获宋定州副都部署王继忠。

总结这些战役，我们可以看到：

其一，长达20年间的历次战役，基本都是萧绰主动进攻，宋方始终处于被动防御的地位，这也是"岐沟之蹶，终宋不振"的体现。

其二，双方各有胜败，辽方虽占有一定优势，宋军也有实力自保。辽圣宗后来就曾说"吾与兄皇未结好前，征伐各有胜负"。①

其三，萧绰对南伐十分重视，南伐大军规模庞大，多次携辽圣宗亲征。

其四，战事集中在两段时间，从统和四年至统和七年为第一个阶段，从统和十七年至统和二十二年为第二个阶段。至于为何长达十余年，萧绰没有组织大规模的南侵，大概有如下几个原因：一者，尽管辽朝两次挫败宋太宗收复燕云的企图，使北宋元气大伤，然而自身的损失也很惨重。诚如《辽史》所言，"是两役也，辽亦岌岌乎殆哉"。②燕云地区久被战火，人民疲敝，需要休养生息。二者，第一阶段的南伐虽然取得了一

---

① 《契丹国志》卷7《圣宗天辅皇帝》，第73页。
② 《辽史》卷83《列传第十三论》，第1305页。

第二章 辽景宗至辽兴宗时期的民族关系思想

些战果,但并没有获得压倒性的优势,在宋军严阵以待的形势下,继续用兵得不偿失。三者,南伐的目的基本达到,"自是宋不敢北向"。①萧绰需要利用这一有利时机,平定部族叛乱,解决高丽等后顾之忧,深化封建改革,进一步巩固她与辽圣宗的统治。

其五,统和十五年(997年)三月,宋太宗去世,宋真宗赵恒即位。赵恒生长于深宫,没有父伯马上取天下的勇武。萧绰在这时再度掀起南伐的高潮,其中已有压制北宋,争夺天下的深意。

在第一个阶段的南伐之后,萧绰基本打消了北宋君臣再次出征燕云的念头。随着对北宋边防压力的减轻,萧绰得以抽出兵力,对威胁辽朝稳定的其他势力进行打击。

首先,迫使高丽臣服。一直以来,高丽采取了联宋制辽的策略,辽和高丽关系十分紧张。统和十年(992年)十二月,萧绰"以东京留守萧恒德等伐高丽"②。认识到尚不具备吞并高丽的实力,一旦战事陷入胶着,北宋将收渔翁之利,萧绰的主要策略是通过炫耀武力迫使高丽臣服。统率号称80万大军的萧恒德在初战告捷后,声称:"大朝既已奄有高句丽旧地,今尔国侵夺疆界,是以来讨。"要求高丽"大朝统一四方,其未归附,期于扫荡,速致降款,毋涉淹留"。③高丽成宗王治遂派徐熙为使,赴辽营议和。徐熙表示高丽同意有条件的投降,"且鸭绿江内外,亦我境内。今女真盗据其间,顽黠变诈,道途梗涩,甚于涉海。朝聘之不通,女真之故也。若令逐女真,还我旧地,筑城堡,通道路,则敢不修聘"。④萧绰当时的头号大敌是北宋,急于拆散宋丽联盟,遂同意高丽的请求。统和十一年(993年),"王治遣朴良柔奉表请罪,诏取女直国鸭渌东数百里地赐之"。⑤萧绰虽然达到了臣服高丽的目的,但是将绿江东数百里地

---

① 《辽史》卷83《耶律休哥传》,第1301页。
② 《辽史》卷13《圣宗四》,第143页。
③ 郑麟趾:《高丽史》卷94列传7《徐熙》,济南:齐鲁书社,1996。
④ 《高丽史》卷94列传7《徐熙》。
⑤ 《辽史》卷13《圣宗四》,第143页。

让给高丽，却留下了隐患。统和十三年（995年），辽"遣使册王治为高丽国王"。①统和十四年（996年）三月壬寅，"高丽王治表乞为婚，许以东京留守、驸马萧恒德女嫁之"。②辽朝与高丽建立了宗藩关系。

其次，萧绰不失时机对渤海残部进行了打击。统和十三年（995年）秋七月"丁巳，兀惹乌昭度、渤海燕颇等侵铁骊，遣奚王和朔奴等讨之"。冬十月"戊子，兀惹归款，诏谕之"。③统和十四年（996年）冬十月，"戊午，乌昭度乞内附"。④统和十五年（997年）三月"庚寅，兀惹乌昭度以地远，乞岁时免进鹰、马、貂皮，诏以生辰、正旦贡如旧，余免"。⑤统和二十二年（1004年），"女直遣使献所获乌昭庆妻子"。⑥

再次，平定部族叛乱。辽朝调整了羁縻政策，设立西南路招讨使司和西北路招讨使司，加强中央控制。辽朝的发展和扩张，带动了边疆落后部族的发展，催醒了他们的民族意识。且因"边臣骄纵，征敛无度"，⑦阻卜等部相继叛乱，统和十二年（994年），萧绰任命萧胡辇和萧挞凛经略诸部。《辽史》记载"诏皇太妃领西北路乌古等部兵及永兴宫分军抚顶西边，以萧挞凛督其军事"。⑧所谓皇太妃，即萧绰的姐姐萧胡辇，因为嫁给齐王罨撒葛，又称齐王妃。《续资治通鉴长编》亦云："萧氏二妹，长适齐王。王死，自称齐妃，领兵三万屯西鄙驴驹儿河，西捍达靼，尽降之。"⑨由于萧胡辇和萧挞凛镇抚得宜，叛乱很快平息。萧绰有感于边疆有事临时征发大军讨伐的弊端，采纳萧挞凛的建议，开始建城和屯田戍边。《辽史》记载"挞凛以诸部叛服不常，上表乞建三城以绝边患"。⑩统和二十

---

① 《辽史》卷13《圣宗四》，第147页。
② 《辽史》卷13《圣宗四》，第147页。
③ 《辽史》卷13《圣宗四》，第146，147页。
④ 《辽史》卷13《圣宗四》，第148页。
⑤ 《辽史》卷13《圣宗四》，第149页。
⑥ 《辽史》卷14《圣宗五》，第159页。
⑦ 《辽史》卷16《圣宗七》，第188页。
⑧ 《辽史》卷13《圣宗四》，第145页。
⑨ 《续资治通鉴长编》卷55真宗咸平六年秋七月己酉，第1207页。
⑩ 《辽史》卷85《萧挞凛传》，第1314页。

第二章 辽景宗至辽兴宗时期的民族关系思想

一年(1003年),辽在鄂尔浑河上游哈达桑以北筑可敦城。统和二十二年(1004年)"六月戊午,以可敦城为镇州,军曰建安",①又设防州、维州,镇抚西北。辽朝诸部族两万骑兵常驻镇州,有事征战,平时进行屯田。经过萧绰的治理,边疆部族对辽的向心力得到加强,《辽史》记曰"诸蕃岁贡方物充于国,自后往来若一家焉"。②

最后,继续"扶夏制宋"。李继迁为得到辽朝进一步的支持,于统和四年(986年)"引五百骑款塞,愿婚大国,永作藩辅"。③而此时正值萧绰积极南伐,欲以李继迁牵制宋军之际,于是辽"诏以王子帐节度使耶律襄之女汀封义成公主下嫁,赐马三千匹"。④自统和八年(990年),李继迁向辽朝进献贡品后,"每岁八节贡献"。⑤每逢与宋作战,李继迁都要遣使赴辽通告,甚至虚报战绩,如统和八年(990年),"九月壬辰,李继迁献宋俘。冬十月丙午,以大败宋军,复遣使来告","十二月癸卯,李继迁下宋麟、鄜等州,遣使来告"。⑥统和九年(991年)"二月丙午,夏国遣使告伐宋捷"⑦。萧绰也对李继迁加以笼络,统和八年(990年)十二月"庚戌,遣使封李继迁为夏国王"。⑧但是李继迁为了减少宋军讨伐的压力以及获得经济利益,统和九年(991年)七月,又归附于宋。萧绰得知此事,即遣招讨使韩德威持诏谕之,"韩德威奏李继迁称故不出,至灵州俘掠以还"。⑨"在997年和1001年,生活在辽朝领土西部的其他党项部落发生了进一步的骚乱。虽然李继迁极不听话,但他仍保留了对契丹的臣属地位,而且,他的军队仍能够威胁宋朝漫长的西北边界"。⑩基

---

① 《辽史》卷14《圣宗五》,第159页。
② 《辽史》卷85《萧挞凛传》,第1314页。
③ 《辽史》卷11《圣宗二》,第127页。
④ 《辽史》卷11《圣宗二》,第127页。
⑤ 《西夏书事》卷4,第41页。
⑥ 《辽史》卷13《圣宗四》,第140页。
⑦ 《辽史》卷13《圣宗四》,第141页。
⑧ 《辽史》卷13《圣宗四》,第140页。
⑨ 《辽史》卷13《圣宗四》,第142页。
⑩ 傅海波:《剑桥中国辽西夏金元史》,第118页。

于在对付北宋上的利益上是一致的,萧绰继续实行"扶夏制宋"的策略。

萧绰的一系列举措,既展现了强人的铁腕,又表现出相当的灵活性。尽管自萧绰摄政以来征战不已,但政局相对平稳,国内改革继续深化,国势日益强盛。

(四)萧绰以战促和的思想实践

统和二十二年(1004年)闰九月,萧绰和辽圣宗以收复关南地区为名,亲率大军,采取避实击虚战略,深入宋境。北宋朝野震动,参知政事王钦若请幸金陵,签书枢密院事陈尧叟请幸成都。在宰相寇准等人坚持下,宋真宗亲至澶州督战。辽统军萧挞凛在澶州城下巡视时被宋军伏弩射杀,辽军士气大挫。宋真宗求和心切,萧绰亦无胜算,十二月,辽宋订立和议,史称"澶渊之盟"。

"澶渊之盟"体现出萧绰从"压制北宋"到"以战促和"的思想转变。

首先,萧绰在与北宋长期对抗中,产生了"压制北宋"的思想。宋太宗两次北伐给契丹统治阶级造成的心理冲击是难以磨灭的。"国家大敌,惟在南方"①,成为辽朝君臣的共识。萧绰吸取了保宁年间议和的教训,认识到当时辽宋的矛盾是难以调和的,如果不能削弱北宋的实力,仅凭一纸合约是没有意义的,因此她坚决拒绝了北宋的求和试探。史载,统和十二年"八月乙酉,宋遣使求和,不许。九月辛酉,宋复遣使求和,不许"②。萧绰屡次南征,虽然有报复心理在起作用,更主要的是"压制北宋"思想的实践。尽管遭受一些挫折,但萧绰的南征基本达到了目的,震慑了北宋君臣,迫使其放弃了武力收复燕云地区的打算。

其次,南征取得的成果,国内的稳定和发展,以及周边政权的臣服,使萧绰有了一定程度的自我膨胀,产生了对中原的觊觎之心。自辽太祖阿保机建国之初,契丹有识之士就认识到占领汉地会带来的巨大利益。天显元年(926年),唐明宗遣姚坤出使辽朝,阿保机坚持以取得河北为

---

① 《辽史》卷103《萧韩家奴传》,第1447页。
② 《辽史》卷13《圣宗四》,第145页。

第二章 辽景宗至辽兴宗时期的民族关系思想

条件与后唐讲和。《资治通鉴》载，阿保机对姚坤说："若与我大河以北，吾不复南侵矣。"① 辽太宗借援助石敬瑭之机，索取燕云十六州，后来又南征石重贵，其实就是这种思想的延续。耶律休哥在岐沟关大胜后，也向萧绰建议"可乘宋弱，略地至河为界"。②

但是，受国力及思想不成熟所限，契丹统治者多次努力均劳而无功。特别是辽太宗耶律德光混一天下尝试的失败，导致他客死异乡和辽朝陷入分裂的危机，耶律德光无奈发出"我不知中国之人难治如此"③的感慨，严重打击了契丹入主中原的信心。后来肖孝穆劝谏辽兴宗不要南伐时曰："昔太祖南伐，终以无功。嗣圣皇帝仆唐立晋，后以重贵叛，长驱入汴，銮驭始旋，反来侵轶。"④

这两种矛盾的思想对萧绰有着深刻的影响。一方面，萧绰调动20万大军，携辽圣宗亲征，摆出直扑开封的架势；另一方面，出师不久，她又接受王继忠的劝谏，向宋真宗发出和谈的信号。"契丹人意识到从长远看他们的境况已远非强大，虽然他们正在朝宋朝都城进军。他们的军队与太宗947年占领开封时所处的形势一样。他们被困在由未受损失的宋军从东西包围的狭长地带，甚至在他们所占领的地区内，一些只是被辽朝轻骑绕过的具有战略意义的州县和要塞也仍然在坚守。这些强大据点中值得注意的是定州和瀛州。实际上，辽军面临着被切断归路和困于敌境的危险"。⑤ 萧绰看似来势汹汹，其实意在威慑宋真宗，抬高议和的价码。这时她已经充分认识到辽宋势均力敌，谁也没有能力消灭对方，因此确定了"以战促和"的思想。

最后，"澶渊之盟"的签订充分体现了萧绰"以战促和"的思想。《辽史》这样记录和谈的过程："十一月丁卯，南院大王善补奏宋遣人遗

---

① 《资治通鉴》卷275《后唐纪四》明宗天成元年，第8989页。
② 《辽史》卷83《耶律休哥传》，第1301页。
③ 《资治通鉴》卷286《后汉纪一》，第9346页。
④ 《辽史》卷87《肖孝穆传》，第1332页。
⑤ 傅海波：《剑桥中国辽西夏金元史》，第122页。

王继忠弓矢，密请求和。诏继忠与使会，许和。"①"宋使来聘，遗继忠弧矢、鞭策及求和札子，有曰：'自临大位，爱养黎元。岂欲穷兵，惟思息战。每敕边事，严谕守臣。至于北界人民，不令小有侵扰，众所具悉，尔亦备知。向以知雄州何承矩已布此恳，自后杳无所闻。汝可密言，如许通和，即当别使往请。'"②"十二月癸未，宋复遣曹利用来，以无还地之意，遣监门卫大将军姚东之持书往报。戊子，宋遣李继昌请和，以太后为叔母，愿岁输银十万两，绢二十万匹。许之，即遣合门使丁振持书报聘。己丑，诏诸军解严。是月，班师。"③

《续资治通鉴长编》则记载："时契丹母老，有厌兵意，虽大举深入，然亦纳继忠说，于是遣小校李兴等四人持信箭以继忠书诣莫州部署石普，且致密奏一封，愿速达阙下，词甚恳激"。宋真宗遂手诏令石普付兴等赐继忠曰："诏到日，卿可密达兹意，共议事宜，果有审实之言，即附边臣闻奏"。④"曹利用与韩杞至契丹寨，契丹复以关南故地为言，利用辄沮之，且谓曰：'北朝既兴师寻盟，若岁希南朝金帛之资以助军旅，则犹可议也。'其接伴政事舍人高正始遽曰：'今兹引辀而来，本谋关南之地，若不遂所图，则本国之人负愧多矣。'利用答以'碟命专对，有死而已。若北朝不恤后悔，恣其邀求，地固不可得，兵亦未易息也'。其国主及母闻之，意稍息，但欲岁取金帛。利用许遗绢二十万匹、银一十万两，议始定。契丹复遣王继忠见利用，且言：'南北通和，实为美事。国主年少，愿兄事南朝。'又虑南朝或于缘边开移河道，广浚壕堑，别有举动之意。因附利用密奏，请立誓，并乞遣近上使臣持誓书至彼。"⑤

从记载来看，尽管双方都不肯承认主动求和，但和谈意愿无疑都是积极的。在萧绰的赞同下，王继忠通过石普向宋真宗传递了辽希望和好

---

① 《辽史》卷14《圣宗五》，第160页。
② 《辽史》卷81《王继忠传》，第1284页。
③ 《辽史》卷14《圣宗五》，第160页。
④ 《续资治通鉴长编》卷57真宗景德元年闰九月癸酉，第1268页。
⑤ 《续资治通鉴长编》卷58"真宗景德元年十二月癸未"，第1291页。

第二章　辽景宗至辽兴宗时期的民族关系思想

的信息。一件突发事件尤其使萧绰和谈的意愿变得更加迫切。辽军主将萧挞凛恃勇轻敌，率数十轻骑在澶州城下巡视，被宋军以伏弩射杀。辽军士气大挫，萧绰为之痛哭不已，"辍朝五日"。《辽史》载："将与宋战，挞凛中弩，我兵失倚，和议始定。或者天厌其乱，使南北之民休息者耶！"①《续资治通鉴长编》载"挞览死。敌大挫衄，退却不敢动，但时遣轻骑来觇王师"。②

从澶渊之盟的内容来看：其一，辽宋约为兄弟之国，宋真宗为兄，辽圣宗为弟。其二，辽宋以白沟为界，凡有越界盗贼逃犯，彼此不得停匿。沿边城池，一切如常，不得创筑城隍。其三，北宋每年向辽提供"助军旅之费"银十万两，绢二十万匹。

如果不是萧绰和谈的坚定决心，辽是不可能同意退出已经占领的关南地区的。而辽方主动提出兄弟之国的约定，亦可见肖绰对两国恢复和平友好关系的诚意。正是因为肖绰强有力的和平意愿，澶渊之盟才能够彻底地结束辽宋多年的战争，恢复和平友好的关系。

尽管萧绰是当时杰出的政治家，但对她思想水平的评价不能盲目拔高，要看到在当时的历史条件下，她的思想存在很多局限：南伐过程中的杀戮破坏；对周边和国内部族的掠夺及役使；对内部异己势力的残酷镇压。我们既要理解当时的历史条件，也应当对她的不足之处有深入的认识。

第三节 辽圣宗的民族关系思想

辽圣宗，名耶律隆绪，辽景宗耶律贤与睿智皇后萧绰的长子。在辽朝诸帝中，辽圣宗是较有作为的一位，《辽史》称赞他"辽之诸帝，在位

---

① 《辽史》卷85《列传第十五论》，第1319页。
② 《续资治通鉴长编》卷58"真宗景德元年十一月甲戌"，第1287页。

长久，令名无穷，其唯圣宗乎！"①辽圣宗主政后，在继承辽景宗和萧绰开明和进取精神的基础上，民族关系思想更加成熟。他崇尚儒学，改善番汉不平等待遇，缓和民族关系，修好北宋，东征高丽、西讨叛乱诸部，使辽朝国势达到鼎盛。

一、崇儒思想

（一）崇尚儒学，完成封建化改革

其一，改编部族。《辽史·营卫志上》言："分镇边圉，谓之部族。有事则以攻战为务，闲暇则以畋渔为生。"②可见部族的主要职责是镇守边境，保卫国家安全。《营卫志中·部族上》则详细说明，部族"各有分地"，"胜兵甲者即著军籍，分隶诸路详稳、统军、招讨司。番居内地者，岁时田牧平莽间。边防糺户，生生之资，仰给畜牧，绩毛饮湩，以为衣食"。③阿保机建国后，曾把原有部族改编为二十部。辽圣宗为了加强中央集权，扫清发展封建生产的障碍，再次进行调整，"分置十有六，增置十有八"。④

增置的十八部，除了因户口蕃息设置的特里特勉部，主要有两种情况：一是析诸斡鲁朵宫分户和隶属横帐大族的奴隶置部。例如，圣宗以阿保机所俘奚人所编的撒里葛、窈爪、耨盌三营置三部；以原为辽朝皇室捉捕鹰鹘和冶铁的奴隶稍瓦石烈与曷术石烈各自置部。讹仆括部的情况与之类似。二是将自统和年间俘获的人口和新归附的部落分编为部。例如，圣宗把降附的女真、乌古、敌烈、唐古、回鹘、鼻古德、五国部等人户编组为部，分隶北、南府，保留他们原来的生活方式，不再强迁入内地。

通过改编部族，辽圣宗达到了以下几个目的：首先，以宫分户和奴

---

① 《辽史》卷17《圣宗八》，第207页。
② 《辽史》卷31《营卫志上》，第361页。
③ 《辽史》卷32《营卫志中》，第377页。
④ 《辽史》卷32《营卫志中》，第376页。

第二章　辽景宗至辽兴宗时期的民族关系思想

隶设置新部,使大批奴隶摆脱了被奴役的处境,成为国家编户。这顺应了辽朝社会发展进步的需要,促进了封建生产力的提高,有利于辽朝的封建化改革。其次,由于解放的奴隶分属于不同民族,其生活处境的改善无疑会缓和民族矛盾;允许新归附的各部族留居故地,实行因俗而治,减轻了他们对辽朝统治的抗拒心理。这些举措扩大了各部族的友好交往,促进了民族的融合。最后,利用析宫卫、离散旧部族的机会,辽圣宗达到了加强中央集权,削弱宗室贵族势力的目的。

在改编部族、解放奴隶的同时,辽圣宗还注意避免出现新的奴隶。如《辽史》载,开泰元年(1012年)"诏诸道水灾饥民质男女者,起来年正月,日计佣值10文,价折佣尽,遣还其家"。①

此外,辽圣宗亲政后,不再允许设立新的投下军州,对既有的投下军州,也采取措施削夺或加强管理。开泰元年(1012年)"贵德、龙化、仪坤、双、辽、同、祖七州,至是有诏始征商"。②开泰二年(1013年)"以韩斌所括赡国、挞鲁河、奉、豪等州户,置长霸、兴仁、保和等十县"。③

其二,改善法制。《辽史》记载:"帝壮,益习国事,锐意于治。当时更定法令凡十数事,多合人心,其用刑又能详慎。"④辽初的法令多祖护契丹人,"契丹及汉人相殴致死,其法轻重不均","至是一等科之"。⑤开泰六年(1017年),公主赛哥擅杀无罪婢女,被降为县主,驸马萧图玉以不能齐家,削平章事官。辽圣宗更定法令,摒除妨碍辽朝封建化、引发民族矛盾的旧俗,增加维护封建秩序和有利于民族平等的内容。统和二十九年(1011年),"以旧法,宰相、节度世选之家子孙犯罪,徒杖如齐民,惟免黥面,诏自今但犯罪当黥,即准法同科"。⑥太平六年(1026年)下诏曰:"朕以国家有契丹、汉人,故以南、北二院分治之,盖欲去

---

① 《辽史》卷15《圣宗六》,第172页。
② 《辽史》卷15《圣宗六》,第172页。
③ 《辽史》卷15《圣宗六》,第173页。
④ 《辽史》卷61《刑法志上》,第939页。
⑤ 《辽史》卷61《刑法志上》,第939页。
⑥ 《辽史》卷61《刑法志上》,第939页。

贪枉，除烦扰也；若贵贱异法，则怨必生。夫小民犯罪，必不能动有司以达于朝，惟内族、外戚多恃恩行贿，以图苟免，如是则法废矣。自今贵戚以事被告，不以事之大小，并令所在官司按问，具申北、南院覆问得实以闻；其不按辄申，及受请托为奏言者，以本犯人罪罪之"。①又"诏北南诸部廉察州县及石烈、弥里之官，不治者罢之。诏大小职官有贪暴残民者，立罢之，终身不录，其不廉直，虽处重任，即代之；能清勤自持者，在卑位亦当荐拔，其内族受赂，事发，与常人所犯同科"。②

辽圣宗还放宽了刑罚，派官员审决冤滞。"开泰八年，以窃盗赃满十贯，为首者处死，其法太重，故增至二十五贯，其首处死，从者决流。尝敕诸处刑狱有冤，不能申雪者，听诣御史台陈诉，委官覆问。往时大理寺狱讼，凡关覆奏者，以翰林学士、给事中、政事舍人详决，至是始置少卿及正主之。犹虑其未尽，而亲为录囚。数遣使诣诸道审决冤滞，如邢抱朴之属，所至，人自以为无冤。"③

经过上述改革，"于是国无幸民，纲纪修举，吏多奉职，人重犯法。故统和中，南京及易、平二州以狱空闻。至开泰五年，诸道皆狱空，有刑措之风焉。"④《辽史》对此评论，辽之法令"子孙相继，其法互有轻重；中间能审权宜，终之以礼者，惟景、圣二宗为优耳"。⑤

太平元年（1021年），圣宗下诏立长子宗真为太子，从法律上正式确立了长子继承制，巩固了君主世袭制度，有利于辽朝统治的稳定。

其三，钦慕华风。澶渊之盟后，随着辽朝社会的发展和辽宋和平局面的形成，辽圣宗已不仅限于吸收中原王朝的治国经验，在思想文化等意识形态层次上，亦是钦慕华风，推崇儒术。

辽圣宗崇尚儒术，提倡忠、孝、节、义等封建伦理道德。圣宗本人

---

① 《辽史》卷61《刑法志上》，第940页。
② 《辽史》卷17《圣宗八》，第200页。
③ 《辽史》卷61《刑法志上》，第939页。
④ 《辽史》卷61《刑法志上》，第940页。
⑤ 《辽史》卷61《刑法志上》，第935页。

第二章　辽景宗至辽兴宗时期的民族关系思想

就以孝道闻名,《契丹国志》称赞他"慈孝之性,本自天然"。①他不仅亲身垂范,还劝诫子侄:"汝勿以材能凌物,勿以富贵骄人。惟忠惟孝,保家保身"。②通过宣扬忠孝等儒家道德观念,来维护封建尊卑秩序。

而随着辽宋间聘使频繁的友好往来,辽圣宗开始大力提倡文教。史载:"(辽圣宗)好读唐《贞观事要》,至太宗、明皇实录则钦伏,故御名连明皇讳上一字;又亲以契丹字译白居易《讽谏集》,召番臣等读之。尝云:'五百年来中国之英主,远则唐太宗,次则后唐明宗,近则今宋太祖、太宗也。'"③在南北通聘的过程中,陪同宋使的"接伴"和出使北宋的使臣,都要求博学多识,以免因粗鄙无文而有伤国体。"蕃汉官子孙有秀茂者,必令学习中国书篆,习读经史,自与朝廷通好以来,岁选人才,尤异聪敏知文史者,以备南使,故中原声教,皆略知梗概"。④为了广泛的网罗人才,辽圣宗还增加了科举取士的名额。统和初,每年进士及第的一般不过寥寥数人,从开泰到太平年间,每年录取进士多达 40 人至 70 余人。

辽圣宗还效仿儒家"修文德以徕远人",积极向边疆各族传播先进的汉文化。如开泰元年(1012 年),辽圣宗应东北的铁骊部酋长那沙乞赐佛像、儒书的请求,"诏赐《护国仁王佛像》一,《易》《诗》《书》《春秋》《礼记》各一部",⑤以帮助提高他们的文化水平。

另外,辽圣宗利用北宋赠予的岁币,营建中京。统和二十五年(1007年),"择良工于燕、蓟,董役二岁,邦郭、宫掖、楼阁、府库、市肆、廊庑,拟神都之制。实以汉户,号曰中京,府曰大定。皇城中有祖庙,景宗、承天皇后御容殿。城池湫湿,多凿井泄之,人以为便。大同驿以

---

① 《契丹国志》卷 7《圣宗天辅皇帝》,第 74 页。
② 《契丹国志》卷 14,第 153 页。
③ 《契丹国志》卷 7《圣宗天辅皇帝》,第 71 页。
④ 《宋朝事实类苑》卷 77 引路振《乘轺录》。
⑤ 《辽史》卷 15《圣宗六》,第 171 页。

待宋使，朝天馆待新罗使，来宾馆待夏使。"[1]中京的兴建，既是巩固辽朝腹地统治的需要，也不乏辽圣宗仰慕中原文明，欲与之媲美的因素。

（二）辽圣宗崇儒思想形成的根源和现实基础

其一，辽圣宗的民族关系思想是对辽景宗和肖绰民族关系思想的继承和发展。辽景宗即位之初，面对穆宗留下的政昏兵弱的局面，就产生了中兴大辽的思想，他排除草原本位主义的干扰，对内安抚百姓，重用汉官，对外大败宋太宗的北伐，扭转了辽朝下滑的势头。萧绰摄政后，将她的封建改革思想付诸实施，和辑番汉臣僚，击败宋太宗发动的雍熙北伐，与宋签订澶渊之盟。辽圣宗亲政以后，崇尚儒术，改善番汉不平等待遇，缓和民族关系，实现了辽朝的封建化，并修好北宋，东征高丽、西讨叛乱诸部，使辽朝国势达到鼎盛。从辽景宗的中兴思想，到萧绰的封建改革思想，再到辽圣宗的汉化思想，实质上是一脉相承的思想体系。

其二，辽朝社会的发展为辽圣宗民族关系思想的实践奠定了坚实的基础。作为辽朝第六代君主，辽圣宗继承的是一个幅员万里，政治稳定，经济和文教事业发展，国家安全的强大帝国。在经济方面，畜牧业一直昌盛不衰，"自太祖及兴宗垂二百年，群牧之盛如一日"，[2]农业的发展也发生了质的飞跃，"农谷充羡，振饥恤难，用不少靳，旁及邻国，沛然有余"；[3]在政治方面，辽景宗开始的中兴改革，经萧绰深化为全面的封建化改革，辽朝的封建化步伐大大加快；在军事方面，辽景宗和萧绰粉碎了宋太宗发动的两次北伐，萧绰亲御戎车，迫使宋真宗签订了澶渊之盟，从此辽宋和平对峙，高丽臣服，西夏来归，巩固了辽朝的国家安全。辽朝社会的全面发展为辽圣宗民族关系思想的实践奠定了坚实的基础。

其三，澶渊之盟后的和平局面使辽圣宗得到了实践其思想的有利时机。统和二十二年（1004年）十二月，宋辽互致誓书，正式签订"澶渊

---

[1]《辽史》卷39《地理志三》，第481-482页。
[2]《辽史》卷60《食货志下》，第932页。
[3]《辽史》卷60《食货志下》，第932页。

第二章 辽景宗至辽兴宗时期的民族关系思想

之盟"。双方"共议戢兵，复论通好"，约为"兄弟之国"，开创了友好相处的新时代。辽朝"自澶渊既盟之后，岁省用兵之费，国享重币之利"，①"内府之储珍异，固山积也"。②改善了国家的财政状况，为发展经济提供了雄厚的资金。随着双方恢复和平和交聘制度的确立，政治、经济、文化交流日益频繁，加强了彼此的了解与沟通，契丹和汉族之间原有的对立和隔阂也有所减弱。

澶渊之盟后的第二年，辽宋两国即恢复或新置榷场互市，先后有振武军、保州、霸州、安肃军、代州雁门寨等多处榷场贸易。辽北院大王耶律室鲁曾"以俸羊多阙，部人贫乏，请以赢老之羊易南中之绢，上下为便"。③统和二十六年（1008年），辽燕京地区遭逢大旱，竟向北宋求购麦种，其要求很快得到满足。辽宋签订澶渊之盟，使辽圣宗得到了实践其思想的有利时机。

其四，辽圣宗本人的优秀素质和成长经历。《契丹国志》对辽圣宗有这样的评价："帝性英辨多谋，神武冠绝……至于道释二教，皆洞其旨。律吕音声，特所精彻……刑赏信必，无有僭差。抚柔诸番，咸有恩信。"④"挺宽仁之姿，表夙成之质……眷遇功臣，终始如一；慈孝之性，本自天然，亦守成之令主云。"⑤《辽史》也称赞道："辽之诸帝，在位长久，令名无穷，其唯圣宗乎。"⑥这些评价证明辽圣宗具备成为有作为的封建帝王的素质。

早在辽圣宗幼年，萧绰就按照儒家标准严格培养他，使其能担当大任。辽圣宗身边的汉官也无时无刻不在实践"以夏变夷"的思想，把儒家仁政爱民的理念灌输给他。统和元年（983年），北府宰相室昉向肖绰

---

① 赵汝愚：《宋朝诸臣奏议》卷140，上海：上海古籍出版社，1999年。
② 《契丹国志》卷8《兴宗文成皇帝》，第83页。
③ 《辽史》卷60《食货志下》，第929-930页。
④ 《契丹国志》卷7《圣宗天辅皇帝》，第72页。
⑤ 《契丹国志》卷7《圣宗天辅皇帝》，第74页。
⑥ 《辽史》卷17《圣宗八》，第207页。

和辽圣宗"进《尚书·无逸篇》以谏"。①圣宗阅唐高祖、太宗、玄宗三《纪》，侍读学士马得臣乃录其行事可法者进之。"及扈从伐宋，进言降不可杀，亡不可追，二三其德者别议。""时上击鞠无度"，马得臣上书谏止，期望圣宗能开创贞观、开元年间那样的太平盛世。②辽圣宗成长过程中深受儒家思想的熏陶，对其思想起到了很大的推动作用。

（三）辽圣宗民族思想实践的成果

第一，极大地促进了辽朝社会经济的繁荣和发展。经过辽圣宗更深层次的封建化改革，辽朝广大的汉、契丹、奚、渤海等各族人民获得了相对安定的生产和生活环境，其劳动积极性得到提高，极大地促进了辽朝社会经济的发展，商业贸易繁荣，文教事业兴旺，成为辽朝发展史上的黄金时代。史载圣宗统治后期，"宝谷务农，从绳纳谏。惠养鳏寡，钦恤刑名。禀道毓德，恶煞好生。洽前代无为而治，见时政不肃而成。四民殷阜，三教兴行。"③

第二，增进了辽朝的民族和睦和民族融合。随着辽朝封建化的加深，汉人的处境有了改善，和契丹等民族的对立逐渐消失。汉人在辽朝的分布愈来愈广，包括今黑龙江等地。很多地方，汉语已成为通用语言，据许亢宗的《奉使行程录》记载："凡聚会处，诸国人语言不通，则多为汉语令通事，然后能辩之。"辽圣宗钦慕华风，使儒家文化在北方游牧地区得到了广泛传播，提高了北方游牧民族的文化素质，出现了"华夷同风"的可喜局面。太平五年（1025年）"燕民以年谷丰熟，车驾临幸，争以土物来献。上礼高年，惠鳏寡，赐酺饮。至夕，六街灯火如昼，士庶嬉游，上亦微行观之"。④展现出当时百姓生活安定，民族关系相对缓和的局面。当时也有很多汉、渤海、奚等族人，为了家族或个人的前途，主动融入

---

① 《辽史》卷71《列传第九》，第1271页。
② 《辽史》卷72《列传第十》，第1279页。
③ 陈述：《全辽文》卷6《圣宗皇帝哀册》，北京：中华书局，1982年，第141页。
④ 《辽史》卷17《圣宗八》，第198页。

第二章 辽景宗至辽兴宗时期的民族关系思想

契丹族。例如声势显赫的玉田韩氏家族，子弟几乎都是娶契丹贵族女子为妻，几代下来已经融入契丹之中了。各民族相互学习和交流，感情日益和睦，为民族的大融合奠定了基础。

第三，促使辽朝统治阶级正统意识的产生。辽朝历代统治者都乐于学习和借用中原文明和汉人的力量，辽圣宗表现得尤为显著。"得中国土地，役中国人力，称国位号，仿中国官属，任中国贤才，读中国书籍，用中国车服，行中国法令。"[1]在这种情况下，辽朝上下对中原文明的认可越来越深。澶渊之盟后，辽、宋两国约为兄弟，更增强了辽朝君臣的民族自信心，他们已不甘心被贬为"夷狄"，转而要求与北宋平等的地位，正统意识开始萌芽。

开泰初年，萧和尚"使宋贺正，将宴，典仪者告，班节度使下"，且以锦服为礼服。萧和尚说："班次如此，是不以大国之使相礼。且以锦服为贶，如待蕃部。若果如是，吾不预宴。""宋臣不能对，赐以紫服，位视执政，使礼始定。"[2]太平七年（1027年），萧蕴至宋贺乾元节，指出："中国使者至契丹，坐殿上，位高；今契丹使至中国，位下，请升之。"一同使宋的杜房在争论位次时甚至宣称"大国之卿，当小国之卿，可乎？"[3]

开泰十年（1021年），辽圣宗作《传国玺诗》："一时制美宝，千载助兴王。中原既失守，此宝归北方。子孙皆慎守，世业当永昌。"[4]按传统的观念，谁拥有传国宝，谁就是"受命于天"的真命天子。辽圣宗的行为绝非一时兴起，这其实是他的正统意识萌生的反映。

（四）辽圣宗对契丹传统的保留

必须要指出，辽圣宗进行的封建化改革与北魏孝文帝的改革有着本质的不同。在吸收汉文化典章制度的精华时，他也十分珍视契丹族的传

---

[1] 《续资治通鉴长编》卷150"仁宗庆历四年六月戊午"，第3641页。
[2] 《辽史》卷86《萧和尚传》，第1326页。
[3] 《续资治通鉴长编》卷105"仁宗天圣五年夏四月辛巳"，第2439页。
[4] 《全辽文》卷1《传国玺》，第18页。

统文化,保留了契丹人的尚武精神等传统。

首先,辽朝的四时捺钵制度就是在辽圣宗时期成为定制。四时捺钵绝不能简单地看成"四时无定,荒于游猎",它既适应了游牧民族"秋冬违寒,春夏避暑"①的生活习俗,又有效地把处理政事、对外交往和演兵讲武、巡视地方结合起来,有利于保持契丹民族的剽悍本色,是契丹统治者的一个创举。

其次,为实现统治的长治久安,辽圣宗积极引进儒家的伦理道德,以教育和约束国人,但是,他又极力阻止契丹人过度"汉化",以防因此导致文弱。科举取士只有汉人、渤海人可以应试,严禁契丹人参加。

最后,为了保证皇室的统治地位,辽圣宗下诏禁止横帐三父房②的贵族与卑小族帐的平民结婚。

然而辽圣宗法制方面的改革也不宜盲目拔高。虽然有规定"一等科之",但契丹人侵害汉人底层百姓的不法行为,却常常得到袒护。后来苏辙在出使辽朝时,就曾注意到"北朝之政宽契丹、虐燕人,盖已旧矣"。③

二、"开拓疆场,廓静寰瀛"

(一)辽圣宗的对外施政与边疆政策

统和二十七年(1009年),辽圣宗从萧绰手中接过了执掌国家的权力,他在固惜盟好,保证了与北宋和平相处的同时,还"开拓疆场,廓静寰瀛。东振兵威,辰卞以之纳款;西被声教,瓜沙由是贡珍。夏国之羌浑述职,遐荒之乌舍来宾"。④

1.修好北宋

早在"澶渊之盟"和谈时,王继忠就转达辽圣宗的善意:"南北通和,

---

① 《辽史》卷32《营卫志中》,第373页。
② 即辽太祖四子之后的皇族。
③ 苏辙:《栾城集》卷42,北京:中华书局,1990年,第749页。
④ 《全辽文》卷6《圣宗皇帝哀册》,第141页。

第二章 辽景宗至辽兴宗时期的民族关系思想

实为美事。国主年少,愿兄事南朝。"①辽圣宗主动提出以宋真宗为兄,辽宋约为兄弟之国,表达了平等交往的思想,得到宋真宗的积极响应。"澶渊之盟"签订后,辽圣宗坐享岁币之利,对于两国来之不易的友好关系,他十分珍惜,"守约甚坚,未尝稍启边隙"。②

辽圣宗对两国交聘也非常重视:"修睦宋朝,人使馈送,躬亲检校。时黄河暴涨,溺会同驿。帝亲择夷坦地,复创一驿。每年信使入境,先取宋朝登科记,验其等甲高低、及第年月。其赐赍物,则密令人体探。"③对入辽的宋使给予周到的接待,"所过州县,刺史迎谒,命幕职、县令、父老送于马前,捧卮献酒。民庶以斗焚香迎引,家置盂勺浆水于门。令接伴使察从人中途所须即供应之。所至民无得鬻衾物受钱,违者全家处斩。行从刍秣之事,皆命人掌之。"④

辽圣宗修好北宋的诚意还可以从他对宋真宗去世的反应得到印证。"契丹主闻真宗崩,集蕃汉大臣,举哀号恸,因谓其宰相吕德懋曰:'与南朝约为兄弟,垂二十年,忽报登遐,吾虽少两岁,顾余生几何!'因复大恸。又曰:'闻皇嗣尚少,恐未知通好始末,苟为臣下所间,奈何?'及薛贻廓至,具道朝廷之意,契丹主喜,谓其妻萧氏曰:'汝可致书大宋皇太后,使汝名传中国。'乃设真宗灵御于范阳悯忠寺,建道场百日。下令国中,诸犯真宗讳悉易之。"⑤从上述记载中,我们可以看出辽圣宗对辽宋友好关系的珍惜。

当然,鉴于辽宋多年的残酷战争造成的阴影和对彼此强大国力的忌惮,辽宋之间也不无提防之心。在两国边境地区,双方都驻有重兵戒备。宋真宗曾下达命令:"朝廷虽与彼通好,减去边备,彼之动静,亦不可不知,间谍侦候,宜循旧制。又虑为其所获,归曲于我,朕熟思之,彼固

---

① 《续资治通鉴长编》卷58"真宗景德元年十二月癸未",第1291页。
② 《续资治通鉴长编》卷110"仁宗天圣九年六月己卯",第2559页。
③ 《契丹国志》卷7《圣宗天辅皇帝》,第72页
④ 徐松:《宋会要辑稿·蕃夷一》,北京:中华书局,1957年。
⑤ 《续资治通鉴长编》卷98"真宗乾兴元年六月乙巳",第2282页。

遣人南来伺察，自今擒获当赦勿诛，但羁留之，设彼有词，则以此报答可也。"① 可见辽圣宗也没有放松对宋的间谍活动，且卓有成效。北宋的余靖就曾喟叹，"我之言议动息，彼必皆知"。② 但是，这种间谍行为在一定程度上得到了彼此的谅解，并没有影响到辽宋友好关系的大局。

2.东征高丽

高丽和辽的矛盾由来已久，尽管统和十三年（995年），高丽王治接受辽的册封，但暗地里仍然敌视辽朝，遣朱仁绍如宋，"自陈国人思慕皇化，为契丹羁制之状"③，"仍请归附如旧"。④ 为了防御辽朝，高丽在辽赐予的"鸭绿江东数百里"修建了兴化、铁州、通州、龙州、龟州、郭州等城。

统和二十八年（1010年），高丽穆宗王诵被大臣康兆谋杀，显宗继位，此事既没有向辽圣宗汇报，事后也没有请求册封。辽圣宗遂以此为借口，又指责高丽"东结构与女真，西往于宋国，是欲何为"，⑤ 发动了对高丽的战争。十一月，辽圣宗亲率大军四十万渡过鸭绿江，攻克高丽铜、霍、贵、宁四州，俘获康兆，焚掠开京。王询虽"乞称臣如旧"，但不肯应诏亲朝，亦不肯归还六州地。开泰五年（1016年）正月，辽耶律世良、萧屈烈率辽军在郭州西大破高丽，斩首数万级，尽获其辎重。开泰六年（1017年），辽萧合卓攻高丽兴化，不克而归。开泰七年（1018年），辽萧排押率十万大军侵入高丽，高丽姜邯赞统兵抵御，辽军失利，撤退途中于茶、陀二河间的龟州遭遇惨败。高丽虽然顶住了辽朝的入侵，但国力因此极度衰微，在北宋不予援助的情况下，也无力单独与辽长期抗衡。开泰八年（1019年），辽圣宗再次集结大军，准备入侵高丽时，高丽王询遣使议和。辽圣宗认识到仅凭武力是不能征服高丽的，便遣使释王询罪，并允

---

① 《续资治通鉴长编》卷 59 "真宗景德二年"，第 1320 页。
② 《续资治通鉴长编》卷 150 "仁宗庆历四年"，第 3625 页。
③ 《宋史》卷 487《高丽传》，第 14042 页。
④ 《高丽史》卷 4《显宗世家一》。
⑤ 《全辽文》卷 1《致高丽问罪书》，第 13 页。

第二章 辽景宗至辽兴宗时期的民族关系思想

其请。高丽于太平二年（1022年）启用辽朝年号，正式确立了对辽朝的朝贡体制。太平二年（1029年）九月，渤海国后裔大延琳自立为王，并遣使至高丽求援。高丽王询拒绝了大延琳结盟抗辽的要求。尽管辽与高丽此后仍存在着一些纠纷，基本还是维持着稳定的宗藩关系。

需要补充说明的是，辽圣宗曾于统和二十八年（1010年）十月遣耶律宁出使北宋，告知将征高丽。宋真宗征询大臣意见，"契丹伐高丽，万一高丽穷蹙，或归于我，或来乞师，何以处之？"王旦认为："当顾其大者，契丹方固盟好，高丽贡奉累数岁不一至。"①宋真宗采纳了他的建议，下令如有高丽使者来乞师，不要奏报朝廷。开泰四年（1015年）冬天，契丹使者与高丽告奏使相继而至。"帝问宰臣王旦，曰：'四方入会，皆所以尊王室也。彼自有隙，朝廷无所憎爱，起居宴会，并合同处。'帝然之。"②在辽与高丽战争中，宋真宗为了维护澶渊之盟后的宋辽和平，保持了中立的立场。

3.平定西北

辽圣宗在边疆不断地扩张和强化统治，虽然带动了边疆民族的发展，但求索的贡纳和频繁的兵役，也催醒了他们的反抗和独立意识。由于契丹与阻卜、回鹘的历史恩怨以及为了控制向西的贸易路线，辽圣宗多次大规模西征。统和十九年（1001年），西北路招讨使萧图玉向圣宗上言："阻卜今已服化，宜各分部，治以节度使"③统和二十六年（1008年）十二月，"萧图玉奏讨甘州回鹘，降其王耶剌里，抚慰而还。"④统和二十八年（1010年）五月，"西北路招讨使萧图玉奏伐甘州回鹘，破肃州，尽俘其民。诏修土隗口故城以实之。"⑤统和二十九年（1011年）六月，辽朝遂设置阻卜诸部节度使。但历任节度使往往才能平庸，不能安抚诸部，"部

---

① 《续资治通鉴长编》卷74"真宗大中祥符三年"，第1695页。
② 《宋会要辑稿·藩夷》。
③ 《辽史》卷93《萧图玉传》，第1378页。
④ 《辽史》卷14《圣宗五》，第164页。
⑤ 《辽史》卷15《圣宗六》，第167-168页。

民怨而思叛"。①开泰元年（1012年），阻卜反叛，萧图玉困守可敦城。乌古、敌烈等部群起呼应，声势浩大。北院枢密使耶律化哥前往征剿，击溃阻卜。

太平六年（1026年）五月，"遣西北路招讨使萧惠将兵伐甘州回鹘"。②八月，"萧惠攻甘州不克，师还"。③史称当时"东有茶、陀之败，西有甘州之丧"。④辽军撤回之后，太平八年（1028年），西夏李元昊攻克甘州，进而连下瓜、沙，取得了在河西的战略优势。

在萧惠征兵讨回鹘之时，阻卜酋长直刺后期，被斩。直刺子聚兵袭击萧惠，西阻卜各部又叛。都监涅鲁古、突举部节度使谐里、阿不吕等将兵三千来救，遇敌于可敦城西南。谐理、阿不吕战殁，士卒溃散。后阻卜虽败走，但辽朝西北屡遭侵掠，士马疲困。直到太平八年（1028年）九月，阻卜各部才相继降附，但从此阻卜日渐强盛，成为辽朝西北的大患。

尽管西北诸部屡有叛乱，但他们与辽的关系，却比前代更为紧密。这固然因为辽朝国力和军力的强盛，足以有效地对他们进行压制，也得力于契丹出自东胡一系，游牧民族的性格和习俗相近，故此交流和管辖起来更为顺畅。与前代的羁縻政策不同，辽圣宗已经不满足这些部族名义上的归附，而是把他们纳入强力的直接统治之下，获取经济上的利益和军事上的补充。

4.剿抚渤海叛乱

辽与渤海的关系也有深刻历史渊源。天显三年（928年）辽太宗采纳耶律羽之的建议，迁渤海遗民大部于辽东，实行怀柔安抚政策，"给以田畴，捐其赋入，往来贸易关市皆不征"。⑤一直到辽圣宗开泰年间，都给

---

① 《辽史》卷93《萧图玉传》，第1378页。
② 《辽史》卷17《圣宗八》，第199页。
③ 《辽史》卷17《圣宗八》，第199页。
④ 《辽史》卷17《圣宗八》，第206页。
⑤ 洪皓：《松漠纪闻》，长春：吉林文史出版社，1986年，第19页。

第二章　辽景宗至辽兴宗时期的民族关系思想

予优惠照顾，"初，东辽之地，自神册来附，未有榷酤盐曲之法，关市之征亦甚宽弛"。随着辽朝封建化进程的加快，对辽东地区的统治力度也逐步增强。太平年间，东京户部使韩绍勋在辽东"以燕地平山之法绳之"，加重了当地负担，以致"民不堪命"。恰值南京连年饥荒，户部副使王嘉献计使人造船，令渤海遗民"谙海事者，漕粟以振燕民"，水路艰险，多致船只覆没。官府不加体恤，借此"鞭楚搒掠"，渤海民众"民怨思乱"。[1]

太平九年（1029年）八月，东京舍利军详稳大延琳利用此时机起事，杀韩绍勋、王嘉、萧颇得等，囚禁东京留守萧孝先和他的妻子南阳公主，建立兴辽国。大延琳派高吉德使高丽，派大延定联络女真，争取外援，南、北女真出兵响应，高丽亦停止朝贡。然而，东京副留守王道平逃走，与大延琳派往黄龙府的使者一同向辽圣宗告变。镇守保州的渤海太保夏行美拒绝了大延琳的使者，将此事报告了保州统军耶律蒲古，断绝了大延琳向东的退路。国舅详稳[2]萧匹敌率私兵占据大延琳西进路上的要地，大延琳北方无援，东西通路为辽军所阻，遂分兵攻沈州，不克而还。十月，辽圣宗命南京留守萧孝穆为都统，率大军往讨。大延琳先后败于蒲河、手山，退保东京。萧孝穆重围东京，城中孤绝无援，形势日窘。太平十年（1030年），守将杨详世擒大延琳投降，兴辽国覆灭。

大延琳之败，足证辽圣宗成功之处有二：一是分而治之。继辽太宗将渤海遗民从忽汗城迁往易于控制的辽东故乡之后，辽圣宗为削弱渤海人的势力，又迁徙渤海豪右以实中京，使之与奚族、汉人互相牵制。开泰八年（1019年）五月，辽圣宗还曾迁"宁州渤海户于辽、土二河之间"。[3]渤海遗民经多次迁徙，人口流离，力量分散，致使大延琳在东京起事时，与各地的渤海人联络不通，而上京道、中京道的渤海遗民对起义反应冷淡，不得不孤军作战。二是示之以恩。辽圣宗对渤海遗民中有才能者加以恩

---

[1]《辽史》卷17《圣宗八》，第203-204页。
[2] 详稳，又作常衮、敞稳，辽朝职官名。
[3]《辽史》卷16《圣宗七》，第186页。

宠。如渤海人大康乂累官至南府宰相，出知黄龙府。同样受到重用的渤海太保夏行美等人在"延琳密驰书，使图统师耶律蒲古"时，坚定地站在辽朝一边，"行美乃以实告，蒲古得书，遂杀渤海兵八百人，而断其东路"。①

5.扶持西夏

统和二十三年（1005年），李德明继位后一直没有得到辽的册封，西夏人心不稳，纷纷内附宋朝。赵保宁建议李德明"若不假北朝威令慑之，恐人心未易靖"。李德明遂遣赵保宁使辽朝请求册封，辽圣宗"许德明册封，以为臂使之需"，并表示"此吾甥也，封册当时至"，②遣使封李德明为西平王，统和二十八年（1010年）又封为夏国王。李德明一直谨慎地处理与辽朝的关系，除了贡使频繁，在关于辽境内的党项人等问题上，始终保持克制态度。开泰二年（1013年）五月，辽朝境内的党项曷党、乌迷两部遣使约归夏州，德明不敢纳。辽圣宗曾令李德明"今党项叛，我欲西伐，尔当东击，毋失掎角之势"。③李德明听命出兵，得到辽圣宗赏赐。太平六年（1026年）六月，萧惠征兵诸路讨回鹘，西夏也出兵相助。太平九年（1029年）二月，李德明遣使太子为元昊请婚，辽圣宗欣然应允。

随着西夏实力的不断增强，李德明对辽朝也不再一味恭顺，如不许吐蕃假道西夏赴辽进贡等。开泰九年（1020年）五月，辽圣宗以狩猎为名，亲率大军攻凉州，李德明坚决抵抗，辽未能占到便宜。虽然此战使辽圣宗认识到西夏今非昔比，但因辽夏联盟对双方仍有极大价值，在西夏主动示好的前提下，辽继续加以笼络。如太平二年（1022年）九月，辽朝遣使贺德明生辰。太平五年（1025年）十一月，西夏贡于辽，辽圣宗"以德明势日强盛，厚赐使者，遣还"。④

---

① 《辽史》卷17《圣宗八》，第204页。
② 《西夏书事》卷8，第76页。
③ 《辽史》卷15《圣宗六》，第173页。
④ 《西夏书事》卷10，第97页。

第二章 辽景宗至辽兴宗时期的民族关系思想

6.和亲诸蕃

在辽圣宗的民族关系思想的实践中，和亲是不可忽视的一个内容。所谓和亲，是指两个不同的民族政权或同一种族的两个不同政权的首领之间出于"为我所用"的目的进行的联姻。崔明德先生在《辽朝和亲初探》中全面深入地分析了辽与西夏、阿萨兰回鹘、吐蕃、阻卜等政权的和亲，论述了其中的动机、特点、作用及影响。现将其中涉及辽圣宗的内容摘述如下。

统和四年（986年）十二月，"李继迁引五百骑款塞，愿婚大国，永作藩辅。诏以王子帐节度使耶律襄之女汀封义成公主，下嫁，赐马三千匹"。[①]辽与西夏的第一次和亲，应当是许婚于统和四年，成婚于统和七年。对于西夏来说，向辽求婚的主要动机是借助和亲与辽朝建立起政治和军事同盟，巩固自己的统治地位，发展壮大自身的势力；扩大自己的政治影响，增加与其他政权较量的砝码。对于辽来说，与西夏和亲既是为了结交军事同盟，借助西夏的力量牵制宋兵，减轻来自北宋的军事压力。辽与西夏的其他两次和亲，从本质上说，仍然是扶植西夏、扩大辽朝政治影响的一种策略，其目的是巩固第一次和亲建立起来的军事同盟，以西夏牵制宋朝。

关于辽与阻卜的和亲，《辽史》中有辽圣宗应允和不许两种截然不同的说法。从辽圣宗时期的和亲政策可以看出，辽圣宗非常喜欢广结和亲关系。从辽圣宗时期辽与阻卜的关系和阻卜所处的地理位置以及势力来看，辽与阻卜和亲的可能性较大。阻卜与辽关系的恶化，责任在于辽的民族政策的失误，与和亲并没有直接的关系。

阿萨兰回鹘即为高昌回鹘。关于阿萨兰回鹘与辽和亲，也经历过一番波折。统和十四年（996年），"回鹘阿萨兰遣使为子求婚，不许"[②]。辽圣宗的拒婚使阿萨兰回鹘极为不满，从此原本频繁的朝贡几乎断绝达

[①]《辽史》卷11《圣宗二》，第127页。
[②]《辽史》卷13《圣宗四》，第148页。

数十年之久。

辽朝的和亲显示出比较鲜明的特点：一是和亲地域宽广。二是和亲的对象身份最高，己方的公主却没有国君之女，均为单向婚。求婚与求援有机结合，和亲过程中不太注重繁文缛节的礼仪。三是和亲使辽朝得到了其他政权的军事援助，推动了双方经贸活动，繁荣了双方的经济。

（二）辽圣宗民族政策的原因分析

其一，巩固辽朝的统治和国家安全，发展对外贸易的需要。高丽自居礼仪之邦，一向视契丹为禽兽之国，高丽的北上发展策略又与契丹的东进策略存在根本矛盾。统和十年（992年）十二月，萧恒德东征高丽。当时辽与北宋战争正酣，肖绰急于拆散高丽和北宋的联盟，在高丽王治向辽朝称臣的前提下，册王治为高丽国王，将鸭绿江东数百里地赐给高丽。然而，高丽对辽朝并不信任，依然在暗中联络北宋，不断扩张势力，对辽朝构成了威胁。澶渊之盟的签订，使辽圣宗抽出身来，他试图从根本上解决高丽问题。

在辽圣宗统治时期，辽朝的边疆民族的发展也达到了新的阶段，阶级发生分化，对外掳掠日渐增多。辽圣宗必须利用强大的军事机器进行压制，使它们的发展与辽朝的需要相协调，消除对国家安全造成的隐患。

辽圣宗积极地实行对外开放政策，加强与周边部族、属国以及亚欧其他国家的商贸往来。开泰九年（1020年），大食遣使来辽，进象及土产，并为王子册割请婚。次年，再遣使来，辽圣宗以皇族女可老封公主许嫁。从而使辽与大食等国建立了密切的联系。辽圣宗屡次派大军出征回鹘，也有为了控制向西的贸易路线的目的。

其二，借征伐高丽，树立辽圣宗权威的需要。统和二十八年（1010年），辽圣宗决定亲征高丽，萧敌烈劝谏："国家连年征讨，士卒抏敝，况陛下在谅阴，年谷不登，创痍未复。岛夷小国，城垒完固，胜不为武，万一失利，恐贻后悔。不如遣一介之使，往问其故。彼若伏罪则已；不

第二章 辽景宗至辽兴宗时期的民族关系思想

然,俟服除岁丰,举兵未晚。"①虽然他的意见得到了有识之士的肯定,但辽圣宗依然发动了战争。究其原因,不能不说有辽圣宗需借此战机树立权威的需要。辽圣宗年十二即位,萧绰临朝称制凡二十七年。在此期间,"政出慈闱","元辅专功"。②因此,亲政之初,有许多人轻视辽圣宗,甚至北宋的王钦若都听信传闻,认为"国主懦弱"。而辽圣宗的弟弟秦晋国王耶律隆庆,"生而歧嶷,幼与群儿戏,为战阵法,指挥无敢违者。景宗奇之,曰:'此吾家生马驹也。'"③承天皇太后死后,圣宗阘弱,且不能睦族。而隆庆奸诈,又缮甲兵,故国人多附之。《续资治通鉴长编》记载了一件事,"契丹主暗弱,自其母及韩德让相继死,其弟隆庆尤桀黠,众心附之。言事者谓因遣使特加恩隆庆,上曰:'柔远之道,务存大体,正当讲信修睦,使之和协。如其不法,岂宜更加礼耶?'"④由此可见,耶律隆庆对辽圣宗地位的威胁已经路人皆知了。在这种情况下,辽圣宗必须建立功业,才能让国人信服,从而击败隆庆的竞争,巩固自己的统治地位。

其三,辽圣宗本人的雄才大略。契丹民族崛起于朔漠,在建国后尤不失勇猛、顽强和不断进取的精神。辽圣宗也同他的祖辈一样,具有高超的武艺和开疆辟土的雄才大略。史载:"帝性英辨多谋,神武冠绝。游猎时,曾遇二虎方逸,帝策马驰之,发矢,连殪其二虎。又曾一箭贯三鹿。时幽州试举人,以一箭贯三鹿为赋题,驸马刘三嘏献射二虎颂。"⑤在辽宋长期艰苦的战争中,辽圣宗多次御驾亲征,"亲履行阵,力战深入"。⑥天资的英武和实战的锻炼,使辽圣宗熟悉军事,毫不畏惧战争,乐于用战争的方式来解决与其他政权的矛盾。

辽圣宗亲政以后,战争连续不断,虽然有促进辽朝多民族国家的统

---

① 《辽史》卷88《萧敌烈传》,第1339页。
② 《契丹国志》卷7《圣宗天辅皇帝》,第74页。
③ 《契丹国志》卷14《孝文皇太弟传》,第152页。
④ 《续资治通鉴长编》卷73"真宗大中祥符三年",第1654页。
⑤ 《契丹国志》卷7《圣宗天辅皇帝》,第72页。
⑥ 《契丹国志》卷7《圣宗天辅皇帝》,第63页。

一和发展的需要，但毋庸置疑，圣宗本人的好大喜功、穷兵黩武也是重要的原因。辽朝固然因此开阔疆土，声威远播于中亚，但国势也从巅峰盛极而衰。

第四节 辽兴宗的民族关系思想

辽兴宗，名耶律宗真，辽圣宗耶律隆绪的长子。开泰五年（1016年）出生，太平元年（1021年）被册立为太子，太平十一年（1031年）六月继承皇位。辽兴宗好大喜功，缺乏勤勉治国的恒心，仅满足于表面上的繁荣和强大，奢靡享乐之风日盛。虽然他的封建思想逐渐趋于成熟，却无助于解决辽朝潜在的危机，辽朝国势也从强盛的巅峰滑落下来。

一、封建化思想的进一步成熟和保守势力的反弹

辽兴宗亲政后，辽圣宗时代制定的封建政策得以延续和进一步巩固。辽朝封建制度的确立，汉人在统治阶级中影响力的增长，不可避免地要触动契丹贵族享有的特权，引起他们的不满和抵制。

（一）封建化思想的进一步成熟

辽兴宗"好儒术，通音律"[1]，喜欢与儒臣们一道吟诗唱和，有较高的汉文化素养。为了让契丹统治阶级更好地借鉴汉人的统治经验，他诏令大臣萧韩家奴翻译《通历》《贞观政要》《五代史》等书。在继承人的培养上，他也非常重视灌输儒家的忠孝观念，曾告诫其子燕赵国王耶律洪基的师傅萧惟信："燕赵左右多面谀，不闻忠言，浸以成性。汝当以道规诲，使知君父之义。有不可处王邸者，以名闻。"[2]此方面兴宗贡献主

---

[1]《辽史》卷18《兴宗耶律宗真一》，第211页。
[2]《辽史》卷96《萧惟信传》，第1401页。

第二章　辽景宗至辽兴宗时期的民族关系思想

要有二：

一是下诏编纂颁布了辽朝第一部正式的法典，即《新订条制》。"五年，《新定条制》成，诏有司凡朝日执之，仍颁行诸道。盖纂修太祖以来法令，参以古制"。①重熙二十年（1051年）"九月，诏更定条制"。②这部法典共五百四十七条，汇编了自辽太祖阿保机时起施行的法律，其立法精神主要依据《唐律》《唐令》，但也保留了一些契丹习惯法的内容，是辽代法律进一步汉化的标志。

二是亲试进士，并促进辽朝科举制度的完善。重熙五年（1036年）冬十月"壬子，御元和殿，以《日射三十六熊赋》《幸燕诗》试进士于廷；赐冯立、赵徽四十九人进士第。以冯立为右补阙，赵徽以下皆为太子中舍，赐绯衣、银鱼，遂大宴。御试进士自此始"。③

辽朝的科举制度一向禁止契丹和其他游牧部族参加，但随着儒家文化的影响越来越大，契丹和其他游牧部族的士人对科举进士的钦慕日深，开始冲击这一限令，耶律蒲鲁即是一例。重熙年间，耶律蒲鲁"幼聪悟好学，甫七岁，能诵契丹大字。习汉文，未十年，博通经籍"，参加科举考试"举进士第"。"主文以国制无契丹试进士之条，闻于上，以庶箴擅令子就科目，鞭之二百"。④虽然耶律蒲鲁的父亲受到处罚，本人却因文才出众受到辽兴宗的宠遇。至辽兴宗统治晚期，对科举进士的民族身份的限制已经松动。

重熙十二年（1043年），时任北院枢密使的萧孝忠奏曰"一国二枢密，风俗所以不同，若并为一，天下幸甚"，⑤试图将南、北枢密院合二为一。虽然因为辽朝没有统一的封建经济基础，此事没有付诸实施，但从中可以看出统治阶级封建思想的成熟。

---

① 《辽史》卷62《刑法志下》，第944页。
② 《辽史》卷20《兴宗三》，第243页。
③ 《辽史》卷18《兴宗耶律宗真一》，第217-218页。
④ 《辽史》卷89《耶律蒲鲁传》，第1351页。
⑤ 《辽史》卷81《萧孝忠传》，第1285页。

（二）保守势力的反弹

辽兴宗的生母是宫女萧耨斤，即钦哀皇后，因皇后萧菩萨哥生子不育，遂养如己子。辽圣宗去世后，萧耨斤自立为太后，把持朝政，辽兴宗"不亲庶务"。①钦哀皇后一向与萧菩萨哥不和，景福元年（1031年）六月，她指使护卫冯家奴、耶律喜孙诬告北府宰相萧浞卜、国舅详稳萧匹敌与齐天皇后萧菩萨哥谋反，杀害萧浞卜、萧匹敌，迁齐天皇后于上京，后遣人逼迫自尽。钦哀皇后还大肆清洗异己，在朝廷安插自己的心腹。诸弟均身居要职，"南北面蕃汉公事率其兄弟掌握之。凡所呈奏，弟兄聚议"。②钦哀皇后极度仇视齐天皇后协助圣宗推行的封建改革，"居丧未及一年，先朝所行法度变更殆尽"。③

钦哀的统治十分腐败，"后家奴隶，咸无劳绩，皆授防、团、节度使"，其亲属"出入宫掖，诋慢朝臣，卖官鬻爵，残毒番汉"，以致"幽燕无行之徒，愿没身为奴者众矣"。④重熙二年（1033年），钦哀与诸弟密谋废掉不够顺从的兴宗，改立少子耶律宗元为帝。宗元将阴谋报告了兴宗。辽兴宗与耶律喜孙谋，率兵将钦哀驱除，以黄布车载送庆州，诛杀其亲信，开始亲政。

耶律宗元在钦哀政变中表现出来的兄弟情谊和忠诚使他得到了辽兴宗的信任，但很快地，他就成为保守派贵族的核心人物。在他的主持下，一系列维护契丹特权和歧视汉人的政策得到施行。重熙十二年（1043年），"二月壬寅，禁关南汉民弓矢"。⑤重熙十三年（1044年），五京置契丹警巡院以在新的法律制度下保护契丹人的利益。重熙十五年（1046年），"禁契丹以奴婢鬻与汉人"。⑥

尽管存在上述杂音，但由于辽朝的封建化顺应了辽朝生产力的发展

---

① 《辽史》卷18《兴宗耶律宗真一》，第213页。
② 《契丹国志》卷13《圣宗萧皇后传》，第145页。
③ 《契丹国志》卷13《圣宗萧皇后传》，第144页。
④ 《契丹国志》卷13《圣宗萧皇后传》，第144页。
⑤ 《辽史》卷19《兴宗二》，第228页。
⑥ 《辽史》卷19《兴宗二》，第233页。

第二章 辽景宗至辽兴宗时期的民族关系思想

和社会的进步,已经深入人心,成为大势所趋,因此在辽兴宗统治时期,辽朝的封建制度仍然走向成熟和巩固。

二、从关南之争到"一家之美"

(一)关南之争

重熙十一年(1042年),辽兴宗乘北宋深陷与西夏战争之机,"聚兵幽蓟,遣使致书求关南地",①索取所谓被周世宗侵占的瓦桥关以南十县之地。宋仁宗为避免出现两线作战的困境,遣富弼使辽,说服辽兴宗接受以增加岁币银、绢各十万两(匹)的条件,放弃夺取关南土地的企图。因时值北宋庆历年间,又称庆历增币。

辽兴宗之所以要打破澶渊之盟后近四十年的和平友好局面挑起辽宋间的冲突,主要原因有下面三点:

其一,辽兴宗的政治抱负。契丹以武立国,历代统治者都有"广土众民"之志,辽兴宗继承了这个传统。亲政以后,他自恃国力强盛,急于建立超过父祖的功业"每言及周取十县,慨然有南伐之志"。②"是时帝兴宗欲一天下,谋取三关,集群臣议。萧惠曰:'两国强弱,圣虑所悉。宋人西征有年,师老民疲,陛下亲率六军临之,其胜必矣。'萧孝穆曰:'我先朝与宋和好,无罪伐之,其曲在我,况胜败未可逆料。愿陛下熟察。'帝从惠言,乃遣使索宋十城,会诸军于燕。"③当然,从辽兴宗欣然接受富弼增岁币以代土地的建议,对富弼通好则利在人主、用兵则利在臣下的分析"大悟,首肯者久之"④的表现来看,他的政治抱负充其量是好大喜功而已。

其二,试图趁火打劫。在北宋与西夏的战争之初,辽兴宗对交战双

---

① 《续资治通鉴长编》卷135"仁宗庆历二年",第3220页。
② 《辽史》卷87《萧孝穆传》,第1332页。
③ 《辽史》卷93《萧惠传》,第1374页。
④ 《契丹国志》卷8《兴宗文成皇帝》,第80页。

方采取中立的态度。当重熙十年（1041年），宋兵败于好水川，辽兴宗看到北宋已经深陷于与西夏战争的泥潭，无力应对自己的挑衅，遂采纳了刘六符等人趁火打劫的建议。"先是，西兵久不决，六符以宋朝为怯。又李士彬、刘平之兵屡败，宋朝旰食，积苦兵间。因说其主聚兵幽、涿，声言南征，而六符及萧英先以书来求关南十县……时契丹固惜盟好，惟六符画策扬声聚兵幽、涿，以动宋朝。宋方困西夏之扰，名臣猛将，相继败衄，吕夷简畏之。"①

其三，策应西夏。从萧绰确立扶夏制宋的政策开始，西夏就成为辽牵制北宋的重要力量，在辽与北宋的对峙中起到了举足轻重的作用。重熙七年（1038年）李元昊正式称帝，建立"大夏"国。为了继续得到辽的支持，建国之初，元昊对辽的态度依然保持恭顺。辽兴宗对元昊的自立并未加以干涉，默许其挑起与北宋的战争。西夏虽然取得好水川等战役的胜利，但在北宋的严密封锁之下，经济濒于崩溃，国内怨声四起，且北宋综合国力远在西夏之上，战争长期僵持，西夏处境日益窘迫。在这种情况下，李元昊频频派出使者，请求辽的支持。辽兴宗考虑到如果任由北宋取得对西夏的优势，对辽的战略形势会带来不利影响，因此从自身利益出发，对北宋施加压力，策应西夏。

关南之争最终以庆历增币的方式得以和平解决，其根本原因是还是因为辽宋实力相当，宋仁宗因困于西夏的牵制，不得不退步忍让。而辽兴宗对富弼"今中国提封万里，所在精兵以百万计，法令修明，上下一心，北朝欲用兵，能保其必胜乎？"②的质疑，也无言以对。在两国均衡之势被打破之前，任何一个明智的统治者都不会真正挑起全面战争。

关南之争对辽宋的关系产生了重大的影响。一方面，辽兴宗得到庆历增币后，志得意满，对辽宋间友好的关系精心维护，从而使和平的局面得以巩固；另一方面，北宋被迫增加巨额岁币，且加以"献""纳"的

---

① 《契丹国志》卷18《刘六符传》，第177页。
② 《契丹国志》卷8《兴宗文成皇帝》，第80页。

第二章 辽景宗至辽兴宗时期的民族关系思想

名义,严重挫伤了北宋君臣的自尊,激起他们复仇情绪,为宣和年间宋金"海上之盟"的发生埋下了伏笔。庆历增币之后,富弼曾向仁宗上言"愿陛下益修武备,无忘国耻"。①《契丹国志》就此事评论说:"六符之来,世以智计归之,而孰知产祸之由,已有所自来哉。"②

（二）"一家之美"

在经历了几乎导致辽宋大动干戈的关南之争后,辽兴宗和宋仁宗对双方的和平关系都十分珍惜。为了加深双方君主间的友谊,辽兴宗主动示好。史载,辽兴宗"尝以所画鹅雁,送诸宋朝,点缀精妙,宛乎逼真"。③在《答宋仁宗书》中,他表示"今两朝事同一家"。④当宋仁宗回赐亲书"南北两朝,永通和好"的飞白书后,辽兴宗就以"南北两朝,永通和好"为赋题出试进士。⑤而最能体现出他对北宋君主情谊的事例,莫过于他以辽圣宗和自己的画像"求易真宗、仁宗圣容,曰:'思见而不可得,故来求圣容而见之也。'"⑥辽宋之间的友好关系可以用辽兴宗致宋仁宗书中的一句话来形容,"封域殊两国之名,方册纪一家之美"。⑦

辽兴宗"一家之美"的思想并不是空中楼阁,而有着坚实的基础。

其一,辽宋长期和平交往的成果。"澶渊之盟"确立了宋辽之间平等友好的关系和兄弟情谊,榷场贸易也随着南北和好而恢复与发展。延至辽兴宗,太平日久,两国之间原有的隔阂和敌意,随着辽、宋政治、经济、文化等诸多方面的频繁交流而逐渐减弱了。北宋虽然每年损失一些岁币,但换来了和平安定的环境,为经济和文化的空前繁荣提供了保障。正如司马光所言,"国家自与契丹和亲以来,五十六年,生民乐业"。⑧北

---

① 《续资治通鉴长编》卷138"仁宗庆历二年",第3309页。
② 《契丹国志》卷18《刘六符传》,第178页。
③ 《契丹国志》卷8《兴宗文成皇帝》,第83页。
④ 《续资治通鉴长编》卷142"仁宗庆历三年",第3408页。
⑤ 陆游:《老学庵笔记》卷7,北京:中华书局,1979,第92页。
⑥ 《契丹国志》卷9《道宗天福皇帝》,第89页。
⑦ 《契丹国志》卷20《契丹兴宗致书》,第191页。
⑧ 《续资治通鉴长编》卷198"仁宗嘉祐八年",第4796页。

宋君臣都认可"玉帛系辽人之心"为上策,自然愿意维护两国的友好关系。而辽朝统治者"自澶渊既盟之后,岁省用兵之费,国享重币之利","自知得计,守盟修好,皆其诚心"。①辽圣宗甚至在临终的遗诏中,"以不得失宋朝信誓而属之",②强调要维护辽宋间的友好关系。可以说,辽宋长期的和平交往,结成了"一家之美"的硕果。

其二,庆历增币的影响。辽兴宗虽然未能得到关南十县,却乘机逼迫北宋每年增加银、绢各十万两(匹)岁币,且对所赠岁币加以"纳"的名义,取得了对宋空前的优势地位,志得意满。"契丹既得岁币五十万,勒碑纪功,擢六符枢密使、礼部侍郎、同修国史。"③在这种情形下,辽兴宗自然要刻意向北宋君臣示好,以维护到手的利益。北宋方面出于历来对辽朝的恐惧心理,也不得不加以迎合。

其三,长年战争的失利打消了辽兴宗的傲气。辽虽然一向以兵强马壮自矜,但其战争能力也存在一些弱点。例如辽军的攻城能力就很弱,在与北宋和高丽的战争中,他们很少能攻下有重兵设防的城池。此外,"圣宗时期频繁战争的后果成为兴宗时代国内统治的主要问题。很显然,数十年的战争导致了人民的困苦与混乱,而且有迹象表明契丹战争机器开始衰退。"④辽圣宗太平年间,辽军就经历了"东有荼、陀之败,西有甘州之丧"的惨重损失。而辽兴宗在对西夏的长年战争中,屡遭惨败,如重熙十三年(1044年)的河曲之役,辽兴宗本人差点成为俘虏,"单骑突出,几不得脱",⑤再如重熙十八年(1049年)的萧惠之败,致使辽朝上下十分沮丧。长年战争的失利打消了辽兴宗的傲气,使他不愿意再轻言战争,而乐于维护和平带来的利益。

其四,辽朝内部权力争夺的牵制。虽然重熙二年(1033年)辽兴宗

---

① 《三朝北盟会编》乙卷 5 "政宣上帙五",台北:大化书局,1979 年,第 45 页。
② 《契丹国志》卷 7 《圣宗天辅皇帝》,第 73 页。
③ 《契丹国志》卷 18 《刘六符传》,第 177 页。
④ 傅海波:《剑桥中国辽西夏金元史》,第 132 页。
⑤ 《辽史》卷 109 《罗衣轻传》,第 1479 页。

第二章 辽景宗至辽兴宗时期的民族关系思想

从钦哀皇后手中夺回了统治权，但却没能解决统治阶级内部权力争夺的矛盾。"兴宗宫廷的政治非常复杂，皇太后和地位更低的宗元分别由亲族和伙伴所组成的竞争集团所支持。他统治时期的头十年以及更长的时间，是在建立皇帝与这些包括皇族和后族萧氏在内的各种集团的权力平衡的错综复杂的政治谋划中度过的"。①耶律宗元于重熙七年（1038年）担任"判北南院枢密使事"，重熙十三年（1044年）被加封为兵马大元帅，重熙十四年（1045年）又任北院枢密使和南京留守，保守派贵族势力聚集在他周围，对辽兴宗的皇权形成了新的威胁。

重熙八年（1039年），迫于各方面的压力，辽兴宗将钦哀皇后迎回，但两人的关系一直很紧张。"帝听讲报恩经感悟，即遣使迎法天太后，馆置中京门外，筮日以见，母子如初，加号法天应运仁德章圣皇太后。然出入舍止，常相去十数里；阴为之备。"②钦哀皇后宠爱少子宗元，企图由宗元继承辽兴宗的皇位。"她告诉一名宋朝使节说，她赞成兄终弟及的真正的契丹继承方式，而不是父死子承的世袭继承。她显然已支持宗元的要求，后者的称号为皇太弟，在契丹人背景中已具有对皇位的隐含要求，而她在兴宗在位时已曾经密谋使他登位。兴宗本人显然已意识到宗元继承皇位的危险性。重熙二十三年（1054年），他对宋朝使者王拱辰说：'吾有顽弟，他日得国，恐南朝（即宋朝）未得高枕也'"。③

为了缓和矛盾，辽兴宗封耶律宗元为皇太弟，并许诺将来传位给他，史载："上尝与太弟重元狎昵，宴酣，许以千秋万岁后传位。重元喜甚，骄纵不法。"④"重元"即辽兴宗。但是辽兴宗并无意真的把皇位传给宗元，只不过是暂时的安抚而已，他加紧培植长子耶律洪基的势力，在重熙二十一年（1052年）"以燕赵国王洪基为天下兵马大元帅"，⑤并在遗诏

---

① 傅海波：《剑桥中国辽西夏金元史》，第131页。
② 《契丹国志》卷8《兴宗文成皇帝》，第79页。
③ 傅海波：《剑桥中国辽西夏金元史》，第139页。
④ 《辽史》卷109《罗衣轻传》，第1480页。
⑤ 《辽史》卷20《兴宗三》，第244页。

中命燕赵国王洪基嗣位,辽兴宗出尔反尔的做法增加了统治阶级的内部混乱,给辽朝的统治带来了更大的隐患。

既然辽兴宗受制于内部围绕权力产生的纷争,自然希望能得到北宋方面对他的支持,保持一个和睦的外部环境。这在客观上促使他改善与北宋的关系,加强与宋仁宗的感情联络。

三、压制西夏

重熙十三年(1044年),辽兴宗发动了对西夏的全面战争。出乎辽兴宗意外,辽军屡次遭到惨败,无法达成征服西夏的目的,致使战争旷日持久。这场战争可以分为两个阶段。

第一阶段:重熙十三年(1044年)九月,"壬申,会大军于九十九泉,以皇太弟宗元和北院枢密使萧惠为先锋,举兵西征"。[①]十月,辽兴宗亲征,"兵三路济河,长驱直入四百里,无人迹,据得胜寺南壁以待"。[②]随后,萧惠的北路军击溃了李元昊在贺兰山的伏击,辽军进至河曲。李元昊见辽军势大,遂以退为进,亲率党项诸部请罪。但辽兴宗君臣认为"大军既集,宜加讨伐"[③],于是继续进军。元昊故意后退百里以避其锋锐,"每退必赭其地,契丹马无食,因许和"。元昊"又迁延数日,度其马饥士疲,潜立拒马于河西,突蔽盾前搏",借助忽起的大风,大败辽军,乘胜进攻辽军大本营,辽兴宗"单骑突出,几不得脱"。夏军"执鹘突姑驸马萧胡睹及近臣数十人,尽获契丹主器服乘舆"。战后,元昊不失时机地"遣使请和,愿归俘获"。辽兴宗因辽军损失惨重,只好接受元昊的请和,"亦送还前所留使人"。[④]辽夏虽然讲和,聘使往来,但辽兴宗"君臣谋议,通

---

① 《辽史》卷19《兴宗二》,第231页。
② 《西夏书事》卷17,第158页。
③ 《辽史》卷19《兴宗二》,第231页。
④ 《西夏书事》卷17,第159页。

第二章　辽景宗至辽兴宗时期的民族关系思想

报丁口，简募甲兵，日夜教阅，思雪前耻"①，元昊也"常以兵掠其境"②，双方实际上仍处于敌对状态。

第二阶段：重熙十八年（1049年）七月，辽兴宗乘李谅祚新立，母后专政，西夏政局不稳之机，以萧惠统南路，耶律敌鲁古统北路，兴宗自统中路，再次兴兵伐夏。萧惠自河南进，大意轻敌，"战舰粮船绵亘数百里。既入敌境，侦候不远，铠甲载于车，军士不得乘马"。③不料遭到夏军主力攻击，辽军猝不及防，惨败而归。北路军进至贺兰山，获得小胜，俘元昊妻没移氏和一些贵臣家眷。兴宗亲自率领的中路军缺少喂马的水和牧草而被迫撤军。重熙十九年（1050年）二月，西夏没藏讹庞遣军攻辽金肃城，被击败。三月，萧迭里得大败夏军于三角川。五月，萧普奴等伐夏，包围兴庆府，纵兵四掠，六月，辽军攻破摊粮城，"尽发廪积而还"。④在辽军连续的攻势面前，西夏无力再战，遣使要求依旧称藩。重熙二十二年（1053年），辽兴宗降诏书许和，李谅祚遣使进降表。长达十年的战争正式结束。

辽兴宗之所以不惜代价遏制西夏，是因为西夏势力的扩张已经构成了对辽朝的威胁。澶渊之盟以后，辽统治者一心要维持辽宋平分天下的局面，对西夏的支持，只是希望能借以制约北宋，并不愿其过分坐大。然而，西夏政权实力迅速扩张，在争夺东西方贸易命脉的河西走廊的竞争中，巧妙地赢得了优势。开泰九年（1020年），辽圣宗为压制西夏，"亲将兵五十万，以狩为言，来攻凉甸，德明帅众逆拒，败之"。⑤从此以后，辽夏关系开始转变，西夏的地位日益上升。特别是雄才大略的李元昊上台后，连续向西用兵，领土已"东尽黄河，西界玉门，南接萧关，北控

---

① 《西夏书事》卷18，第163页。
② 《西夏书事》卷18，第162页。
③ 《辽史》卷93《萧惠传》，第1375页。
④ 《西夏书事》卷19，第175页。
⑤ 《宋史》卷485《夏国上》，第13991页。

大漠，地方万余里，依贺兰山为固"。①随着实力的增强，李元昊有心摆脱藩国地位，对辽朝的态度也逐渐倨傲起来。鉴于此，辽兴宗开始禁止对西夏的金铁、马匹等与军备有关的贸易，试图从经济上削弱西夏。又在辽夏边界筑城设防，限制人员流动。这些举措影响了边境一些党项部落的生活，导致他们叛逃到西夏。这期间，还有一些事情导致了辽夏关系的急剧恶化，如和亲西夏的兴平公主"素与元昊不睦"，在她得病后，"元昊遣使贡于契丹，不以病告"。②辽兴宗怀疑兴平公主的死因，遣使持诏书诘问。且在庆历增币的条件中，辽兴宗答应助宋压制西夏，这些都激起元昊的不满。《西夏书事》中有一段分析辽夏交恶的原因，"曩霄③本与契丹约相左右以困中国，及刘六符求割关南地，中国遣知制诰富弼报之，两进誓书，复相和好。曩霄怨契丹背约，坐受所益岁币，于是有隙。及伐呆儿族，又忿契丹不分俘获，潜诱山南党项诸部及呆儿族八百户，尽叛契丹，阴附于己。"④在辽兴宗遣使责问时，李元昊非但不肯交还附夏的党项部落，且言语傲慢，"谓契丹为北边。又言请敢所管部落，所贵不失两朝欢好。宗真既以强盛夸于中国，深耻之。"⑤这件事情成为辽夏战争的导火索。

至于辽军在战争中屡次遭受重大挫折，既有辽朝军事力量衰退、西夏以逸待劳等原因，也有辽兴宗君臣狃于常胜，过于轻敌招致的恶果。但是，西夏与辽的国力相差太过悬殊，虽有几次战役的胜利，却无法改变辽在战略上的优势地位，战争长期僵持，西夏渐渐无力支撑，到后期，在辽军深入时，竟不敢出战，"令诸城坚壁拒之"⑥而已。

辽夏战争战争造成的影响是多方面的。其一，辽兴宗虽然许和，却对西夏仍持有戒心。当西夏遣使至辽求婚，他以西夏反复无常为由，予以拒

① 《西夏书事》卷12，第112页。
② 《西夏书事》卷12，第114页。
③ 李元昊称帝后更为此名。
④ 《西夏书事》卷17，第155页。
⑤ 田况：《儒林公议》，北京：中华书局，1985年，卷下。
⑥ 《西夏书事》卷19，第175页。

第二章　辽景宗至辽兴宗时期的民族关系思想

绝。西夏又遣使上誓表，辽兴宗接受誓表，"赐以车服，而不许誓诏"[①]，两国关系冷淡数十年之久。其二，重熙十三年（1044年），辽兴宗"升云州为西京"，[②]以加强对辽朝西南地区的管理，统筹对西夏的边防力量。从此辽朝五京齐备，地方行政区划正式完成。其三，为遏制西夏，辽兴宗开始大力笼络吐蕃，给后来辽道宗与吐蕃唃厮啰政权的和亲打下了基础。其四，由于辽夏战争导致两国关系的持续紧张，辽宋关系、夏宋关系相对得到了缓和和发展。

四、正统思想的产生和发展

辽兴宗统治时期，辽朝已经建国一个多世纪了，伴随着经济和社会的发展，中原的文化思想也日益渗入辽朝的各个阶层，尤为契丹统治阶级所接受和掌握。汉族统治者借以维护其统治地位合法性的得力工具——正统观，也开始被他加以改造和利用了。辽兴宗君臣不甘心被视为"夷狄"，开始努力树立辽朝的正统地位。值得称道的是这种思想超越了传统的中国概念，是更高层次的中华一体思想的萌芽。

（一）天子以四海为家

重熙十年（1041年），东京留守萧孝忠上言说："东京最为重镇，无从禽之地，若非球马，何以习武？且天子以四海为家，何分彼此？宜驰其禁。"[③]辽兴宗深以为然，遂驰东京击鞠之禁。东京之民多为渤海遗民所迁，击鞠，即打马球，能于竞技娱乐之中演习武艺，故渤海人击鞠自辽初即被禁止。辽兴宗欣然接受萧孝忠"天子以四海为家"的思想，给渤海人以此权利，足以印证其民族思想的长足进步。

另据《契丹官仪》记载：契丹"东有渤海，西有奚，南有燕，北据

[①] 《西夏书事》卷19，第178页。
[②] 《辽史》卷37《地理志一》，第438页。
[③] 《辽史》卷81《萧孝忠传》，第1285页。

其窟穴,四姓杂居,旧不通婚,谋臣韩绍芳献议,乃许婚焉"。①辽兴宗采纳韩绍芳,允许契丹、汉、渤海、奚等民族通婚,可见当时民族关系逐渐和谐,亦可为辽兴宗思想发展的又一佐证。

需要强调的是,尽管辽兴宗君臣已经有了"天子以四海为家"的意识,但是受其阶级和征服者心理的局限,仍然存在着民族歧视观念,尤其是对边疆落后民族的压迫和掠夺从来都没有真正终止过。

(二)庆历增币献纳之争

重熙十一年(1042年),富弼携国书赴辽朝,用"每年更增绢十万匹、银十万两"的条件解决关南之争。辽兴宗提出增币需用"献"或"纳"的名义,富弼坚决拒绝,引起了一场争执。

《契丹国志》对此事的经过如此记载:"帝不复求婚而意在增币,乃曰:'南朝遗我书当曰"献",否则曰"纳"。'弼固争不可。帝曰:'南朝既惧我矣,何惜此一字。我若拥兵而南,得无悔乎?'弼曰:'本朝皇帝爱南北之民,不忍使蹈锋镝,故屈己增币,何名为惧?若不得已而至于称兵,则南北敌国,当以曲直为胜负,非使人之所忧也。'帝曰:'卿勿固执,古亦有之。'弼曰:'自古惟唐高祖借兵于突厥,故臣事之。当时所遗,或称"献"、"纳",则不可知。其后颉利为太宗所擒,岂复有此礼哉?'弼声色俱厉,帝知不可夺,曰:'吾当遣人议之。'于是留所许增币誓书,复使耶律仁先、刘六符以誓书诣宋,求为'献''纳'。弼奏曰:'臣以死拒之,可勿许,其无能为也。'宋帝从之。"②《续资治通鉴长编》记载与之大致相同。

《辽史》对此事也有记载:"会宋遣使增岁币以易十县,复与耶律仁先使宋,定'进贡'名,宋难之。六符曰:'本朝兵强将勇,海内共知,人人愿从事于宋。若恣其俘获以饱所欲,与"进贡"字孰多?况大兵驻燕,万一南进,何以御之!顾小节,忘大患,悔将何及!"宋乃从之,岁

---

① 余靖:《武溪集》,台北:商务印书馆,1985,卷18《契丹官仪》。
② 《契丹国志》卷8《兴宗文成皇帝》,第81-82页。

第二章　辽景宗至辽兴宗时期的民族关系思想

币称'贡'"。①

尽管记载的交涉经过有所不同，但可以肯定的是，辽宋双方就此进行了一场激烈的较量，而无论最终用的是"贡"或是"献""纳"，都不会改变一个事实，最终北宋做出了让步，接受了辽兴宗的要求。这场风波反映了辽兴宗已经不满足"兄弟之国"的平等地位，尝试树立辽朝的正统地位。

（三）聘使之争

虽然辽宋间交聘制度的建立，其初衷是为了增进两国统治者的感情，巩固和平友好的关系，但是两国对正统地位的明争暗斗不可避免地从聘使们的活动中表现出来。

早在太平七年（1027年），萧蕴至宋贺乾元节，就指出"中国使者至契丹，坐殿上，位高；今契丹使至中国，位下，请升之"②，北宋馆伴使程琳用这是宋真宗定下的规矩，不能改变的理由予以拒绝。重熙十一年（1042年），萧偕使宋，又提出这一要求，宋仁宗不得不下诏："自今契丹使，不以官高下，并移坐近前。"③

重熙二十一年（1052年），萧昌等使宋贺乾元节。其国书去国号，而称南、北朝。且言书称大宋、大契丹非兄弟之义。北宋君臣认为辽朝"意以自尊大"，用"自古岂有无名之国"的托辞拒绝。④

北宋在军事上逊于辽朝，在文明礼仪方面，却比辽朝优越，因此在聘使往来中，常常以此折服辽朝使者，彰显北宋的国威，辽朝方面亦不甘示弱，扩大科举取士的名额，网罗学问精深且善于应答者充当聘使。因此，两国聘使交往中常常会发生一些比文彩、辨机锋的趣事。

富弼出使辽国，辽使者云"蚤登鸡子之峰，危如累卵"。弼答曰"夜宿丈人之馆，安若泰山"，又云"酒如线，因针乃见"。弼答云"饼如月，

---

① 《辽史》卷86《刘六符传》，第1323页。
② 《续资治通鉴长编》卷105"仁宗天圣五年"，第2439页。
③ 《续资治通鉴长编》卷138"仁宗庆历二年"，第3321页。
④ 《续资治通鉴长编》卷172仁宗皇佑四年，第4141页。

遇食则缺"。①伴使服其机警。焦守节常使契丹，馆伴丁求说颇轻视他，指远山曰"此黄龙塘也"。黄龙塘即耶律德光安置后晋石重贵之地。焦守节应声问曰"燕然山距此几许？"意指汉与匈奴的燕然山之战，于是"求说惭，乃加礼焉"。②

（四）传国宝的文章

《辽史》记载："会同九年，太宗伐晋，末帝表上传国宝一、金印三，天子符瑞于是归辽。"③所谓传国宝，通常是指秦传国玺，一般被视为正统王朝的象征性符号。其实，辽太宗从后晋石重贵手中得到的这个传国宝非但不是真正的秦传国玺，更是大家心知肚明的替代品。《契丹国志》记载，辽太宗"又诘以所献传国宝非真。出帝奏：'顷唐潞王从珂自焚，旧传国宝不知所在。此先帝所为，群臣备知。'乃止"。④

从辽圣宗开始，这枚传国宝的价值逐渐受到重视，开始围绕它做文章。"圣宗开泰十年，驰驿取石晋所上玉玺至中京"，⑤并亲作《传国玺诗》："一时制美宝，千载助兴王。中原既失守，此宝归北方。子孙宜慎守，世业当永昌。"⑥重熙七年（1038年），辽兴宗"以《有传国宝者为正统赋》试进士"⑦，即兴宗本纪所载"六月乙亥，御清凉殿试进士，赐邢彭年以下五十五人第"。⑧此事充分反映了辽兴宗对正统地位的争夺，证明其正统思想已经有了相当的发展。

正统思想的产生促进了辽朝政治和社会的进一步成熟，并且指导着辽与其他政权交往的原则。辽兴宗已经自觉地使用正统思想作为武器，巩固自己的统治地位，增强辽朝政权的凝聚力，建立辽朝在对外交往中

---

① 蒋祖怡：《全辽诗话》，岳麓书社，1992年，第152页。
② 曾巩：《隆平集》，文海出版社，1967年，卷19。
③ 《辽史》卷57《仪卫志三》，第913页。
④ 《契丹国志》卷3《太宗嗣圣皇帝下》，第33页。
⑤ 《辽史》卷57《仪卫志三》，第913-914页。
⑥ 《全辽文》，第18页。
⑦ 《辽史》卷57《仪卫志三》，第914页。
⑧ 《辽史》卷18《兴宗耶律宗真一》，第220页。

第二章 辽景宗至辽兴宗时期的民族关系思想

的优势。

需要强调一点，辽兴宗虽然已经树立了"正统思想"，并在"天子以四海为家"的思想指导下，继萧绰、辽圣宗之后，进一步给予其他被统治民族一些平等的权利，但并没有从根本上改变辽朝统治者过于迷恋武力、掠夺和压迫其他民族的痼疾，以致给辽朝后来的覆灭埋下了隐患。

第五节 萧韩家奴的民族关系思想

萧韩家奴是辽代大儒，博览经史，通契丹、汉文字。时值辽兴宗诏天下言治道之要，制问："徭役不加于旧，征伐亦不常有，年谷既登，帑廪既实，而民重困，岂为吏者慢、为民者惰欤？今之徭役何者最重？何者尤苦？何所蠲省则为便益？补役之法何可以复？盗贼之何害可以止？"①萧韩家奴借此机会向辽兴宗进言，阐述了他的"不事四夷"思想。内容主要包括以下几个方面：

其一，多事四夷造成了民生困弊。萧韩家奴分析道："伏见比年以来，高丽未宾，阻卜犹强，战守之备，诚不容已。乃者选富民防边，自备粮糒。道路修阻，动淹岁月；比至屯所，费已过半；只牛单毂，鲜有还者。其无丁之家，倍直佣僦，人惮其劳，半途亡窜，故戍卒之食多不能给。求假于人，则十倍其息，至有鬻子割田不能偿者。或逋役不归，在军物故，则复补以少壮。其鸭渌江之东，戍役大率如此。况渤海、女直、高丽合从连衡，不时征讨。富者从军，贫者侦候。加之水旱，菽粟不登，民以日困。盖势使之然也。方今最重之役，无过西戍。如无西戍，虽遇凶年，困弊不至于此。"②

辽朝在对边疆部族施行羁縻政策的基础上，先后设立西南路招讨使

---

① 《辽史》卷103《萧韩家奴传》，第1446页。
② 《辽史》卷19《兴宗二》，第1446页。

司和西北路招讨使司，加强中央控制，以便获取经济上的利益和军事上的补充。随着边疆部族的发展和壮大，其独立意识逐渐增强。又因边臣骄纵，徵敛无度，且才能平庸，不能安抚诸部，边疆诸部屡次叛乱。萧绰采纳萧挞凛的建议，建城、抚慰、设官、屯田等措施兼用。统和二十一年（1003 年），辽在鄂尔浑河上游哈达桑以北筑可敦城。统和二十二年（1004 年），以可敦城为镇州，又设防州、维州，镇抚西北。辽朝诸部族两万骑兵常驻镇州，有事征战，平时屯田。

开泰三年（1014 年），辽圣宗准备第三次大举进攻高丽，为占据征伐和控制高丽的有利位置，在鸭绿江修筑浮桥及筑保州等城，使高丽感到威胁，一直耿耿于怀。虽然后来两国恢复了藩属关系，但均在边境一带屯驻大军，以备不虞。

辽中期的统治者积极开疆拓土，使辽朝疆域和国势达到了强盛的顶峰，但四面树敌，在漫长的边境线上大量驻军，无疑增加了边防的成本，给国内的民众带来了沉重的赋役负担。

其二，批驳了内徙西戍非便的观点。萧韩家奴对"议者谓徙之非便：一则损威名，二则召侵侮，三则弃耕牧之地"的观点不以为然。他认为"不营城邑，不置戍兵，阻卜累世不敢为寇。自后一部或叛，邻部讨之，使同力相制，正得驭远人之道"。批评"及城可敦，开境数千里，西北之民，徭役日增，生业日殚。警急既不能救，叛服亦复不恒。空有广地之名，而无得地之实"。警告"若贪土不已，渐至虚耗，其患有不胜言者。况边情不可深信，亦不可顿绝。得不为益，舍不为损。国家大敌，惟在南方。今虽连和，难保他日。若南方有变，屯戍辽邈，卒难赴援。我进则敌退，我还则敌来，不可不虑也"。①

对内徙西戍非便的说法，萧韩家奴进行了批驳，"方今太平已久，正可恩结诸部，释罪而归地，内徙戍兵以增堡障，外明约束以正疆界。每部各置酋长，岁修职贡。叛则讨之，服则抚之。诸部既安，必不生衅。

---

① 《辽史》卷 103《萧韩家奴传》，第 1447 页。

第二章 辽景宗至辽兴宗时期的民族关系思想

如是,则臣虽不能保其久而无变,知其必不深入侵掠也。或云弃地则损威,殊不知殚费竭财,以贪无用之地,使彼小部抗衡大国,万一有败,损威岂浅?或又云,沃壤不可遽弃。臣以为土虽沃,民不能久居,一旦敌来,则不免内徙,岂可指为吾土而惜之"。萧韩家奴认为只有内徙西戍才能解决徭役过重的问题。"夫帑廪虽随部而有,此特周急部民,一偏之惠,不能均济天下。盖民者国之本,兵者国之卫。兵不调则旷军役,调之则损国本。且诸部皆有补役之法。昔补役始行,居者行者,类皆富实,故累世从戍,易为更代。近岁边虞数起,民多匮乏,既不任役事,随补随缺。苟无上户,则中户当之。旷日弥年,其穷益甚,所以取代为艰也。非惟补役如此,在边戍兵亦然。譬如一杯之土,岂能填寻丈之壑!欲为长久之便,莫若使远戍疲兵还于故乡,薄其徭役,使人人给足,则补役之道可以复故也"。①

其三,提出了内徙后的边防和内政策略。萧韩家奴指出,"今宜徙可敦城于近地,与西南副都部署乌古敌烈、隗乌古等部声援相接。罢黑岭二军,并开、保州,皆隶东京。益东北戍军及南京总管兵。增修壁垒,候尉相望,缮完楼橹,浚治城隍,以为边防。""若能徙西戍稍近,则往来不劳,民无深患。如欲均济天下,则当知民困之由,而窒其隙。节盘游,简驿传,薄赋敛,戒奢侈。期以数年,则困者可苏,贫者可富矣。比年以来,群黎凋弊,利于剽窃,良民往往化为凶暴。甚者杀人无忌,至有亡命山泽,基乱首祸。所谓民以困穷,皆为盗贼者,诚如圣虑。今欲芟夷本根,愿陛下轻徭省役,使民务农。衣食既足,安习教化,而重犯法,则民趋礼义,刑罚罕用矣"。②

从后来的历史发展来看,萧韩家奴的见解恰中时弊,且很有先见之明,令人遗憾的是,他的观点并没有被施行,其原因可能有如下几点:一是契丹以武立国,自来崇尚用强力的手腕使周边民族臣服,比较轻视

---

① 《辽史》卷103《萧韩家奴传》,第1447-1448页。
② 《辽史》卷103《萧韩家奴传》,第1448-1449页。

绥服等策略的作用；二是部分契丹贵族以掠夺和征敛边疆民族的财富为乐事，萧韩家奴的主张不符合他们的既得利益；三是周边民族和政权的发展并不以辽朝单方面的意志为转移，如果辽朝不保持目前的军事优势进行压制，有可能危害到辽朝的国家安全；四是边防重镇的内徙意味着国土的收缩，不符合辽兴宗的政治抱负，有损他的威望，很难得到他的认同。

早在萧韩家奴之前，耶律唐古就曾经提出过类似意见。曾经有朝议欲广西南封域，黑山之西，绵亘数千里，唐古言："戍垒太远，卒有警急，赴援不及，非良策也。"重熙四年（1035年），耶律唐古上疏曰："自建可敦城已来，西蕃数为边患，每烦远戍。岁月既久，国力耗竭。不若复守故疆，省罢戍役。"耶律唐古富有屯田戍边的经验，史载："西蕃来侵，诏议守御计，命唐古劝督耕稼以给西军，田于胪驹河侧，是岁大熟。明年，移屯镇州，凡十四稔，积粟数十万斛，斗米数钱。"[①]他的建议应当说是符合实际的，可惜出于上述同样的原因，没有被辽兴宗采纳。

虽然不事四夷的思想并没有在实际上影响辽朝的国策，但它突出地反映了辽朝民族关系思想的日益成熟，是辽朝民族关系思想史上不可忽视的一个篇章。

---

① 《辽史》卷91《耶律唐古传》，第1362页。

第三章

辽道宗和天祚帝时期的民族关系思想

第一节 辽道宗的民族关系思想

辽道宗耶律洪基（1032—1101年），是辽兴宗的长子。重熙二十四年（1055年）秋八月，辽兴宗去世，耶律洪基继承皇位。虽然辽兴宗在位期间，辽朝已经从强盛的顶峰开始衰落，但是他仍然给耶律洪基留下了一个与邻国保持着和平关系并处于优势地位的庞大帝国。然而，辽道宗即位后，在近半个世纪的统治中，沉迷逸乐，不辨忠奸，以致出现了"群邪并兴，谗巧竞进，贼及骨肉，皇基寝危。众正沦胥，诸部反侧，甲兵之用无宁岁矣"[①]的乱象。不可否认，从许多方面来看，辽道宗都算得上是一个不折不扣的昏君。然而，辽道宗并非一无是处的无能之辈，他"聪达明睿，端严若神，观书通其大略，神领心解"[②]，"初即位，求直言，访治道，劝农兴学，救灾恤患，粲然可观"[③]。在民族关系思想方面，辽道宗就颇有建树。他的民族关系思想体系主要由"吾修文物，彬彬不异于中华"[④]"义若一家"[⑤]和"示信以怀远方"[⑥]等观点构成。

---

① 《辽史》卷26《道宗六》，第314页。
② 《契丹国志》卷9《道宗天福皇帝》，第95页。
③ 《辽史》卷26《道宗六》，第314页。
④ 《契丹国志》卷9《道宗天福皇帝》，第95页。
⑤ 《全辽文》卷2《致宋帝商地界书》，第39页。
⑥ 《契丹国志》卷9《道宗天福皇帝》，第95页。

辽金民族关系思想研究

一、"吾修文物,彬彬不异于中华"

"华夷之辨"是传统民族关系思想的一个重要观点,也是仁人志士借以号召尊王攘夷的理论依据。契丹崛起于朔漠,在建立政权以后很长一段时间里,仍然难以摆脱"夷狄"的身份。石敬瑭将云州割让给契丹后,节度判官吴峦对众人说"吾属礼义之俗,安可臣于夷狄乎!"[①]率将士拒守。其实不但中原人持这种看法,契丹人也乐于以夷狄自居。辽太宗三次南征后晋,述律后劝阻说:"使汉人为胡主,可乎?"太宗答:"不可"。述律后责问:"然则汝何故欲为汉帝?"[②]这清楚地表明契丹是夷狄的观念在她心里根深蒂固。会同十年(947年),辽太宗在开封崇元殿上接受文武百官的朝贺,犹自忐忑不安地询问侍臣"汉家仪物,其盛如此,我得于此殿坐,岂非真天子邪?"[③]这种局面直到萧绰和辽圣宗的封建化改革之后才有所改观。随着汉文化在契丹的传播和自身政治、文化、经济的进步,契丹统治者对"华"与"夷"的认识有了发展变化。他们吸收了传统民族关系思想的华夷观念,并加以改造利用。重熙七年(1038年),辽兴宗用《有传国宝者为正统赋》为题试进士,反映了他对正统地位的争夺,试图借此建立辽朝在对外交往中的优势。到了辽道宗统治时期,辽朝物质和精神文明成果粲然可观,儒家思想已在统治阶级中占据主要地位,华夷思想也趋于成熟。

辽道宗通音律,善书画,雅好诗赋,有很深的汉文化造诣。为了推广汉文化的传播,辽道宗"诏设学养士,颁《五经》传疏,置博士、助教各一员"[④],"诏求乾文阁所阙经籍,命儒臣校雠"[⑤],"诏有司颁行《史记》《汉书》"[⑥]。一次侍读的汉官为其讲解《论语》,当讲到"北辰居其

---

① 《契丹国志》卷2《太宗嗣圣皇帝上》,第20页。
② 《契丹国志》卷3《太宗嗣圣皇帝下》,第29页。
③ 《新五代史》卷72《四夷附录第一》,第889页。
④ 《辽史》卷21《道宗一》,第253页。
⑤ 《辽史》卷22《道宗二》,第264页。
⑥ 《辽史》卷23《道宗三》,第276页。

第三章 辽道宗和天祚帝时期的民族关系思想

所、而众星拱之",道宗问"吾闻北极之下为中国,此岂其地耶"。又讲到"夷狄之有君",侍读官快速读过,不敢讲解,道宗说:"上世獯鬻、猃狁荡无礼法,故谓之'夷',吾修文物,彬彬不异于中华,何嫌之有?"①"夷狄之有君,不如诸夏之亡也"出自《论语·八佾》,对这句话的理解,一向存在着分歧。《正义》曰:"此章言中国礼义之盛,而夷狄无也。举夷狄,则戎蛮可知。诸夏,中国也。亡,无也。言夷狄虽有君长而无礼义,中国虽偶无君,若周、召共和之年,而礼义不废,故曰:'夷狄之有君,不如诸夏之亡也。'"②辽道宗的感慨正是由此而引发出来的。在他看来,礼法是区分"华"与"夷"的标准。獯鬻、猃狁"荡无礼法",称之为夷狄名副其实,而辽朝大兴文教,制度修举,国泰民安,文明程度有了很大提高,已经"彬彬不异于中华",自然不能再被视为夷狄。他把"礼法"作为评判"华"或"夷"的标准,和孔子的华夷思想一脉相承,即韩愈所云"诸侯用夷礼则夷之,夷而进于中国则中国之"③。辽道宗的这种观点并非出于偶然。清宁三年(1057年),道宗以"君臣同志华夷同风"为主旨,与皇后和诸大臣吟诗唱和。懿德皇后作有《君臣同志华夷同风应制》一诗,"虞廷开盛轨,王会合奇琛。到处承天意,皆同捧日心。文章通蠡谷,声教薄鸡林。大寓看交泰,应知无古今。"④诗中暗喻辽朝足以媲美虞舜、西周时的文明盛世,顺天应人,教化四方,是华夏正统的传承者,得到辽道宗的高度欣赏。

事实上,辽道宗自诩"绍百王之正统"⑤,在辽兴宗的基础上进一步展开了对正统地位的争夺。寿昌二年(1096年),北宋欧阳修撰写《新五代史》时,把契丹作为四夷之一附录其中,引起了辽朝方面的不满。刘辉上书说:"宋欧阳修编《五代史》,附我朝于四夷,妄加贬訾。且宋人赖

---

① 《契丹国志》卷9《道宗天福皇帝》,第95页。
② 《论语注疏》卷3《八佾第三》。
③ 《昌黎文集》卷11《原道》
④ 《全辽文》卷3《君臣同志华夷同风应制》,第62页
⑤ 郑麟趾:《高丽史》卷11《肃宗世家一》,平壤:朝鲜民主主义人民共和国科学院,1957年,第165页。

我朝宽大，许通和好，得尽兄弟之礼。今反令臣下妄意作史，恬不经意。臣请以赵氏初起事迹，详附国史。"①辽道宗非常赞赏刘辉的意见，提升其为礼部郎中。寿昌六年（1100年），宋徽宗登基，辽道宗遣使祝贺，"有司案牍书宋帝'嗣位'为'登宝位'"，道宗"诏夺宰相郑颛以下官，出'颛'知兴中府事"。②为了给契丹是华夏正统传人找到血统上的依据，耶律俨甚至在他纂修的《皇朝实录》中，"称辽为轩辕后"③。

辽道宗的思想在现实中产生了深刻的影响主要表现如下。

其一，咸雍十年（1074年），耶律庶箴建议在契丹人中推广汉姓。虽然辽道宗称"旧制不可遽厘"④，拒绝了这一建议。但这个建议的提出本身就意味着一个深刻的变革，而辽道宗只是认为"不可遽厘"，没有完全否定的态度更是意味深长。

其二，辽道宗君臣把辽朝定位为"华"，边疆少数民族为"夷"，却没有达到唐太宗等政治家"爱之如一"的境界，反而在一定程度上沾染了"贵中华，贱夷狄"的民族偏见。他们凭借自己文化上的进步争取到"华"的身份认同，却又将"夷狄"的帽子扣在其他少数民族的头上。大安末年，刘辉上书言边事，书中有"西边诸番为患，士卒远戍，中国之民疲于飞挽，非长久之策"⑤之语，将辽朝西边的少数民族称为"番"，将辽人称为"中国之民"。这种对边疆少数民族的歧视心理造成了严重的恶果，一方面，辽朝对边疆少数民族的歧视和欺压激起了他们的反抗，"众正沦胥，诸部反侧，甲兵之用无宁岁矣"⑥；另一方面，助长了辽朝统治阶级的骄横气焰，埋下了天祚帝轻视女真崛起的隐患。

其三，辽道宗华夷思想的发展是与辽朝自身的发展进步相一致的，推动了"华夷之辨"以文化为标准进行衡量，体现了中华民族巨大的凝

---

① 《辽史》卷104《刘辉传》，第1455页。
② 《辽史》卷26《道宗六》，第313页。
③ 《辽史》卷63《世表》，第949页。
④ 《辽史》卷89《耶律庶箴传》，第1350页。
⑤ 《辽史》卷104《刘辉传》，第1455页。
⑥ 《辽史》卷26《道宗六》，第314页。

第三章　辽道宗和天祚帝时期的民族关系思想

聚力。也为后来郝经等人提出"今日能用士，而能行中国之道，则中国之主也"一类主张提供了依据。①

其四，辽道宗加强了对汉文化和制度的吸收利用，提高了儒家学说的主导地位。在五京和各地州县设立学校，在中京建立国子监"命以时祭先圣先师"②，每年考取的进士从兴宗时的五六十人增加到一百多人。开设"贤良方正能直言极谏科"，亲自出题试进士，诏臣庶言得失。建立机构编撰国史，并完成了之前七位皇帝的实录。咸雍六年（1070年），辽道宗"以契丹、汉人风俗不同，国法不可异施"③，下令更定法律。经过几番修订和补充，最终成书的法典扩大到一千多条。由于条目过于繁芜，以致无法付诸施行。但反映出至少在法律意义上，汉人已不再是辽朝的二等公民了。

二、"义若一家"

统和二十二年（1004年），辽朝与北宋订立了"澶渊之盟"，结束了两国长期的敌对状态，从此南、北间通使殷勤，礼尚往来，没有再发生战争。虽然在重熙十年（1041年），辽兴宗借西夏侵宋之机挑起关南地之争，但最终以和平方式解决了这个问题，没有酿成大的祸端。太平日久，两国之间的隔阂和敌意，随着政治、经济、文化等的频繁交流逐渐消除。辽宋统治者对双方的和好关系都十分珍惜。宋仁宗亲书"南北两朝，永通和好"，辽兴宗表示"封域殊两国之名，方册纪一家之美"④。辽道宗继承辽兴宗"一家之美"的思想，进一步巩固了两国的友好关系。他在咸雍十年（1074年）《致宋帝商地书》中说道："窃以累朝而下，讲好以来，互守成规，务敦夙契，虽境分二国，克深于难知，而义若一家，共

---

① 郝经：《郝文忠公陵川文集》卷37《与宋国两淮制置使书》，太原：山西古籍出版社，2006年，第515页。
② 《辽史》卷21《道宗一》，第258页。
③ 《辽史》卷62《刑法下》，第945页。
④ 《契丹国志》卷20《关南誓书·契丹兴宗致书》，第191页。

思于悠永。"①在处理涉及到与北宋关系的事务时，辽道宗一向采取慎重的态度，化解了可能导致双方发生战争的危机，这其中就包括河东地界纠纷和调解宋夏战争。

先谈河东地界纠纷。辽朝官员曾说"只为河东地界，理会来三十年也，至今未定叠"，②可见这个问题由来已久。自宋灭北汉，河东代北地区成为辽、宋接壤地带，当地形势变得紧张。这些地方山岭绵亘，地形复杂，缺乏明显的界标。潘美时为河东统帅，"避寇钞为己累，令民内徙，空塞下不耕，号禁地，而忻、代州、宁化、火山军废田甚广"③。辽朝方面将北宋设立的禁地视为其对这一地区的放弃，于是向南推进，契丹乙室部迁入此地游牧。辽、宋均企图把这些地区据为己有，致使边界纠纷不断发生。咸雍八年（1072年）十二月，宋神宗"诏以知太原府刘庠所根括忻、麟州、宁化军可耕地，招置弓箭手"④。宋人正式重新进入禁地不是一个孤立的事件，而与当时王安石变法激起的朝廷上下对边疆进取心大增有关。随着王安石变法深入，北宋国势日强，频频对西北、西南用兵，给辽朝造成的压力渐显。经常有"南朝兵骑越境施弓矢，射伤辖下人事"⑤。辽道宗询问耶律颇的边事，颇的禀告："自应州南境至天池，皆我耕牧之地，清宁间，边境不谨，为宋所侵，烽堠内移，似非所宜。"⑥辽道宗对耶律颇的说明的情况重视起来，决定挑起地界交涉之争，一来扩张领土，二来对北宋进行牵制。咸雍十年（1074年）二月，辽道宗致书北宋，指责河东路沿边增修戍垒，起铺舍，侵入蔚、应、朔州界内，违约兴筑雄州外罗城，要求北宋派员共同检视改正。宋神宗答复"倘事由夙昔，固难徇从，或诚有侵逾，何吝改正"⑦。辽朝代表萧素、梁颖与

---

① 《全辽文》卷2《致宋帝商地界书》，第39页。
② 《续资治通鉴长编》卷265"神宗熙宁八年"，第6510页。
③ 《续资治通鉴长编》卷178"仁宗至和二年二月丙午"，第4316、4317页。
④ 《续资治通鉴长编》卷241"神宗熙宁五年十二月丁丑"，第5875页。
⑤ 《全辽文》卷8《西南面招讨府移府州牒》，第197页。
⑥ 《全辽文》卷8《道宗问边事对》，第197页。
⑦ 《契丹国志》卷20《议割地界书·宋朝回书》，第196页。

第三章　辽道宗和天祚帝时期的民族关系思想

北宋代表刘忱、吕大忠在代州边界进行勘界谈判，但双方一直相持不下。咸雍十一年（1075年）三月，辽道宗派萧禧使宋，指责北宋"殊无了绝之期，止有迁延之意"，要求"早委边臣，各加审视，别安戍垒，俾返旧常"①，并在边境驻扎大军，进行武力威胁。宋神宗害怕冲突扩大，在据理力争的同时做出一定妥协，割让了部分领土给辽朝。河东地界纠纷得以和平解决，是因为辽道宗和宋神宗都不希望双方关系破裂造成局面无法收拾。

从宋神宗方面来说，出于一向对辽朝的畏惧心理，神宗开始误以为辽道宗要索取关南地，深以河北无备为忧，匆忙选拔河北将领，修墙挖沟、植树造林。萧禧至宋后，神宗连开天章阁召执政商议对策，征收民间车牛驴骡，广入米刍粮，看似积极备战，其实底气不足，以至江南都受到惊扰。在答复辽道宗的国书中，宋神宗表示："两朝抚有万宇，岂重尺土之利，而轻累世之欢。"并强调"不吝金缯之巨万，肯贪壤地之尺寻"。②

从辽道宗方面来说，不管是基于当时辽朝对北宋在国力对比上不占优势的顾虑，还是基于辽朝统治者日趋守成的治国理念，辽道宗都不愿与北宋真正兵戎相见，破坏得来不易的和平局面，失去北宋每年进献的大笔岁币。道宗这种态度得到了辽朝有识之士的支持。道宗召姚景行问"治道"，说："宋人好生边事，如何？"姚景行对答："自圣宗皇帝以威德怀远，宋修职贡，迨今几六十年，若以佃故用兵，恐违先帝成约"。③在遣使交涉的过程中，辽道宗尽量保持了克制和礼貌的态度。如在《致宋帝商地书》中特别指出，"虽境分二国"，"而义若一家"。在谈到纠纷的起因和责任时，措辞委婉："皆是守边之冗员，不顾睦邻之大体，妄图功赏，深越封陲……"④

再谈对宋夏战争的调解。从萧绰确定"扶夏制宋"的策略以后，西

---

① 《续资治通鉴长编》卷261"神宗熙宁八年三月庚子"，第6358页。
② 《续资治通鉴长编》卷262"神宗熙宁八年三月丙寅"，第6380页。
③ 《辽史》卷96《姚景行传》，第1403页。
④ 《全辽文》卷2《致宋帝商地界书》，第39页。

夏就成为辽朝制衡北宋的一枚重要棋子。但辽兴宗时两国交恶，经过多次大举伐夏，才迫使西夏求和。双方关系冷淡数十年之久。宋神宗有志开拓疆土，咸雍七年（1071年）派王韶收复熙、河、洮、岷、叠与宕州等地，设置熙河路。此后，宋和西夏陷入连年恶战。元丰四年（1081年）北宋五路大军伐夏，大康八年（1082年）给事中徐禧、鄜延道总管种谔伐夏，在永乐川修筑永乐城。西夏军攻破永乐城，《西夏用兵》称徐禧等二十多万官兵役夫死难。寿昌二年（1096年）冬十月，西夏梁太后与夏崇宗李乾顺亲征北宋鄜延路，攻克金明寨。宋哲宗采纳章惇建议，对西夏采取经济制裁与碉堡战术。并于次年进行报复，攻克西夏洪州、宥州、会州、青唐等地。寿昌四年（1098年），西夏军攻平夏城不克，大将嵬名阿埋与妹勒都逋被俘。宋军建西安州与天都寨，打通泾原路与熙河路，基本控制横山一带，取得战略上的优势。西夏处境日益艰难，梁太后遣使向辽道宗求援："夏国与南朝历年交和，忽于诸路齐发人马，大行杀掠。今则深入近里地分，及于朝廷边界相近诸要害处多修城壁，侵取不息。伏望计会南朝，却令还复所夺疆土、城寨，尽毁所修城壁。"①并多次向辽道宗请求援军。

辽道宗对梁太后非常反感，认为她挑起宋夏战争不符合辽朝利益。寿昌五年（1099年），在辽道宗支持下，梁太后被毒杀，西夏遣使向北宋谢罪，其使节却被北宋拒绝接纳。如果辽道宗坐视西夏继续被削弱甚或被北宋吞并，将严重危及辽朝的安全，因此命签书枢密院事萧德崇赍国书面见宋哲宗，说："北朝皇帝告于南朝皇帝，西夏事早休得，即甚好"。②国书中阐明："粤惟夏台，实乃藩辅，累承尚主，迭受封王，近岁以来，连表驰奏，称南兵之大举，入西界以深图，恳求救援之师，用济攻伐之难。理当依允，事贵解和。盖辽之于宋，情重祖孙；夏之于辽，义隆甥舅。必欲两全于保合，岂宜一失于绥存。而况于彼庆历、元丰中，曾有披闻，皆

---

① 《西夏书事》卷30，第276页。
② 《契丹国志》卷9《道宗天福皇帝》，第93页。

第三章 辽道宗和天祚帝时期的民族关系思想

为止退,宁谓辄违先旨,仍事远征。倪蔽议以无从,虑造端而有自。"①宋哲宗反驳"西人累年犯顺,理须讨伐,何烦遣使"②,并在回书中斥责西夏咎由自取,巧妙地利用了昔年辽兴宗征伐西夏时对宋的照会,指出"夏国犯顺,罪恶如此,北朝所当共怒。兼庆历、皇祐间,兴宗屡尝致书仁庙,至有'孰料凶顽,终合平荡'等语。且言北朝兴宗敦笃劝和,情义兼至,方夏人有罪,则协力讨除;及西征胜捷,则持书相庆。虑彼称臣修贡,则欲当朝勿赐允从。今来两朝欢好,加于前日。乃以夏人穷蹙之故,诡辞干告。既移文计会,又遣使劝和,恐与昔日兴宗皇帝之意稍异。窃料北朝臣僚不曾检会往日书词及所立誓约,子细闻达。"③萧德崇按照辽道宗的授意,坚持宋哲宗在国书内增加"休退兵马,还复土疆"等语④,往复议论,在汴京交涉达三十七日才返回。迫于辽道宗施加的压力,宋哲宗最后同意接受辽道宗"调停",允许西夏求和。

在这次"调停"风波中,辽道宗没有依赖一贯的武力胁迫手段,而采取了相对坦诚和柔和的态度,如在《遣萧德崇等使宋为夏议和国书》中循循善诱:"肇自祖宗开统,神圣贻谋,三朝通五世之欢,二国敦一家之睦,阜安万宇,垂及百年……与其小不忍以穷兵,民罹困弊,曷若大为防而计国,世固和成。"⑤辽道宗对宋的友好与包容态度,既是客观环境所致,也是他的思想成熟的表现。在临终前,辽道宗还不忘告诫天祚帝耶律延禧:"南朝通好岁久,汝性刚,切勿生事。"并且叮嘱大臣:"嗣君若妄动,卿等当力谏止之。"⑥在辽道宗影响下,辽朝和北宋延续了持久的和平局面,从而促进了社会的发展进步。辽道宗对辽宋和好关系的维护符合双方人民共同的心愿,在当时就得到广泛的赞誉。苏辙出使辽国归来后说他:"在位既久,颇知利害。与朝廷和好年深,蕃汉人户休养

---

① 《全辽文》卷2《遣萧德崇等使宋为夏议和国书》,第46、47页。
② 《契丹国志》卷9《道宗天福皇帝》,第93页。
③ 《契丹国志》卷9《道宗天福皇帝》,第94页。
④ 《契丹国志》卷9《道宗天福皇帝》,第94页。
⑤ 《全辽文》卷2《遣萧德崇等使宋为夏议和国书》,第47页。
⑥ 《契丹国志》卷9《道宗天福皇帝》,第95页。

生息，人人安居，不乐战斗。"①大康七年（1081年）的《义丰县卧如院碑记》赞美辽道宗："伏维今皇帝璇衡御极，至斗乘时……销剑归农，率土有仓箱之咏，櫜弓弃武，边防无烽燧之虞，百代之间，一人而已。"②

三、"示信以怀远方"

辽道宗晚年，女真酋长完颜阿骨打前来朝觐。辽朝一位贵人与完颜阿骨打玩双陆棋，贵人走错一着，要强行悔棋。阿骨打坚决不肯相让，贵人出言不逊，性格高傲的阿骨打愤怒之极，要拔小佩刀刺杀那位贵人。幸亏随行的完颜希尹在旁边救止，一下子握住刀鞘。阿骨打拔不出佩刀，用刀柄猛撞贵人的胸部，贵人才得以幸免。辽道宗勃然大怒，阿骨打的凶狠强悍，也使在场的侍臣们惊惧不已，都劝辽道宗杀掉阿骨打。辽道宗说："吾方示信以怀远方，不可杀也。"③侍臣劝谏："王衍纵石勒，卒毒中原；张守珪赦禄山，终倾唐室。阿骨打朔北小夷，今乃敢陵轹贵臣，肆其无君之心，此其不追，将贻边患。"④辽道宗坚持不可对远夷无信，放过了完颜阿骨打。

众所周知，完颜阿骨打后来作为女真人的杰出领袖，统一了女真各部，于天庆四年（1114年）起兵反辽，建立金国。在阿骨打统帅的金军打击下，辽朝一蹶不振，不过十年就亡国了。基于这种可悲的结局，史家对辽道宗"示信以怀远方"思想的价值或者加以质疑，或者避而不谈。如叶隆礼在《契丹国志》评论："然宽仁怀远之方，卒不料后来乱亡之祸，而二百余年之基业，一阿骨打得以败之。岂其疑似无辜之戮，不肯受寡恩之名，而勒与禄山之祸，帝自贻忧于子孙欤？是可为之长太息矣！"⑤然而，这种以成败论英雄的评判既不全面，也不公正。事实上，辽道宗"示

---

① 苏辙：《栾城集》卷42。
② 《全辽文》卷9《义丰县卧如院碑记》，第224页。
③ 《契丹国志》卷9《道宗天福皇帝》，第95页。
④ 《契丹国志》卷9《道宗天福皇帝》，第95页。
⑤ 《契丹国志》卷9《道宗天福皇帝》，第96页。

第三章　辽道宗和天祚帝时期的民族关系思想

信以怀远方"思想本身并无过错，也不应对日后辽朝的覆灭负责。这是因为：

第一，"信为国本"[①]。一个国家，只有守信，才能形成巨大的向心力和凝聚力，才有可能让四夷心悦诚服。作为一国之君，即使是对偏远的少数民族作出的承诺也必须兑现，否则会让少数民族感觉受到欺骗，产生不满情绪，以致造成边患和战争。历来有为之君和英明的政治家都非常重视在边疆少数民族人民心中树立自己守信的形象。唐太宗就经常跟大臣们谈论诚信，强调"民无信不立"[②]。只有中央王朝对少数民族政权与势力示之以"信"，才能赢得他们的信任和尊重。辽道宗身为契丹统治者，把"示信以怀远方"作为处理与边疆少数民族关系的准则，可以说是一个巨大的进步，具有划时代意义。

第二，有一种看法认为辽道宗没有杀掉完颜阿骨打，是缺乏对女真兴起的警觉，纵容了女真贵族的野心。诚然，在辽道宗统治晚期，女真完颜部"阴怀异志，吞并旁近部族，或诬以诱纳叛亡，或诈云盗藏牛马，好则结亲以和取之，怒则加兵以强掠之，力农积粟，练兵牧马，多市金珠良马，岁时进奉，赂遗权贵，以通情好"[③]，已经萌发了独立建国思想。然而，女真人的崛起有其历史必然性。从景祖至穆宗，"两世四主志业相因，卒定离析，一切治以本部法令。东南至于乙离骨、曷懒、耶懒、土骨论，东北至于五国、主隈、秃答。金盖盛于此。"[④]完颜阿骨打志向远大，意志坚定，无疑是女真人中的杰出人物，但是辽道宗把阿骨打杀掉就可以阻止女真的崛起，挽救辽朝灭亡的命运吗？答案显然是否定的。一方面，我们可以看到建国前女真人独立统一运动风起云涌，出现了一大批文武兼备、胆识过人的英雄人物，完颜阿骨打不过是其中之一。杀害阿骨打只会加深女真人对辽朝的仇恨，让女真人的反抗更加激烈。关

[①] 刘昫：《旧唐书》卷80《褚遂良传》，北京：中华书局，1975年。
[②] 《贞观政要·诚信第十七》
[③] 《契丹国志》卷9《道宗天福皇帝》，第93页。
[④] 脱脱：《金史》卷1《世纪》，北京：中华书局，1975年，第15页。

于这一点，我们完全可以在历史中得到验证。金世宗为了削弱蒙古，下令三年一次出兵蒙古高原屠杀壮丁，又掳掠蒙古人作奴婢，残酷的政策给蒙古人民带来难以磨灭的痛苦和仇恨，激起他们更强烈的反抗，而且客观上加速了蒙古诸部的分化整合，为自己培育了更强大的敌人，金朝最终还是被蒙古灭亡。

另一方面，辽道宗对女真的情况并非毫不关心，而且采取了"以夷制夷"的策略加以抑制。女真纥石烈部首领阿疎起兵反辽，完颜部以助辽平叛为借口攻打阿疎，意图乘机吞并纥石烈部。辽道宗意识到完颜部的野心，不计前嫌地支持阿疎对抗完颜部。寿昌二年（1096年），阿疎兵败出逃，辽道宗又收容了阿疎。虽然辽道宗扶植阿疎的计划最后失败了，但在一定程度上阻碍了完颜部的壮大，阿疎也始终是阿骨打的心头大患。

第三，辽道宗之所以对女真宽容忍让，还有一个原因是他受到了其他不利因素的制约。首先，宋哲宗亲政后欲效法其父宋神宗建功立业，在对西夏的战争中夺取了天都山、横山一线的有利地势，西夏处境日益艰难，不断向辽朝求援。辽道宗深知北宋兵锋虽暂时指向西夏，但其最终的目标却是辽朝，自然把注意力主要集中在北宋身上。其次，与阻卜的战争消耗了辽朝的力量。阻卜是辽朝西北强大的部族，大安五年（1089年），磨古斯继任为北阻卜诸部长，有意脱离辽朝的控制。大安八年（1092年），辽朝与耶睹刮部发生冲突，磨古斯乘机发动了声势浩大的反辽斗争。大安九年（1093年）春，西北路招讨使何鲁扫古前往讨伐，为磨古斯所败，损失惨重。北至胪朐河流域，南至倒塌岭，茶扎剌、拔思母、达里得、耶睹刮、颇里八、梅里急等部都起兵抗辽。辽朝广征诸路兵镇压磨古斯和西北诸部。大安十年（1094年）四月，北院枢密使事耶律斡特剌为都统再讨磨古斯。敌烈部袭击了西北路招讨司，敦睦宫太师爱奴与其子战死。阻卜袭倒塌岭，尽掠群牧马匹。直到寿昌六年（1100年）磨古斯被擒，这次斗争才被平息下去。历时8年的游牧部族斗争波及广泛，虽然最终失败，却给辽朝的统治以沉重的打击，使其对周边各族的控制受到削弱。在这些不利因素的影响下，辽道宗轻易不敢激化与女真的矛

第三章 辽道宗和天祚帝时期的民族关系思想

盾,以免陷入四面树敌的窘况。

第四,关于辽朝灭亡的原因,历来众说纷纭。有说"辽以释废"①,有说缘于腐败,有说缘于统治集团内部分裂,有说因为经济衰退和自然灾害,也有说是盛极而衰。其实,一个像辽朝这样强大的封建王朝的灭亡必然是多种因素作用的结果,把它归因于辽道宗未能提早铲除完颜阿骨打的看法无疑是荒谬的。实际上,早在辽兴宗时,在辽朝表面上的繁荣和强大背后,已经有了潜在的危机。就辽道宗本人而言,他的昏庸无道、养奸蓄乱更是辽朝衰亡的重要原因。辽道宗笃信佛教,"一岁而饭僧三十六万,一日而祝发三千。徒勤小惠,蔑计大本"②,劳民伤财,使社会矛盾激化。辽道宗怠于政事,"用人不能自择,令各掷骰子,以采胜者官。俨常得胜采,上曰'上相之征也',迁知枢密院事"③。他还重用耶律乙辛等奸佞,甚至听信乙辛谗言赐死皇后。耶律乙辛"势震中外,门下馈赂不绝。凡阿顺者蒙荐擢,忠直者被斥窜"④,为防太子耶律浚对己不利,诬其谋反,并暗害了太子。辽道宗的这些作为造成契丹统治阶级内部的分裂,严重损害了辽朝的统治基础。

从辽道宗的教训中我们可以认识到:一方面,民族关系思想是一个历史人物总的思想体系的一部分,如果这个体系中其他部分出现了问题,那么即使他的民族关系思想是符合实际的正确认识,但是在实践中他也往往只能落得失败的结局;另一方面,对民族关系思想的评价不应以成败论英雄,尽管有些历史人物最后的结局并不圆满,但他们思想的价值不能因此而被抹煞。

---

① 《元史》卷163《张德辉传》,第3823页。
② 《辽史》卷26《道宗六》,第314页。
③ 《辽史》卷98《耶律俨传》,第1416页。
④ 《辽史》卷110《耶律乙辛传》,第1484页。

第二节 天祚帝的民族关系思想

作为辽朝末代皇帝，天祚帝（1075—1128年）在位25年间的政绩乏善可陈，一向饱受史家批评，如《辽史》评价他："降臻天祚，既丁末运，又觖人望，崇信奸回，自椓国本，群下离心……驯致土崩瓦解，不可复支，良可哀也！"[1]其实，导致天祚帝沦为亡国之君的原因很多，他在民族关系思想方面的失误就是其中之一。研究天祚帝的民族关系思想有助于我们更深入地认识天祚帝和辽朝覆亡的历史，从而吸取其中的教训。

一、自居正统，骄傲轻敌

尽管天祚帝本人没有对自己的民族关系思想做系统的理论总结和阐述，但我们仍然可以间接地从有关的诏书、册文中得到这方面的信息。例如在给高丽国王的诏书中，天祚帝屡屡宣称："朕祇遹先猷，绍隆正统"[2]，"朕绍开正统，奄宅多方"[3]。在被俘后所上的《降金表》中，天祚帝犹念念不忘："伏念臣祖宗开先，顺天人而建业；子孙传嗣，赖功德以守成。奄有大辽，权持正统。拓土周数万里，享国余二百年。从古以来，未之或有。"[4]这些言辞就深刻反映出天祚帝时时刻刻以天朝大国的正统地位自矜，不肯正视自身面对的危机，沉湎于祖先的赫赫武功，不思进取的思想。

这种思想突出表现在天祚帝对有识之士防范女真的建议置若罔闻。萧兀纳因屡屡向天祚帝直言进谏，被贬为宁江州刺史。宁江州辖境接近女真人崛起的按出虎水地区，萧兀纳目睹女真势力快速扩张，上书说："自

---

[1]《辽史》卷30《天祚皇帝四》，第359页。
[2]《全辽文》卷3《遣耶律嘉谟赐高丽国王册》，第50页。
[3]《全辽文》卷3《遣耶律师傅赐高丽王诏》，第51页。
[4]《全辽文》卷3《降金表》，第57页。

第三章 辽道宗和天祚帝时期的民族关系思想

萧海里亡入女真，彼有轻朝廷心，宜益兵以备不虞。"①天祚帝不以为然，未作答复。天庆元年（1111年），萧兀纳任知黄龙府事，进一步侦查到女真"力农积粟、练兵牧马"②的证据，复上书称"臣治与女真接境，观其所为，其志非小。宜先其未发，举兵图之"。③兀纳连上数道奏章，天祚帝皆置之不理。

时过不久，天祚帝就亲自领略了女真酋长完颜阿骨打的桀骜不驯。天庆二年（1112年）春，天祚帝幸混同江。在头鱼宴上，天祚帝命女真首领们起舞助兴，众人皆从，只有阿骨打再三推辞，始终不肯听命。天祚帝注意到阿骨打"意气雄豪，顾视不常"，担心"必贻后患"，密令枢密使萧奉先找借口杀掉他。萧奉先却认为阿骨打不过是不知礼仪的蛮夷，即使真的有异志，"蕞尔小国"也不会有什么作为。④这一番说辞正中天祚帝下怀，让他又放松了警惕。后来天祚帝非但没有采取措施加以防范，反而因女真贵族吴乞买、宗翰等在随从围猎时呼鹿、刺虎、搏熊的精彩技能而大喜，给他们加官晋爵。

从混同江头鱼宴归来后，因天祚帝荒废政务，对阿骨打节度使的任命久未下达，阿骨打担心天祚帝知晓他心怀异志，"遂称兵，先并旁近部族。女直赵三、阿鹊产拒之，阿骨打虏其家属。二人走诉咸州，详稳司送北枢密院。"⑤天祚帝竟把它当作一件平常事，让地方官负责调解，使阿骨打顺利完成了起兵的准备工作。

东北路统军司报告阿骨打进攻宁江州的紧急军情时，天祚帝正出猎射鹿，"闻之略不介意"⑥，仅派遣海州刺史高仙寿率少数渤海军前去支援。宁江州失陷后，萧陶苏斡建议："女真国虽小，其人勇而善射。自执我叛人萧海里，势益张。我兵久不练，若遇强敌，稍有不利，诸部离心，

---

① 《辽史》卷98《萧兀纳传》，第1414页。
② 《契丹国志》卷9《道宗天福皇帝》，第93页。
③ 《辽史》卷98《萧兀纳传》，第1414页。
④ 《契丹国志》卷19《萧奉先传》，第182页。
⑤ 《辽史》卷27《天祚皇帝一》，第326-327页。
⑥ 《辽史》卷27《天祚皇帝一》，第328页。

不可制也。为今之计,莫若大发诸道兵,以威压之,庶可服也。"①天祚帝却视其为怯懦,轻信萧奉先"但发滑水以北兵,足以拒之"②的虚言,以萧嗣先领兵屯驻出河店,结果招致大败。卒如陶苏斡所言,经此一役,女真兵员满万,不复可制。而辽朝自此诸部离心,战事每况愈下。

  辽军接连失利迫使天祚帝开始考虑和谈策略。但是他不肯正视敌我力量的消长,以为凭借辽朝的声威,只要派去一介使臣,即可压服女真。天庆五年(1115年)正月至六月,天祚帝多次派耶律张家奴、萧辞剌等人出使女真。天祚帝放不下皇帝的架子,在诏书中粗暴地直斥阿骨打姓名,威胁其速降。这种蛮横无礼的态度使和谈毫无成功希望,辽使者直言:"臣前使,依诏开谕,略无所屈。""不肖适异国,必无生还。"③随着女真不断攻城略地,阿骨打的立场也日渐强硬,回书亦直称耶律延禧姓名。

  天庆五年(1115年),东北军事重镇黄龙府陷落,形势的急剧恶化终于使天祚帝有所震动,决定率军亲征。但其骄傲轻敌的思想没有本质上的改变,他既不清楚辽军士气低落,也不了解女真人高昂的斗志和强大的战斗力今非昔比,只希望凭借人数上的优势压倒女真,"率蕃汉兵十余万出长春路","别以汉军步骑三万,南出宁江州路","自长春州分道而进,发数月粮,期必灭女直"。天祚帝举国亲征确实给女真造成了很大压力,史载当时女真人"甚惧",粘罕、兀术"伪请为卑哀求生者,阳以示众",以安抚众人,"实以求战嫚书上之"。天祚帝深感天子尊严被触犯,勃然大怒,下诏"女直作过,大军剪除"。阿骨打借此激励众首领,曰:"始与汝辈起兵,盖苦辽国残虐。今吾为若卑哀请降,庶几纾祸,乃欲尽行剪除,为之奈何?不若杀我一族,众共迎降,可以转祸为福。"诸首领见归降之路已断,皆曰:"事至此,当誓死一战。"④天祚帝把女真人全逼

---

① 《辽史》卷101《萧陶苏斡传》,第1434页。
② 《辽史》卷101《萧陶苏斡传》,第1434页。
③ 《辽史》卷101《耶律阿息保传》,第1434-1435页。
④ 《契丹国志》卷10《天祚皇帝上》,第105页。

第三章 辽道宗和天祚帝时期的民族关系思想

上了绝路,错过了分化瓦解的良机,使已出现动摇迹象的女真联盟更加紧密地团结在一起。此时部分契丹将领对天祚帝失去信心,耶律章奴谋立新君,"军中汹汹,迟疑不行"①。天祚帝进退失据,仓卒回军讨叛,金军追及于护步答冈,辽军溃败。天祚帝逃至长春州,从此丧失了战略上的主动权。

金军节节进逼,辽军几无还手之力,天祚帝无奈,只得向阿骨打求和。阿骨打听从谋士杨朴"自古英雄开国或受禅,必先求大国封册"的建议,要求册其国号"大金"、事金为兄、册封阿骨打为"大圣大明皇帝"。在天祚帝看来,女真不过是蛮夷之邦,岂能僭越辽太祖"大圣大明天皇帝"的尊号,更不要说委屈自己为弟了。于是改其国号为"东怀国",册仪也只用诸侯礼。杨朴指出"仪物不全用天子之制,又东怀国乃小邦怀其德之义,仍无册为兄弟之文,如'遥芬多戬',皆非美意,彤弓象辂,亦诸侯事,'渠材'二字,意似轻侮"。②天祚帝在大势已去的情况下,仍然居高临下摆出一幅册封藩属的架势,致使阿骨打盛怒之下拒受册文。

天祚帝之所以执迷不悟,除了他刚愎自用的性格误事,还有以下几个原因:

其一,辽朝辉煌的历史很容易让人产生辽朝一直强盛的习惯思维。自辽太祖耶律阿保机建国起,辽朝就成为中国北方的主导力量。辽军风行电扫,"东朝高丽,西臣夏国,南子石晋而兄弟赵宋,吴越、南唐航海输贡"。③辽朝立国二百余年,辉煌的历史很容易让天祚帝信心过于膨胀,失去辨别现实的能力。

其二,辽朝统治阶级普遍的骄横心理。辽朝以武立国,统治阶级普遍依仗强盛的国力为后盾,存在着骄横心理。乾统五年(1105年),牛温舒使宋为夏请和,宴会上优人表演助兴,"索土泥药炉。优曰:'土少不

---

① 《契丹国志》卷10《天祚皇帝上》,第107页。
② 《契丹国志》卷10《天祚皇帝上》,第112-113页。
③ 《辽史》卷37《地理志一》,第437页。

能和.'温舒遽起,以手藉土怀之。宋主问其故,温舒对曰:'臣奉天子威命来和,若不从,则当卷土收去。'宋人大惊,遂许夏和。"①霸气由此可见一斑。对宋犹如此,对女真则更不屑一顾了。辽大臣曾轻蔑地称"阿骨打朔北小夷"。②萧嗣先屯驻出河店备御女真,"时辽国太平日久,闻女真兴师,皆愿从军冀赏,往往将家属团结军营随行"③,将战争视如儿戏。

其三,辽朝国防战略一向重南轻北的结果。辽朝边防的重点,一直在南面。中原王朝传统的权威,给他们心理上造成很大压力。宋太宗两次兴兵北伐,"是两役也,辽亦岌岌乎殆哉"④,虽然澶渊之盟缔结了两国和平的局面,但"国家大敌,惟在南方"⑤已成为辽朝君臣的共识。在这种认识支配下,辽朝统治者对东北的防御难免轻忽,对女真军情没有深入的了解和重视。

二、同室操戈,借力外藩

国势江河日下,大片国土沦入金人之手,契丹内部有志之士对天祚帝的不满日益加深,企图废黜天祚帝的阴谋不断出现。先有耶律章奴在天祚帝亲征时发动叛乱,继之发生了萧奉先告发耶律余睹谋立晋王事件,后来又有耶律大石、李处温等人拥立耶律淳建立北辽。这种"金兵一集,内难先作,废立之谋,叛亡之迹,相继蜂起"⑥局面的出现,固然与辽"自太祖之世,剌葛、安端首倡祸乱……李胡而下,宗王反侧,无代无之,辽之内难,与国始终"⑦的痼疾有关,但更主要的原因还在于天祚帝"惟耽乐是从,不恤万机",以致"强敌肆侮,师徒败绩。加以盗贼蜂起,邦

---

① 《辽史》卷86《牛温舒传》,第1325页。
② 《契丹国志》卷9《道宗天福皇帝》,第95页。
③ 《契丹国志》卷10《天祚皇帝上》,第103页。
④ 《辽史》卷83《耶律休哥传》,第1305页。
⑤ 《辽史》卷95《文学上》,第1447页。
⑥ 《辽史》卷30《天祚皇帝四》,第359页。
⑦ 《辽史》卷72《宗室》,第1214页。

第三章　辽道宗和天祚帝时期的民族关系思想

国危于累卵"，①国家面临着土崩瓦解的危险。

天祚帝不肯正视自己的失误，反而勾起了对自己身世不平的旧恨。天祚帝是昭怀太子耶律浚之子。辽道宗时，耶律乙辛擅权，蛊惑道宗制造了宣懿皇后和太子浚的冤案。幸赖萧兀纳等忠臣护佑，天祚帝才免遭乙辛暗害，童年的阴影使他对大臣结党篡权充满了恐惧和憎恶。章奴谋立邓律淳的叛乱失败后，天祚帝对群臣的猜忌更深，进行了疯狂的报复。受到牵连而被杀的契丹贵族多达 200 余人。保大元年（1121 年），萧奉先告发耶律余睹等谋立天祚帝的长子晋王。天祚帝再次滥杀大臣，并赐死素得人望的晋王敖鲁斡，"中外莫不流涕，人心益解体"。②一部分将领不肯再为天祚帝尽心竭力，当耶律余睹逃往女真，天祚帝遣知奚王府萧遏买、北宰相萧德恭、大常衮耶律谛里姑、归州观察使萧和尚奴、四军太师萧干追捕。"至闾山，及之。诸将议曰：'萧奉先恃宠，蔑害官兵。余睹乃宗室雄才，素不肯为其下。若擒之，则他日吾辈皆余睹矣。不如纵之。'还，给云追袭不及。"③契丹上层犹如此，普通百姓和士卒更不待言。天庆七年（1117 年），金军攻春州，东北面诸军不战自溃，女古、皮室四部等精锐部队投降。这些人原本是辽朝统治的中坚力量，现在反而成了心腹大患。如耶律余睹降金后，阿骨打益知辽人虚实，说"自余睹来，灼见辽国事宜"。④在耶律余睹指引下，金军往往不测而至，令辽军防不胜防。

辽军的溃败和契丹内部权力斗争削弱了契丹作为统治民族的力量，加之天祚帝痛感契丹人心不附，产生了依赖汉官维持统治的想法。无奈当时执政的吴庸、马人望、柴谊等汉官大多年纪老迈，"皆昏谬，不能裁决"。民谚讥讽曰："五个翁翁四百岁，南面北面顿瞌睡。自己精神管不

---

① 《辽史》卷 100《耶律章奴传》，第 1430 页。
② 《辽史》卷 102《萧奉先传》，第 1440 页。
③ 《契丹国志》卷 11《天祚皇帝中》，第 119 页。
④ 《金史》卷 2《太祖》，第 35 页。

得，有甚心情杀女真。"①吴庸、马人望等被罢免后，天祚帝又任命李处温、左企弓代替，一直到辽亡。

出河店战败后，天祚帝认为枢密使萧奉先不懂军事，把东征女真的重任交给南府宰相张琳等负责。张琳"素不知兵"，便以"旧制，凡军国大计，汉人不与"为由推辞，却不被批准。张琳敷衍塞责，奏曰："前日之败，失于轻举。若用汉兵二十万分道进讨，无不克者。"②天祚帝下诏中京、上京、长春、辽西四路计户产出军。百姓骚扰不安，大失人心。张琳无将帅之才，四路军队集结不久，一路与女真交战大败，其他三路也很快逃散。天庆六年（1116年），东京渤海裨将高永昌起事，驱逐大公鼎等官员，自称大渤海皇帝。天祚帝派张琳等讨伐，久不能克。完颜阿骨打以援助高永昌为名，先败张琳，既而擒斩高永昌。

天祚帝希望利用汉人收复辽东，却不知民心早已不稳。一方面，为了支撑节节败退的抗金战场，辽政府加紧了经济剥削，"民所甚患者，释递、马牛、旗鼓、乡正、厅录、仓司之役，至破产不能给"。③谷价翔踊，民不聊生，贫苦百姓纷纷举起反抗的旗帜；另一方面，金和北宋都加强了对民心的争夺。天庆六年（1116年），阿骨打下诏："自破辽兵，四方来降者众，宜加优恤。自今契丹、奚、汉、渤海、系辽籍女真、室韦、达鲁古、兀惹、铁骊诸部官民，已降或为军所俘获，逃遁而还者，勿以为罪，其酋长仍官之，且使从宜居处。"④宋徽宗更是极力招徕燕云汉人。辽金政权更迭之际，民族矛盾、阶级矛盾和社会矛盾交织在一起，忠君守节和夷夏之防的思想对燕云汉人已经没有了意义，"契丹至则顺契丹，夏国至则顺夏国，金人至则顺金人，王师至则顺王师，但营免杀戮而已"。⑤

天庆七年（1117年），天祚帝授耶律淳为都元帅，招募辽东饥民，谓

---

① 《契丹国志》卷10《天祚皇帝上》，第110页。
② 《辽史》卷102《张琳传》，第1441-1442页。
③ 《辽史》卷105《马人望传》，第1463页。
④ 《金史》卷2《太祖》，第29页。
⑤ 《三朝北盟会编》[甲]卷15政宣上帙十五，第136页。

第三章 辽道宗和天祚帝时期的民族关系思想

之"怨军",即报怨于女真之意。怨军主要由逃离东京道的汉人、渤海人组成,成立不久就接连发生叛乱。十一月,两营怨军因无御寒衣物兵变,耶律淳正在整顿,金军逼近,怨军先败,牵连辽军大溃。保大元年(1121年),怨军将领董小丑讨叛失利被处死,手下罗青汉、董仲孙等作乱。耶律余睹因此愤慨,"所谓怨军,未能报怨于金人,而屡怨叛于我家。"①保大二年(1122年),怨军改名常胜军,由郭药师统领。耶律淳病死后,郭药师鼓动投宋,"万口喧呼,无不响应,遂囚监军萧余庆等,乃遣团练使赵鹤寿率精兵八千,铁骑五百,一州四县奉使来降"。②

看到内部力量不足以战胜金人,天祚帝又产生了借助高丽和西夏抗金的想法。

在天庆五年(1115年)的《高丽使还赍回诏》《遣耶律义等谕高丽发兵攻女直诏》中,天祚帝就已经令高丽"以卿地邻贼境,职守侯藩,特谕整戎"③,"况尔兵戎,早经点阅,便可即时而先出,毋或相应以后时"。④到了天庆十年(1120年),辽朝岌岌可危,天祚帝更是不遗余力拉拢高丽对抗女真。"保州"是辽圣宗为控厄高丽在鸭绿江东南岸修筑的一座军事重镇。高丽屡次请求毁弃,皆为辽朝拒绝。至此,为挑起高丽与金的争端,天祚帝谕高丽王敕曰:"保州本高丽地。高丽收之可也"。⑤西夏既是辽的属国,又有甥舅之亲,天祚帝对其抱有更高的期望。为实现联夏抗金的意图,他甚至在保大三年(1123年)六月,遣使册李乾顺为夏国皇帝,约为兄弟之国。

天祚帝借力外藩的想法在实践中取得了一定的成效。完颜阿骨打遣加古撒喝经略保州,因其久攻不下,复遣纳合乌蠢"以百骑益之","使

---

① 《契丹国志》卷11《天祚皇帝中》,第118页。
② 《三朝北盟会编》[甲]卷9政宣上帙九,第87页。
③ 《全辽文》卷3《高丽使还赍回诏》,第54页。
④ 《全辽文》卷3《遣耶律义等谕高丽发兵攻女直诏》,第54页。
⑤ 《全辽文》卷3《谕高丽王敕》,第56页。

斡鲁以甲士千人往"。①高丽在金军攻城时,送米一千石接济辽军。天庆六年(1116年)八月,当金军几乎攻克时,高丽招抚辽军将领耶律宁等人,先一步占据了保州。此后高丽与金因"保州"归属发生了一系列冲突,迟迟不肯向金称臣。西夏一度在援辽上尽心尽力。保大二年(1122年)三月,金军攻辽西京,李乾顺遣兵五千为援;五月,听说天祚帝逃往阴山,遣大将李良辅将兵三万救之;七月,派遣大臣曹价前来问候天祚帝起居,并馈以粮糗。保大三年(1123年)正月,李乾顺按照天祚帝的意图,遣兵屯于可敦馆,相为声援;五月,又遣使迎天祚于云中。

但是,这时候金几乎占据了辽朝的全部国土和人民,高丽、西夏的国力与之相差悬殊,正如《辽史》所言,"高丽、西夏之事辽,虽尝请婚下嫁,乌足以得其固志哉?……辽亡,求援二国,虽能出师,岂金敌哉。"②而且,高丽和西夏以往的恭顺是受辽强大的国力所胁迫,在其衰败时很容易发生动摇。天庆六年(1116年),高丽官员上奏高丽睿宗,言辽有危亡之势,所禀正朔不可行。睿宗当即批准。保大五年(1125年)五月,高丽仁宗听闻天祚帝被金兵捉获,遣司宰少卿陈淑、尚衣奉御崔学鸾使金。天会四年(1126年),金灭北宋后,高丽仁宗遣郑应文、李侯使金称臣。至于西夏方面,李良辅大败于宜川河畔,使李乾顺认识到西夏不是金的对手。因此当天祚帝要其对金出兵时,李乾顺不肯答应。为了瓦解辽夏的同盟,金国使臣向李乾顺提出:西夏如能以事辽之礼事金,金国可以将原辽西南边界一些地方让给西夏。保大四年(1124年),李乾顺看到辽朝灭亡的结局已无可挽回,遂遣使向金朝上誓表,臣附于金。

大敌当前,天祚帝没有团结族人,弥合契丹统治阶级内部分歧,反而狭隘多疑,助长了统治阶级围绕皇位进行的斗争,沦落成了孤家寡人。他寄希望于借助汉官之力维护统治,但为时已晚。且甚至一度产生了依靠高丽、西夏抗金的念头,这些想法无异于舍本逐末,最终都落了空。

---

① 《金史》卷135《高丽》,第2884页。
② 《辽史》卷115《二国外记》,第1529页。

第三章　辽道宗和天祚帝时期的民族关系思想

三、"弃军民而自为谋身计"

天祚帝的文妃萧瑟瑟作有一首《讽谏诗》，其词曰："勿嗟塞上兮暗红尘，勿伤多难兮畏夷人；不如塞奸邪之路兮，选取贤臣。直须卧薪尝胆兮，激壮士之捐身；可以朝清漠北兮，夕枕燕云。"①萧瑟瑟的本意是为了劝谏天祚帝卧薪尝胆、发愤图强，不料却使得天祚帝恼羞成怒，从此与萧瑟瑟形同陌路。因为在天祚帝看来，这首诗毫不留情地指斥了他不敢面对金军、怯懦逃命的丑态。

天祚帝亲征惨败于护步答冈，一日一夜走五百里，才平安逃回长春州。女真人的骁勇善战令天祚帝胆寒，他对女真的态度发生了急剧的转变，从原来的鄙夷不屑变为畏如蛇蝎。

《契丹国志》载："辽自金人侵犯以来，天下郡县所失几半，生灵涂炭，宗庙丘墟。天祚尚以四时游畋为乐，工作之费，未尝少辍，遂失内外人心，尝有倦处万机之意。"②其实，结合当时各方面的情况来看，天祚帝此时沉迷于游畋，已经非徒为乐，而是借以麻醉自己，逃避现实。

面对金军连续的攻势，天祚帝拿不出任何有效的御敌方略，辽军一再败北，对现实的无力和挫折感令天祚帝意志颓废，开始"恶闻女真事"③。萧奉先一心只知道讨好天祚帝，凡是与女真有关的不利消息，"揣其意，皆不以闻，迁延久之"。④即使天庆九年（1119年）金人攻陷上京路，焚掠皇陵这样的重大军情，"所司即以闻，萧奉先皆抑而不奏"⑤。后来天祚帝得知此事，也无意深究，只是听了萧奉先几句敷衍之词就草草了事。天祚帝没有勇气抗击金军，在金军未至时，不做好充分的防御准备，却一厢情愿地借萧奉先"女直虽能攻我上京，终不能远离巢穴"⑥的空言安

---

① 《辽史》卷71《天祚文妃萧氏传》，第1206页。
② 《契丹国志》卷11《天祚皇帝中》，第118页。
③ 《契丹国志》卷10《天祚皇帝上》，第114页。
④ 《契丹国志》卷10《天祚皇帝上》，第114页。
⑤ 《契丹国志》卷11《天祚皇帝中》，第117页。
⑥ 《辽史》卷102《萧奉先传》，第1440页。

慰自己，一路南逃。而一旦金军长驱三千里直捣云中，天祚帝计无所出，只好继续逃入夹山。

金军对天祚帝穷追不舍，随着辽国土不断落入金人手中，天祚帝可以逃避的地方越来越少，他竟产生了逃离辽境的想法。史载："天祚在中京，闻燕王兵败，女真入新州，昼夜忧惧，潜令内库三局官，打包珠玉、珍玩五百余囊，骏马二千匹，夜入飞龙院为备。尝谓左右曰：'若女真必来，吾有日行三百五十里马若干，又与宋朝为兄弟，夏国舅甥，皆可以归，亦不失一生富贵。所忧者，军民受祸耳。'识者闻之，私相谓曰：'辽今亡矣！自古人主岂有弃军民而自为谋身计者，其能享国乎？'"①

天祚帝的怯懦和逃跑行径造成了严重后果，耶律大石曾当面指责他："陛下以全国之势，不能一拒敌，弃国远遁，使黎民涂炭。"②而辽朝速亡于金，亦不是没有缘由，天祚帝本人即负有以下责任：

其一，天祚帝动辄从战场上逃走直接导致辽军溃败。辽军护步答冈决战失利的原因之一，就是天祚帝无心恋战，在中军受到冲击时后撤。辽军望见御旗向西南逃走，数十万大军跟着奔逃，瞬间溃不成军。

保大二年（1122年）八月，完颜宗望和耶律余睹追击天祚帝至石辇驿，辽军副统军萧特烈以君臣之义激励士卒，誓死决战。当时金军至者仅千人，辽军众达二万五千余人。金军被辽军重重包围，陷入绝境。天祚帝认为宗望兵少必败，与妃嫔皇子皆自高阜下平地观战。耶律余睹曰："此辽主麾盖也。若萃而薄之，可以得志。"③骑兵驰赴之，天祚帝望见大惊，即遁去，辽军见此情景无心再战，全军溃散。作为一国之主居然在战场上临阵脱逃，对浴血沙场的将士们士气打击之重可想而知。

其二，天祚帝对金军防御松懈，消极逃避，削弱了辽军的斗志。耶律大石对天祚帝一路逃窜做过形象的总结："自金人初陷长春、辽阳，则车驾不幸广平淀，而都中京；及陷上京，则都燕山；及陷中京，则都云

---

① 《契丹国志》卷10《天祚皇帝上》，第112页。
② 《辽史》卷30《天祚皇帝四》，第355页。
③ 《金史》卷74《宗望传》，第1702页。

第三章　辽道宗和天祚帝时期的民族关系思想

中；自云中而播迁夹山。向以全师不谋战备，使举国汉地皆为金有。"①辽军屡战屡败，天祚帝对抗击金军已经失去信心，在金军未至时，往往自鸣得意："威德可加，彼何能为。"②当大军压境时，他把守土安民的责任推卸给臣下，自己逃之夭夭。在天祚帝影响下，封疆大吏们不是望风而逃，就是举城投敌。例如保大三年（1123 年）三月，宗翰率领六千精兵追击天祚帝，天祚帝闻知消息，逃奔云中府，仓皇中竟然把传国玺失落在桑干河里，所率五千骑兵一路逃散，到达云中府时仅剩三百人。他鼓励留守萧查剌："金兵不远，好与军民守城。"③自己却不敢在云中府停留，取马三千匹，逃往夹山。萧查剌在金兵追至云中府后，很快就开城投降。

其三，天祚帝对内专横而对外怯懦激起了志在复兴的契丹贵族不满，造成辽朝的分裂和瓦解。契丹贵族耶律术者因参与耶律章奴政变被擒，天祚帝责问："予何负卿而反？"术者回答："臣诚无憾。但以天下大乱，已非辽有，小人满朝，贤臣窜斥，诚不忍见天皇帝艰难之业一旦土崩。臣所以痛入骨髓而有此举，非为身计。"④数日后，天祚帝再次讯问，术者厉声指斥天祚帝的过错，言社稷危亡之本，遂被杀害。耶律章奴也曾告太祖庙云："今天下土崩，窃见兴宗皇帝孙魏国王淳道德隆厚，能理世安民，臣等欲立以主社稷。会淳适好草甸，大事未遂。迩来天祚惟耽乐是从，不恤万机。强敌肆侮，师徒败绩。加以盗贼蜂起，邦国危于累卵。臣等忝预族属，世蒙恩渥，上欲安九庙之灵，下欲救万民之命，乃有此举。"⑤他们的话代表了一大批有志复兴的契丹贵族的心声。然而，这些志在救亡图存的努力或者因为缺乏群众基础，或者时机太晚，非但没有挽回辽朝灭亡的命运，反而造成了更大的混乱，加快了辽朝分裂和瓦解的速度。

自天祚帝逃入夹山，与外界消息不通。燕王耶律淳镇守南京，深得人心。宰相李处温与耶律大石、都统萧干等拥立耶律淳为帝，建立北辽

---

① 《辽史》卷 29《天祚皇帝三》，第 349 页。
② 《契丹国志》卷 10《天祚皇帝上》，第 112 页。
③ 《契丹国志》卷 11《天祚皇帝中》，第 120 页。
④ 《辽史》卷 100《耶律术者传》，第 1431 页。
⑤ 《辽史》卷 100《耶律章奴传》，第 1430 页。

政权。耶律淳废天祚为湘阴王，控制了燕、云、平、中京、上京、辽西六路，而沙漠以北西南面、西北路招讨府和诸番部族仍然奉天祚帝为主。叶隆礼为之叹息，"辽国自此分矣"①。

保大三年（1123年）五月，苦于金军追击，天祚决意渡河奔夏，从臣切谏不听，人情惶惧不知所为。萧特烈暗中谓耶律兀直："事势如此，亿兆离心，正我辈效节之秋。不早为计，奈社稷何！"②遂共劫梁王雅里，奔西北诸部，立其为帝。

保大五年（1125年）二月，穷途末路的天祚帝被金将领完颜娄室追获，金天会六年（1128年）病死。

四、对天祚帝教训的反思

与辽朝大多数政治家相似，天祚帝虽然也有比较丰富的民族关系思想，但缺乏完整的理论概括和系统阐述。由此造成了两个方面的影响：一是天祚帝没有把他的思想系统地阐述出来，君臣之间自然无从对其进行深入讨论，其中的谬误也就很难得到纠正；二是后人不易了解这方面的情况，很多人认为"辽以释废"③，却不清楚天祚帝在民族关系思想方面的失误也是辽灭亡的重要原因。

天祚帝虽在思想理论方面没有大的建树，但由于他的辽朝最高统治者身份和处于辽金鼎革的特殊时期，他的民族关系思想对当时局势发展和历史进程也产生了重要影响。如果不是天祚帝在错误的思想指导下一再贻误战机，进而全面激化和引爆了辽朝潜在的各种矛盾和危机，女真人的兴起是不可能如此顺利的。当时许多重大事件，如宋金海上之盟、北辽的建立及耶律大石西走创立西辽等，都直接或间接受到了影响。而这些重大事件，又影响着当时中国乃至东亚、中亚历史发展的进程。

---

① 《契丹国志》卷11《天祚皇帝中》，第122页。
② 《辽史》卷114《萧特烈传》，第1517页。
③ 宋濂：《元史》卷163《张德辉传》，北京：中华书局，1976年，第3823页。

第四章

金太祖和金太宗时期的民族关系思想

第一节 完颜阿骨打的民族关系思想

完颜阿骨打（1068—1123年），即金太祖，汉名旻，女真族的杰出领袖，在统一女真各部、领导抗辽战争、建立金国等方面，都做出过重大贡献，推动了中华民族发展的历史进程。完颜阿骨打的民族关系思想主要包括"苦契丹残忍，欲自立国""今欲中外一统""天下一家"以及"海上信誓已定，不可失也"等观点。

一、"苦契丹残忍，欲自立国"

辽天庆五年（1115年），天祚帝耶律延禧起倾国之兵亲征，"期必灭女直"。[①]在此生死存亡之际，完颜阿骨打作战前动员，勠面仰天恸哭曰："始与汝等起兵，盖苦契丹残忍，欲自立国"。[②]实际上，"苦契丹残忍，欲自立国"的思想可以说是历代完颜氏酋长的遗志，也是当时女真人共同的心声。

女真是生活于中国东北地区的古老民族，耶律阿保机灭渤海后，成为辽朝的附庸。辽太宗天显初年，东丹国南迁，女真人得到了广阔的发展空间，甚至渡海与北宋贸易，引起辽统治者的不安。他们对女真实行

[①]《辽史》卷28《天祚皇帝二》，第332页。
[②]《辽史》卷28《天祚皇帝二》，第332页。

"分而治之"的政策,把女真强宗大姓数千户迁到辽阳以南,编入户籍管理,称之为"熟女真",留居于粟末江以北,宁江州以东的女真人称之为"生女真",并规定"熟女真"与"生女真"不得往来。出于加强控制及掠夺财富的需要,辽军多次大举征伐女真。仅统和四年(986年)枢密使耶律斜轸一次就"上讨女直所获生口十余万、马二十余万及诸物"。①在这样残酷的压制下,女真社会前进的步伐非常缓慢,尤其是生女真各部发展不平衡,长期处于"无书契,无约束,不可检制"②的分裂状态。

由于阶级立场和民族意识的局限性,辽统治者对女真执行了一条民族歧视和民族压迫的思想路线,最恶劣的行径就是"打女真"和派遣银牌天使强索海东青。"女真以北珠、人参、生金、松实、白附子、蜜蜡、麻布之类为市。州人低其值,且拘辱之,谓之打女真。"③州人即宁江州的契丹人,在交易中强取豪夺,激起女真人的怨恨;海东青善捕天鹅,产于黑龙江下游,为契丹贵族所酷爱,每岁寒冬,必命女真发兵数百至五国界取之,往往需要经过争战才能得到,使女真人困苦不堪。而负责督办的契丹使者,"贪纵,征索无艺",④竟至强迫女真贵族妇女陪宿。苦于辽的暴虐,女真人的反抗情绪和独立精神在不断地积聚。

居于按出虎水的女真完颜部逐渐成为女真崛起的核心。史载,献祖绥可"耕垦树艺,始筑室,有栋宇之制",改变了完颜部"无室庐,迁徙不常"的旧俗。⑤昭祖石鲁"稍以条教为治,部落浸强","耀武至于青岭、白山,顺者抚之,不从者讨伐之,入于苏滨、耶懒之地,所致克捷"。⑥

起初,辽统治者为了利用完颜部贵族实现对女真的稳定统治,采取了扶植政策。昭祖石鲁被授以惕隐,乌古乃被任为生女直部族节度使,"有官属,纪纲渐立矣"。借助这一合法地位,乌古乃从邻国购甲胄,"倾赀

---

① 《辽史》卷11《圣宗二》,第119页。
② 《金史》卷1《世纪》,第3页。
③ 《契丹国志》卷10《天祚皇帝上》,第102页。
④ 《金史》卷2《太祖》,第23页。
⑤ 《金史》卷1《世纪》,第3页。
⑥ 《金史》卷1《世纪》,第4页。

第四章 金太祖和金太宗时期的民族关系思想

厚贾以与贸易，亦令昆弟族人皆售之。得铁既多，因之以修弓矢，备器械，兵势稍振，前后愿附者众"。①"稍役属诸部，自白山、耶悔、统门、耶懒、土骨论之属，以至五国之长，皆听命。"②但完颜部势力一再扩张，辽统治者担心尾大不掉，开始干扰和牵制其统一女真的行动，激起了完颜氏贵族的强烈不满，并进而萌生了独立自主的愿望。他们的思想在当时表现明显：

其一，拒绝契丹势力进入境内。当时常有辽边民和铁勒、乌惹之民逃至女真，辽曷鲁林牙带兵来追索。乌古乃担心辽兵深入，尽知山川道路险易，对女真不利，制止曰："兵若深入，诸部必惊扰，变生不测，逋户亦不可得，非计也。"③五国蒲聂部节度使拔乙门叛辽，鹰路不通，辽准备出兵讨伐。乌古乃劝阻："可以计取。若用兵，彼将走保险阻，非岁月可平也。"④

其二，不肯系辽籍。乌古乃被任命为节度使，辽统治者要授予其官印。乌古乃不肯系辽籍，辞曰"请俟他日"。辽统治者坚持派使者前来授印。乌古乃暗中指使部人扬言"主公若受印系籍，部人必杀之"，迫使其收回成命。⑤

世祖劾里钵临终前，对穆宗盈歌说："乌雅束柔善，惟此子（指阿骨打）足了契丹事。"⑥说明至迟到此时，完颜氏贵族已经萌发了独立建国思想。从景祖至穆宗，"两世四主志业相因，卒定离析，一切治以本部法令。东南至于乙离骨、曷懒、耶懒、土骨论，东北至于五国、主隈、秃答。金盖盛于此。"⑦

随着完颜部为中心的女真部落联盟日益巩固和向国家形态过渡，辽

---

① 《金史》卷1《世纪》，第5-6页。
② 《金史》卷1《世纪》，第4页。
③ 《金史》卷1《世纪》，第5页。
④ 《金史》卷1《世纪》，第5页。
⑤ 《金史》卷1《世纪》，第5页。
⑥ 《金史》卷2《太祖》，第20页。
⑦ 《金史》卷1《世纪》，第15页。

统治者开始公然支持和庇护完颜氏的反对势力,干涉女真部落联盟内部事务。辽天祚帝耶律延禧继位后,加强了对女真各部的压榨勒索,"责贡尤苛。又天使所至,百般需索于部落,稍不奉命,召其长加杖,甚者诛之。"①女真人心中积聚起强烈的民族仇恨,摆脱辽朝统治的愿望日益迫切。在此情形下,阿骨打"欲自立国"的思想开始走向成熟。

一方面,阿骨打致力于巩固女真人内部的统一和团结。为实现政令统一,阿骨打建议禁止统门、浑蠢、耶悔、星显四路及岭东诸部复称都部长,诸部亦不得擅置信牌驰驿。

康宗七年(1113年),农作物歉收,出现流离失所的灾民饿死的惨象,一些强悍的人沦为盗贼。欢都等打算加重惩罚力度,凡盗贼都杀掉。阿骨打反对:"以财杀人,不可!财者,人所致也。"决定减盗贼征偿法为征三倍。民间很多人拖欠赋税,即使卖掉妻子儿女也无法偿还。阿骨打宣布:"今贫者不能自活,卖妻子以偿债。骨肉之爱,人心所同。自今三年勿征,过三年徐图之。"此举得到众人衷心拥护,从此远近归心于阿骨打。②

另一方面,阿骨打勇于清除女真统一的障碍。伐萧海里时,女真募兵得千余人。阿骨打勇气倍增,曰:"有此甲兵,何事不可图也!"③曷懒甸临近高丽,活动在这一带的女真部落被逐步纳入完颜氏领导的联盟之中。这引起了高丽的不满,出兵阻挠。康宗乌雅束召集会议,众人皆称:"不可举兵也,恐辽人将以罪我。"只有阿骨打认为:"若不举兵,岂止失曷懒甸,诸部皆非吾有也。"康宗认可阿骨打的意见,派斡塞出兵大破高丽,迫使其请和。④

康宗七年(1113年)十月,阿骨打继任联盟长,称都勃极烈。他继承父祖遗志,内则"力农积谷,练兵牧马","外则多市金、珠、良马,

---

① 《契丹国志》卷10《天祚皇帝上》,第102页。
② 《金史》卷2《太祖》,第22页。
③ 《金史》卷2《太祖》,第21页。
④ 《金史》卷135《外国下高丽》,第2883页。

第四章　金太祖和金太宗时期的民族关系思想

岁时进奉赂遗,以通情好。"①并在此基础上有了进一步发展。

阿骨打先后派蒲家奴、习古乃、完颜银术可至辽索要纥石烈部酋长阿疏,借机窥测辽朝虚实,使者"具言辽主骄肆废弛之状"。于是阿骨打"召官僚耆旧,以伐辽告之,使备冲要,建城堡,修戎器,以听后命"。辽节度使捏哥前来质问:"汝等有异志乎?修战具,伤守备,将以谁御?"阿骨打回答:"设险自守,又何问哉!"辽又派阿息保来诘责,阿骨打曰:"我小国也,事大国不敢废礼。大国德泽不施,而逋逃是主,以此字小,能无望乎?若以阿疏与我,请事朝贡。苟不获已,岂能束手受制也。"②辽统治者开始对女真戒备,命统军萧挞不野调诸军于宁江州。辽天庆四年(1114年)九月,阿保机先发制人,会女真诸路兵于来流水,向天地申告辽的罪状:"世事辽国,恪修职贡,定乌春、窝谋罕之乱,破萧海里之众,有功不省,而侵侮是加。罪人阿疏,屡请不遣。今将问罪于辽,天地其鉴佑之。"③

阿骨打自立为国的思想在女真贵族中获得了广泛的共鸣。

其一,女真贵族纷纷表态支持伐辽,拥护阿骨打称帝建国。《金史》云:"伐辽之计决于迪古乃,赞成大计实自撒改启之。"④阿骨打征询迪古乃对伐辽的意见,迪古乃表示:"以主公英武,士众乐为用。辽帝荒于政猎,政令无常,易与也。"⑤宗雄称"辽主骄侈,人不知兵,可取也"。⑥宗翰、宗干、完颜希尹等人均极力支持伐辽。来流水之战获胜,撒改命其子宗翰、完颜希尹来道贺,借机劝阿骨打称帝。出河店大捷后,吴乞买、撒改、辞不失等劝进,愿以新岁元日恭上尊号。阿离合懑、蒲家奴、宗翰等进言:"今大功已建,若不称号,无以系天下心。"⑦

---

① 《契丹国志》卷9《道宗天福皇帝》,第93页。
② 《金史》卷2《太祖》,第23页。
③ 《金史》卷2《太祖》,第24页。
④ 《金史》卷70《撒改传》,第1614页。
⑤ 《金史》卷70《完颜忠传》,第1622页。
⑥ 《金史》卷73《宗雄传》,第1679页。
⑦ 《金史》卷2《太祖》,第26页。

其二，女真各部落普遍加入了阿骨打阵营。阿骨打起兵对女真人产生了强大的号召力，诸部纷纷归附。达鲁古部实里馆来问："闻举兵伐辽，我部谁从？"阿骨打曰："吾兵虽少，旧国也，与汝邻境，固当从我。"①后来达鲁古部果然成为阿骨打手下的一支生力军。

收国元年（1115 年）正月，阿骨打在女真贵族拥戴下建立金国，年号"收国"。建国后，阿骨打的立国思想仍然在不断深化。

首先，阿骨打进行了一系列政治改革，废除"都勃极烈"职位，自称皇帝，确立了皇权统治。在中央建立"勃极烈制"；在地方完善猛安谋克制度，"命诸路以三百户为谋克，十谋克为猛安，一如郡县置吏之法"，②使之成为行政、军事和生产一体的基层组织。

其次，阿骨打命完颜希尹等制女真文字。"希尹仍依仿汉人楷字，因契丹字制度，合本国语，制女真字。天辅三年八月，字书成，太祖大悦，命颁行。"③拥有自己的文字成为女真民族成熟的标志。

最后，女真人是金国的统治民族，也是金国政权依靠的基本力量。因此，尽量改善女真人的生活状况，增强他们对国家的向心力，成为阿骨打要解决的重要问题。收国二年（1116 年），阿骨打下诏："比以岁凶，庶民艰食，多依附豪族，因为奴隶。及有犯法，征偿莫办。折身为奴者，或私约立限，以人对赎，过期则为奴者，并听以二人赎一人为良。若元约以一人赎者，即从元约。"④天辅二年（1118 年）又下诏禁民凌虐、典雇良人及倍取赎值者。⑤天辅三年（1119 年）五月诏咸州路都统司曰："兵兴以前，曷苏馆、回怕里与系辽籍、不系辽籍女直户民，有犯罪流窜边境或亡入于辽者，本皆吾民，远在异境，朕甚悯之。今即议和，当行理索。

---

① 《金史》卷 2《太祖》，第 24 页。
② 《金史》卷 128《循吏传·序》，第 2757 页。
③ 《金史》卷 73《希尹传》，第 1684 页。
④ 《金史》卷 2《太祖》，第 29 页。
⑤ 《金史》卷 2《太祖》，第 31 页。

第四章　金太祖和金太宗时期的民族关系思想

可明谕诸路千户、谋克，遍与询访其官称、名氏、地里，具录以上。"①

二、"今欲中外一统"

如果说完颜阿骨打起兵之初，其意图仅在于"苦契丹残忍，欲自立国"。那么连战连捷之后，特别是金收国元年（1115年）护步达冈之战中，阿骨打以少胜多，重创辽军主力，从此掌握了战略上的主动权，他的思想也发生转变，萌生了"中外一统"的想法。到了天辅五年（1121年）十二月，阿骨打以忽鲁勃极烈完颜杲为内外诸军都统伐辽，并诏曰："辽政不纲，人神共弃。今欲中外一统，故命汝率大军以行讨伐"，②则清楚地表明了阿骨打"中外一统"思想的成熟。

从完颜阿骨打对待高永昌的态度，我们可以看出其"中外一统"思想已经初露端倪。金收国二年（1116年），东京渤海人高永昌反辽，占据东京，自称大渤海皇帝。天祚帝派萧韩家奴、张琳率军讨伐。高永昌向金国求援，"愿并力以取辽"。完颜阿骨打表示："同力取辽固可。东京近地，汝辄据之，以僭大号可乎。若能归款，当处以王爵。"令高永昌取消帝号，高永昌不肯听命。③完颜阿骨打令金军攻打东京，擒斩败退到辽南海岛上的高永昌，将辽东京道54州尽数纳入金国。虽然高永昌能起到牵制辽朝的作用，但是阿骨打仍决意将其铲除，可见他已经不能容忍其他政权与之分庭抗礼了。

辽金议和的经过，更清楚地反映了阿骨打"中外一统"思想随形势而变化的过程。

金收国元年（1115年）春正月，天祚帝下诏亲征，遣僧家奴持书约和。阿骨打称："若归叛人阿疏，迁黄龙府於别地，然后议之。"④六月天祚帝遣萧辞刺使女真，阿骨打复遣赛刺以书来报："若归我叛人阿疏等，

---

① 《金史》卷2《太祖》，第33页。
② 《金史》卷2《太祖》，第36页。
③ 《金史》卷71《斡鲁传》，第1632页。
④ 《辽史》卷28《天祚皇帝二》，第331页。

即当班师……"①金天辅二年（1115年）春正月，天祚帝遣耶律奴哥等使金议和。二月，阿骨打曰："能以兄事朕，岁贡方物，归我上、中京、兴中府三路州县；以亲王、公主、驸马、大臣子孙为质；还我行人及元给信符，并宋、夏、高丽往复书诏、表牒，则可以如约。"②天庆九年（1119年）三月，天祚帝册阿骨打为东怀国皇帝。秋七月，阿骨打遣乌林答赞谟来，责册文无"兄事"之语，不言"大金"而云"东怀"，乃小邦怀其德之义；及册文有"渠材"二字，语涉轻侮；若"遥芬多戬"等语，皆非善意，殊乖体式。如依前书所定，然后可从。③天庆十年（1120年）三月，天祚帝以阿骨打所定"大圣"二字，与先世称号同，复遣习泥烈往议。阿骨打怒，和议遂绝之。

从上述议和过程中，我们可以清晰地看到随着辽朝国土一步步落入金军手中，双方力量对比发生了越来越有利于金的转变，阿骨打在和谈中的要价也越来越高。在和议之初，阿骨打只是希望得到天祚帝对其独立的认可，占据优势后，反要以宗主国自居。辽金使者往来十余次，到了后期，阿骨打确定要推翻辽朝，因而借口天祚帝"惟饰虚辞，以为缓师之计，当议进讨"④，终止了和谈。

阿骨打"中外一统"的思想得到了金军将领的支持。如宗翰多次建议阿骨打兴兵伐辽，他认为："辽主失德，中外离心。我朝兴师，大业既定，而根本弗除，后必为患。今乘其衅，可袭取之。天时人事，不可失也。"⑤降金的原辽朝官吏也对其产生了积极影响。渤海人杨朴劝说阿骨打："大王创兴师旅，当变家为国，图霸天下，谋为万乘之国，非千乘所能比也。诸部兵众皆归大王，今力可拔山填海，而不能革故鼎新；愿大王册帝号、封诸蕃，传檄响应，千里而定。东接海隅，南连大宋，西通

---

① 《辽史》卷28《天祚皇帝二》，第332页。
② 《辽史》卷28《天祚皇帝二》，第336-337页。
③ 《辽史》卷28《天祚皇帝二》，第338页。
④ 《金史》卷2《太祖》，第33页。
⑤ 《金史》卷74《宗翰传》，第1693页。

第四章　金太祖和金太宗时期的民族关系思想

西夏，北安远国之民，建万世之镃基，兴帝王之社稷。行之有疑，则祸如发矢。大王何如？"阿骨打闻言大悦，吴乞买等皆推尊杨朴之言。①

耶律余睹降金后，阿骨打益知辽人虚实，天辅五年（1121年）七月，诏咸州都统司："自余睹来，灼见辽国事宜，已决议亲征，其治军以俟师期。"②天辅六年（1122年）六月，阿骨打诏谕上京官民："朕顺天吊伐，已定三京，但以辽主未获，兵不能已。"③

保大二年（1122年）耶律淳在南京称帝，遣使奉表于金，乞为附庸，未获答复。耶律淳在位3月病死，遥立天祚帝子耶律定为皇帝，妻萧普贤女为皇太后。萧普贤女五次上表给阿骨打，请求允许立耶律定为帝，成为金朝的附庸国，都被阿骨打拒绝。

天辅六年（1122年）正月，金占辽中京；四月占领辽西京。八月，阿骨打追击辽天祚帝于大鱼泺。十二月，金军分路出得胜口与居庸关，留守南京的辽朝官员奉表投降。金天会三年（1125年）二月，穷途末路的天祚帝被完颜娄室追获，辽朝覆灭。

三、"天下一家"

"天下一家"出自《礼记·礼运》："故圣人耐以天下为一家，以中国为一人者，非意之也。"④意指视天下人为一家，使人民和睦相处。"天下一家"思想产生于春秋战国时期，当时战乱不止，人心思定，拥有一个"四海之内皆兄弟"⑤式的充满温情的社会，成为人们梦寐以求的理想。从孔孟的"仁者爱人""老吾老以及人之老，幼吾幼以及人之幼"⑥，到

---

① 《三朝北盟会编》[丁]卷3，第28、29页。
② 《金史》卷2《太祖》，第35页。
③ 《金史》卷2《太祖》，第37页。
④ 《礼记·礼运》
⑤ 《论语·颜渊》
⑥ 《孟子注疏》卷第一下《梁惠王上》，第26页。

墨子的"兼相爱，交相利"，①都表达了这样的理想追求。这一思想对后世影响很大，其内涵也有了更广的延伸，成为有作为的政治家普遍遵循的民族关系思想准则。唐太宗就多次说道："王者视四海如一家，封域之内，皆朕赤子，朕一一推心置其腹中。"②在论及自己成功的原因时，他认为："自古皆贵中华贱夷狄，朕独爱之如一。"③在唐太宗感召下，许多少数民族人士也产生了对"天下一家"的认同感，因而实现了空前广泛的民族友好和联合，唐太宗也成为各族人民共同拥戴的"天可汗"。阿骨打所崛起的时代也有类似的背景，且完颜阿骨打的"天下一家"思想还是与其"中外一统"思想紧密联系在一起的。同样也有一个从无到有，从模糊到清晰的过程。

阿骨打起兵之初，成败未保，这时候他还不可能持有"天下一家"的思想。但是作为一位雄才伟略的政治家，阿骨打敏锐地观察到了辽朝末年契丹统治阶级内部矛盾和与其他民族冲突日益剧烈的形势，而当时女真势单力孤，遂产生了分化和拉拢辽朝统治下的各民族，孤立天祚帝统治集团的想法。最早进入阿骨打视线的，是与女真同为靺鞨人后裔的渤海族。女真出自黑水靺鞨，渤海源于粟末靺鞨，族源上有着亲近的关系。渤海人在辽朝饱受民族歧视，屡次起义均被镇压，对契丹怀有很深的民族仇恨。这使他们很容易就接受了阿骨打建立同盟的设想。

攻克宁江洲后，阿骨打召渤海梁福、斡答剌，使之伪亡去，招谕其乡人曰："女直、渤海本同一家，我兴师伐罪，不滥及无辜也。"④这与契丹建国时耶律阿保机用"契丹与奚言语相通，实一国也"打动奚族酋长术里，使奚族成为契丹的坚定盟友有异曲同工之妙。"女直、渤海本同一家"思想可以说是阿骨打"天下一家"思想的发端。获释的东京渤海人往往中途逃跑，诸将建议杀害，阿骨打说："既以克敌下城，何为多杀。

---

① 《墨子．兼爱中》
② 《资治通鉴》卷192，"武德九年九月丁未"条，第6022页。
③ 《资治通鉴》卷198"贞观二十一年五月庚辰"条，第6247页。
④ 《金史》卷2《太祖》，第25页。

第四章　金太祖和金太宗时期的民族关系思想

昔先太师尝破敌，获百余人，释之，皆亡去。既而，往往招其部人来降。今此辈亡，后日当有效用者"。①

阿骨打尽可能地争取广泛的支持，在安抚来归附的各族人民时，"天下一家"思想也逐渐形成起来。收国二年（1116年）正月，阿骨打下诏"自破辽兵，四方来降者众，宜加优恤自今契丹、奚、汉、渤海、系辽籍女直、室韦、达鲁古、兀惹、铁骊诸部官民，民降或为军所俘获，逃遁而还者，勿以为罪，其酋长仍官之，且使从宜居处"。②天辅二年（1118年）七月，阿骨打指示达鲁古部勃堇辞列："凡降附新民，善为存抚。来者各令从便安居，给以官粮，毋辄动扰。"③天辅六年（1122年）九月，阿骨打招降六部奚："汝等既降复叛，扇诱众心，罪在不赦。尚以归附日浅，恐绥怀之道有所未孚，故复令招谕。若能速降，当释其罪，官皆仍旧。"④十月下诏："朕屡敕将臣，安辑怀附，无或侵扰。然愚民无知，尚多逃匿山林，即欲加兵，深所不忍。今其逃散人民，罪无轻重，咸与矜免。有能率众归附者，授之世官。或奴婢先其主降，并释为良。其布告之，使谕朕意。"又诏曰："比以幽、蓟一方招之不服，今欲师师以往，故先安抚山西诸部。汝等既已怀服，宜加抚存。官民未附已前，罪无轻重及系官逋负，皆与释免，诸官各迁叙之。"⑤

到天辅七年（1123年），辽五京已先后落入金人手中，在"中外一统"大功告成之际，阿骨打的"天下一家"思想也已成熟。正月，阿骨打下诏："诸州部族归附日浅，民心未宁。今农事将兴，可遣分谕典兵之官，无纵军士动扰人民，以废农业。"⑥二月，命谙版勃极烈："郡县今皆抚定，有逃散未降者，已释其罪，更宜招谕之。前后起迁户民，去乡未久，岂无怀土之心？可令所在有司，深加存恤，毋辄有骚动。衣食不足者，官

---

① 《金史》卷71《斡鲁传》，第1633页。
② 《金史》卷2《太祖》，第29页。
③ 《金史》卷2《太祖》，第31页。
④ 《金史》卷2《太祖》，第38页。
⑤ 《金史》卷2《太祖》，第38页。
⑥ 《金史》卷2《太祖》，第39-40页。

赈贷之。"又诏曰："顷因兵事未息，诸路关津绝其往来。今天下一家，若仍禁之，非所以便民也。自今显、咸、东京等路往来，听从其便。其间被虏及鬻身者，并许自赎为良。"①

基于"天下一家"思想，阿骨打对残虐百姓的女真贵族严加处罚，对善于安抚百姓的官员则勉励褒奖。天辅七年（1123年）正月，阿骨打重责完颜昂："比遣昂徙诸部民人于岭东，而昂悖戾，骚动烦扰，致多怨叛。其违命失众，当置重典。若或有疑，禁锢以待。"②又褒奖中京都统斡论："闻卿抚定人民，各安其业，朕甚嘉之"。③

阿骨打"天下一家"思想的实践取得了丰硕的成果。它使阿骨打得到各族百姓的信任和支持，纷纷加入女真人阵营，削弱了辽朝的统治基础，加速了辽朝灭亡的进程。收国元年（1115年）七月，九百奚营来降。收国二年（1116年）五月，南路系辽女直皆降。天辅二年（1118年）闰九月，九百奚部萧宝乙辛，北部讹里野，汉人王六儿、王伯龙，契丹特末，高从佑等，各率众来降。十月癸未，以陇化州降者张应古、刘仲良为千户。乙未，汉人李孝功、渤海二哥率众来降。十二月甲辰辽璐州节度使刘宏以户三千并执辽候人来降。④

金天辅五年（1121年），辽朝皇室宗亲耶律余睹降金，标志着契丹统治集团内部的崩溃。此后，辽政权摇摇欲坠，原来在辽统治之下的各族人民全面投向新兴的金朝。

四、"海上信誓已定，不可失也"

在辽金战争如火如荼之际，东北局势的动荡很快引起了北宋方面的注意。虽然自"澶渊之盟"后，北宋与辽基本维持了和好的局面，但宋初几次北伐未能收复"燕云十六州"的创痛和每年进献"岁币"的耻辱

---

① 《金史》卷2《太祖》，第40页。
② 《金史》卷2《太祖》，第39页。
③ 《金史》卷2《太祖》，第39页。
④ 《金史》卷2《太祖》，第32页。

第四章　金太祖和金太宗时期的民族关系思想

始终是北宋君臣的梦魇。辽朝节节败退的窘境激起了北宋君臣复兴的愿望,宋徽宗接受了辽朝降官马植的建议,决定与阿骨打结盟夹击辽朝。

天辅元年(1117年)十二月,登州防御使马政携带国书渡海使金,向阿骨打转达了宋徽宗"欲与通好,共行伐辽"的意向,其书略曰:"日出之分,实生圣人。窃闻征辽,屡破勍敌。若克辽之后,五代时陷入契丹汉地,愿界下邑。"①对宋徽宗主动遣使请求结盟,阿骨打求之不得。因为虽然金已经占据了东京道等地,但毕竟辽是立国二百余年的大国,还保留着相当强大的实力,而金军战线拉长,人口、粮饷的制约越来越严重。如宗翰所言:"臣于天会之初,从二先帝破辽攻宋,兵无五万之众,粮无十日之储。"②这种情况使阿骨打认识到仅靠金自己的力量短时间内无法灭辽,因此他欣然接见款待了宋使,同意宋徽宗联合灭辽的建议。天辅二年,阿骨打使散睹如宋报聘,书曰:"所请之地,今当与宋夹攻,得者有之。"③

尽管阿骨打希望得到北宋的援助,但他并不愿意因此受制于人,而是要求以平等的地位交往,甚至要求占据主导地位。对于损害国家权益的行为,阿骨打绝不姑息。天辅三年(1119年)六月,"散睹受宋团练使,上怒,杖而夺之"。④

此后,金在战争中的优势日渐明显,胜利的大局已定,而宋军迟迟未能北伐,阿骨打的态度发生了微妙变化,对北宋索取"燕云十六州"的要求,提出了一些苛刻的条件。金军将领也宣称"吾家立国已获大辽数郡,其他州郡可以俯拾"。⑤但由于当时金面临的形势仍然很严峻,且女真人一向视北宋为天朝大国,如宗翰认为"南朝四面被边,若无兵力,

---

① 《金史》卷2《太祖》,第30页。
② 《三朝北盟会编》[丙]卷178炎兴下帙七十八,第518页。
③ 《金史》卷2《太祖》,第30页。
④ 《金史》卷2《太祖》,第33页。
⑤ 《三朝北盟会编》[甲]卷4政宣上帙四,第31页。

安能立国强大如此,未可轻之"①,阿骨打还是很看重与北宋的同盟关系,约定同时南北夹攻辽朝。

在金军顺利攻占中京、西京的时候,北宋朝廷的腐败无能却暴露无遗,宋军两次大举北伐围攻南京,都被残缺不全的辽军打得大败,只得向阿骨打求助。阿骨打挥师南下,很快就占领了南京。对前来索要"燕云十六州"的宋使,阿骨打说:"我闻中国大将独仗刘延庆,延庆将十五万众,一旦不战自溃,中国何足道!我自入燕山,今为我有,中国安得有之!"②降金的辽臣纷纷鼓动阿骨打不要把燕云地区送给北宋。左企弓诗云:"君王莫听捐燕议,一寸山河一寸金。"③部分金军将领也主张占据"燕云十六州",如宗翰对宋的态度由崇敬变为轻蔑,要求只割涿、易给宋。在这种情况下,阿骨打信守诺言,告诫宗翰"海上之盟不可忘也"。④

阿骨打之所以坚守诺言,并不仅仅是出于"诚信"方面的考虑,更是他全面权衡了当时的形势与面临的主要任务做出的决策。当时对辽战争尚未结束,金军在很短的时间里占领了辽朝的大部分疆域,民心不稳,经常反叛,要稳定统治还需要相当长的时间;天祚帝仍有一定号召力,随时可能卷土重来。因此阿骨打不敢贸然失信于北宋,导致两面战线开战。他认识到只有确保与北宋的和平关系,才有利于集中力量铲除天祚帝的残存势力,实现金朝的长治久安。

值得注意的是,由于阿骨打已经看清了北宋的衰弱和腐朽,割让燕地只是他的权宜之计。一方面,他找借口不肯答应宋的要求,只将燕、蓟、檀、景、顺、涿、易七州交给宋;宋纳岁币各 20 万两(匹)银绢,输代税钱 100 万缗;平、滦、营不归还。西京暂由金军掌管;并令金军把燕地金帛、豪族、工匠、民户迁徙一空。另一方面,阿骨打在拒绝宗

---

① 《三朝北盟会编》[甲]卷 4 政宣上帙四,第 38 页。
② 《三朝北盟会编》[甲]卷 16 政宣上帙十六,第 146 页。
③ 《金史》卷 75《左企弓传》,第 1724 页。
④ 黄以周:《续资治通鉴长编拾补》卷 46 宣和五年正月戊午,北京:中华书局,2004 年,第 1410 页。

第四章 金太祖和金太宗时期的民族关系思想

翰提出的与北宋划界至琢、易二州建议的同时，却又激励他"我死，汝则为之"。①

五、完颜阿骨打民族关系思想的评价

综上所述，我们可以看到完颜阿骨打的民族关系思想具有如下几个特点：

其一，强烈的民族自尊感情。在完颜阿骨打的民族关系思想中，始终贯穿着强烈的民族自尊感情这一条主线。天庆二年（1112年）春捺钵头鱼宴上，天祚帝命生女真各部首领起舞助兴，众人皆从，只有阿骨打端立正视，拒不接受这一侮辱性的命令。虽然明知可能因此招致杀身之祸，阿骨打仍然不肯屈服。民族自尊成为维系女真民族独立意识的重要保证，正是在它的激励下，女真人才实现了"将勇而志一，兵精而力齐，一旦奋起，变弱为强，以寡制众"②的奇迹。

其二，大无畏的气概。元朝史学家曾评价："非武元之英略，不足以开九帝之业"。③完颜阿骨打的民族关系思想和实践，处处展现了大无畏的气概。

在讨伐萧海里时，虽然只不过募集千余人马，阿骨打却豪迈地宣布："有此甲兵，何事不可图也！"来流水起兵时，女真诸路兵会齐亦不过2500人，与辽朝拥有的百万大军相比，实力差距悬殊。但阿骨打毅然对辽宣战，并在征询完颜忠对伐辽的意见时，就此作了说明，"辽名为大国，其实空虚，主骄而士怯，战阵无勇，可取也。"④

其三，从实际出发的精神。完颜阿骨打的民族关系思想在实践过程中有一个显著特点，即坚持从实际出发，深入地调查研究，使自己的思

---

① 《续资治通鉴长编拾补》卷46宣和五年正月戊午，第1410页。
② 《金史》卷44《兵志》，第991页。
③ 《金史》附录《进金史表》，第2899页。
④ 《金史》卷70《完颜忠传》，第1622页。

想适应不断变化的客观环境。人们往往对阿骨打敢于在众寡悬殊的情况下起兵反辽惊叹不已，却忽略了在此之前，完颜阿骨打多次亲自或派人深入辽内部打探虚实，对辽朝的外强中干了然于胸。阿骨打的"中外一统"和"天下一家"思想也都是在抗辽斗争中适应环境变化的产物，随着形势的发展而逐步确立起来。《金史》赞曰："辽主播越，宋纳岁币，以幽、蓟、武、朔等州与宋，而置南京于平州。宋人终不能守燕、代，卒之辽主见获，宋主被执。虽功成于天会间，而规摹运为实自此始。金有天下百十有九年，太祖数年之间算无遗策，兵无留行，底定大业，传之子孙。呜呼，雄哉！"①

阿骨打之所以能够领导女真人取得这样的成就，与他的民族关系思想和实践是分不开的。宋辽夏金时期，是中国民族关系思想发展的一个重要阶段。在这一时期，中国境内各民族之间的交往日益频繁，民族融合程度加深，民族意识增强，有许多民族迭起建立了政权。尤其是北方少数民族持续的兴起与壮大，以积极进取的精神加入中国历史发展的进程，改变了以前由汉民族主导的局面，促进了中国向统一的多民族国家的发展。这就使得传统中国民族关系思想受到冲击，探索和争鸣日趋激烈，思想深度、广度和对现实的影响力也不断加强。从这个方面来看，完颜阿骨打的民族关系思想符合历史发展趋势，既是先进的，也是现实的。

尽管阿骨打没有像许多汉族政治家那样构建起完整的民族关系思想理论体系，但他以简洁有力的诏书和坚定明确的行动将其思想付诸实现，使女真人由分裂走向统一，建立大金王朝，奠定了灭亡辽朝和北宋的基础，深刻影响了中国历史的走向和中华民族的发展进程，在中国民族关系思想史上写下了辉煌的一页。

---

① 《金史》卷2《太祖》，第42页。

第四章 金太祖和金太宗时期的民族关系思想

第二节 金太宗的民族关系思想

金太宗（1075－1135年），即完颜吴乞买，汉名晟。完颜吴乞买是金世祖劾里钵第四子，金太祖完颜阿骨打的同母弟。他是完颜阿骨打起兵抗辽和建立金朝的重要支持者，受命为谙班勃极烈，成为皇位继承人。当完颜阿骨打亲征时，吴乞买留守都城主持国政。天辅七年（1123年）九月，吴乞买继承皇位，改元天会。在位期间，他完成了完颜阿骨打未竟的灭辽大业，进而灭亡北宋，使金朝的统治得到巩固和发展。金太宗的民族关系思想主要表现在与宋就履行海上之盟进行交涉，及伐宋及治理汉地的过程中，其观点也有一个从"一依本朝旧制"到"威制中国"的转变过程。

一、"一依本朝旧制"

"一依本朝旧制"的思想最初是由完颜阿骨打确立起来的。完颜阿骨打登上帝位后，对撒改等表示："今日成功，皆诸君协辅之力，吾虽处大位，未易改旧俗也。"[①]这句话虽然发生在阿骨打劝阻撒改跪拜的语境下，主要是指不改变原来的礼仪制度，但也在一定程度上反映了阿骨打思想的保守倾向，其影响涉及许多方面。不改易旧俗成为金朝建国初期的大政方针之一。收国二年（1116年）东京州县及系辽籍女直皆降，"诏除辽法，省税赋，置猛安谋克一如本朝之制"[②]。天辅五年（1121年），阿骨打准备亲自领兵追击辽天祚帝，委托吴乞买处理国事，诏书中说："汝惟朕之母弟，义均一体，是用汝贰我国政。凡军事违者，阅实其罪，从宜处之。其余事无大小，一依本朝旧制。"[③]这里所说的"一依本朝旧制"和他原先倡导的不改易旧俗精神实质无疑是一致的，只是应用的范围扩

---

① 《金史》卷70《撒改传》，第1614页。
② 《金史》卷2《太祖本纪》，第29页。
③ 《金史》卷3《太宗》，第47页。

大了很多。完颜阿骨打临终之时，他的几位皇子已经长大成人，文韬武略出类拔萃，且在伐辽战争中立下卓越功勋，在这样的前提下，阿骨打仍坚持女真人传统的兄终弟及制度，把皇位传给弟弟完颜吴乞买，由此可以看出阿骨打对"一依本朝旧制"思想的坚定维护，而金太宗则成为"一依本朝旧制"的最大受益者。

金太宗继承了完颜阿骨打的"一依本朝旧制"思想，如在中央继续实行勃极烈制度，以弟完颜杲为谙班勃极烈，贯彻兄终弟及的皇位继承制都，在地方发展完善猛安谋克制度。对高丽和西夏，继续实行以强大的武力为后盾压迫其臣服，尽量避免直接发生战争的策略。而在当时至关重要的对宋关系上，金太宗也坚持按照阿骨打的既定方针，维护与宋的友好联盟，履行海上之盟的约定。

天辅四年（1120年），金与北宋订立海上之盟，是因为建国初期势力尚不够强大，又视北宋为天朝大国，希望能得到宋人的帮助来战胜辽军。但随着战事的发展，北宋统治者懦弱无耻的面目渐渐暴露出来。扣押金朝使臣，单方面停止和约，两次大举进攻燕京失败，违约招纳叛亡等一系列言而无信、颟顸无能的表现，使他们在女真人心中的威信完全丧失。当金占领燕京后，辽朝的彻底覆灭已经只是一个时间问题，在新兴的女真奴隶主贵族的掠夺欲望刺激和一些投降的辽朝旧臣鼓动下，金朝统治者开始重新考虑与北宋的利益分配问题。燕云的富庶和优越的地理位置使一些女真贵族开始不愿把它交给北宋。宗翰向阿骨打提议与北宋划界至涿、易二州。阿骨打出于"诚信"和顾忌天祚帝仍拥有一定兵力进行反扑等方面考虑，表示"我与大宋海上信誓已定，不可失也"。[①]

金太宗即位之初，一切沿用阿骨打的成规，仍令诸将遵守与宋的"海上盟约"。天会元年（1123年）十一月，金太宗诏谕南京，割武、朔二州给北宋。但是，女真统治阶级内部要求改变对宋政策的呼声越来越高。天会二年（1124年）春正月，西南路都统宗望和西北路都统宗翰都表示反对

---

① 《三朝北盟会编》甲卷15政"宣上帙十五"，第144页。

第四章 金太祖和金太宗时期的民族关系思想

将山西地交给北宋,金太宗坚持说:"是违先帝之命也,其速与之。"①宗翰请求说:"宋人不归我叛亡,阻绝燕山往来道路,后必败盟,请勿割山西郡县。"金太宗否定了宗翰的意见:"先皇帝尝许之矣,当与之。"②

金太宗在对宋交涉中恪守信义,不肯背盟,一方面是"一依本朝旧制"思想的体现,另一方面也有其现实的考量。天会初年,制度草创,政权未稳,天祚帝一直在试图东山再起。金太宗的首要目标,是追击天祚帝,彻底肃清辽的残余势力,同时安抚占领区百姓,恢复正常的社会生产生活秩序,因而不愿再树立新的敌人。这一点,在金与高丽的关系中也有明显的体现。高随、斜野出使高丽,至两国境上,高丽接待之礼傲慢不逊,高随等不敢前往,金太宗说:"高丽世臣于辽,当以事辽之礼事我,而我国有新丧,辽主未获,勿遽强之。"③命令高随等返回。天会二年(1124年),同知南路都统鹘实答奏禀高丽纳叛亡、增边备,必有异图。金太宗指示:"凡有通问,毋违常式。或来侵略,则整尔行列与之从事。敢先犯彼者,虽捷必罚。"④而从北宋对金的态度来看,宋徽宗对燕云十分看重,为换取金朝履行协议,不惜用重金和人口为代价,对金的勒索也尽量给予满足。此时与北宋翻脸以致兵戎相见,既在道义上站不住脚,胜败也难以预料。

天会三年(1125年)二月,完颜娄室在余睹谷擒获天祚帝,耶律大石率部西迁,至此辽朝灭亡,金太宗再无后顾之忧。这期间,北宋君臣却不顾利害,招诱平州张觉和朔、应、蔚等州,与金摩擦不断。宗翰再次上书金太宗,建议不把山西交给北宋,"先皇帝征辽之初,图宋协力夹攻,故许以燕地。宋人既盟之后,请加币以求山西诸镇,先皇帝辞其加币,盟书曰:'无容匿逋逃,诱扰边民。'今宋数路招纳叛亡,厚以恩赏。累疏叛人姓名,索之童贯,尝期以月日,约以誓书,一书所致,盟未期

---

① 《金史》卷3《太宗》,第49页。
② 《金史》卷74《宗翰传》,第49页。
③ 《金史》卷135《高丽传》,第2885页。
④ 《金史》卷135《高丽传》,第2885页。

年,今已如此,万世守约,其可望乎。且西鄙未宁,割付山西诸郡,则诸军失屯据之所,将有经略,或难持久,请姑置勿割。"①既然形势已经变得对金有利,而且北宋违背盟约的行为落下了口实,金太宗批准了宗翰的请求,下令不再割让山西。此后,完颜斡鲁上奏:"宋不遣岁币户口事,且将渝盟,不可不备。"完颜阇母也证实"宋败盟有状",宗翰、宗望"俱请伐宋"。②金太宗在女真贵族们的一再请求下,下达进攻北宋的命令,金宋战争爆发了。金太宗从坚守和好到下令发动侵宋战争的转变,说明他意识到"一依本朝旧制"思想已经不适应两国形势发展的需要,出于保障新兴的金王朝及其统治集团利益等方面的考虑,确立和发展了"威制中国"思想。

二、宋金之战的思想交锋

天会三年(1125年)十月,金太宗任命谙班勃极烈完颜杲为都元帅,兵分两路南下伐宋。金太宗最初定下的目标只是要把给北宋的土地收回来。但是,战事之顺利超出了他的预想。左副元帅完颜宗翰统领西路军,从云中出发,连下朔州、代州,进围太原府;右副元帅完颜宗望统领东路军,从平州攻燕京。北宋防守燕京的郭药师投降,充当金军的先锋,引导金军渡过黄河,兵锋直指汴京。随着进攻的节节胜利,女真贵族不再满足于仅仅收回原先交给宋的土地,而是要求以河为界,企图占有北宋黄河以北的领土。

宋徽宗在金军即将围攻汴京的危急时刻,禅位给宋钦宗,自己匆忙南逃。宋钦宗遣使谢罪说:"止缘奸臣误国,容纳叛亡,岁币愆期,物货粗恶,遂令信誓,殆成空文",表示愿意将"投拜职官人口,尽行发遣",请求"不以黄河为界,只将地土税赋所出,改添岁币七百万贯"。这个时候,金朝统治阶级自金太宗而下都没有灭亡北宋的心理准备,而且汴京

---

① 《金史》卷74《宗翰传》,第1696页。
② 《金史》卷74《宗翰传》,第1696页。

第四章　金太祖和金太宗时期的民族关系思想

军民抗金的呼声很高，宋钦宗任命李纲负责防守，汴京防线比较巩固，各地勤王之师纷纷赶来救援，因此宗望提出"自新结好已后，凡图书往复，并依伯侄礼体施行。今放黄河更不为界，可太原、中山、河间等府一带所有地分画立疆至，将来拨属本朝……岁输二百万贯，合要赏军物帛并书籍下项：书五监，金五百万两，银五千万两，杂色表段一百万匹，里绢一百万匹，马、牛、骡各一万头匹，驼一千头"①等一系列苛刻的条件得到满足后，从汴京撤军北返。汴京的危机解除之后，宋钦宗开始后悔答应割让太原、中山、河间三镇，密令当地宋军固守，并出兵救援太原。各地的战事仍时有发生。金军骁勇善战，宋军接连遭遇溃败。宗望败姚平仲于孟阳，宗翰占领隆德府，完颜活女斩种师中于井陉。宋钦宗见宋军无力在军事上战胜金军，便寄望于鼓动亡国的契丹人在内部制造事端，削弱金的力量，使其自顾不暇。他选中策反的目标，就是拥有相当实力的金元帅右都监耶律余睹。宋钦宗让契丹人萧仲恭给耶律余睹带去一封蜡丸密信，信中对宋徽宗联合女真人灭辽表示道歉，鼓动耶律余睹联络掌握军权的契丹将领起兵反金，北宋一定会支持其成就复国大业。不料萧仲恭向宗翰告发了此事。宋钦宗不肯如约交付三镇，又策动耶律余睹反金，反复无常的行径激怒了金太宗。当时金占领辽国土的时间还不长，契丹人在短时间里由统治民族沦落为被统治民族，心态很不稳定，对金政权的巩固仍然是一个严重的威胁。因此宋钦宗对契丹人的招诱无异于釜底抽薪，是金太宗绝对不能容忍的。

天会四年（1126年）八月，金太宗令完颜宗翰、完颜宗望再次率军伐宋。九月，完颜宗翰攻克太原，完颜宗望攻占真定。宋钦宗急忙向宗望求和，愿意割让三镇。宗望的胃口却比以前更大了，提出金与宋划河为界。宋钦宗同意并派出使者，但使者或被地方上的义兵所杀，或为其所阻，都未能完成议和使命。而金军将领经过是先取两河，还是先取汴京的一番争论后，通过了宗翰提出的先取汴京策略。十一月，完颜宗望

---

① 《大金吊伐录》卷1《事目》，商务印书馆，1939年，第18、19页。

渡过黄河，进抵汴京城下。闰十一月，完颜宗翰率西路军与宗望会师，对汴京形成合围。宋钦宗惊恐万分，再次请求议和。金军不理会，继续进攻。闰十一月二十五，金军攻破汴京。完颜宗翰遣人威逼二帝至军前议和，宋钦宗被迫赴金营。金人将汴京财物搜刮殆尽，又迫使宋钦宗遣使命令两河州县开城投降。

这期间围绕着北宋的存废，女真统治集团内部又产生了争议。完颜宗望认为应该保留北宋作为金的藩国，建议释放宋钦宗。宗翰则坚持灭亡北宋，并指出其中利害，"宋兵尚多，民心未去，如今放手，后患无穷"。进而说明自己心中的宏图，"更立异姓，国势易动，徐图混一，岂非善计？"①透过两人的争论，我们可以看到金太宗对这一问题的态度。宗望说："明诏虽允废立，密诏自许便宜行事"，又称"太祖止我伐宋，言犹在耳，皇帝仰体此意，故令我懑自便。"②可见此前金太宗对是否要废掉北宋并没有拿定主意，而是交由前线的大臣们根据情况自行决定。因为都元帅完颜斜也和宗磐都支持宗翰的意见，才最终作出了灭亡北宋的决定。同时我们可以发现，宗翰等女真贵族很快就适应了迅速发展的形势，思想有了质的飞跃，已经不满足于间接统治中原，而试图将扶持异姓傀儡政权作为一个权宜之计，待时机成熟"混一天下"，建立大一统的金王朝。由于当时的环境对金非常有利，这种设想颇有成功之可能，很快就被金太宗接受并加以实行。金军将领也对外宣称"我大金皇帝有一统天下之志"。③

天会五年（1127年）正月，宋钦宗在青城金营献上降表。二月，金太宗下诏降宋徽宗和宋钦宗为庶人。随后就着手施行"以汉治汉"的政策，最后选中了主和派的大臣张邦昌。三月，立张邦昌为楚帝，定都城为金陵。四月初，金军携徽钦二帝、宗室及大批战利品北还。有人据此认为金太宗无意占领中原，如高庆裔对宗翰说："吾君举兵止欲取两河，

---

① 确庵：《靖康稗史笺证》之四《南征录汇》，北京：中华书局，1988年，第141页。
② 《靖康稗史笺证》之四《南征录汇》，第140、141页。
③ 《三朝北盟会编》乙卷61"靖康中帙三十六"，第34页。

第四章　金太祖和金太宗时期的民族关系思想

故汴京既得而复立张邦昌。"①这只是看到了事情的表面。正如前文说的，扶植张邦昌只是金太宗囿于形势做出的权宜之计，最终目的在于实现完颜阿骨打提出的"中外一统"，即建立大一统的金王朝。惜时过不久，金太宗扶植伪楚以渐次吞并中原的企图就落空了。其原因之一是宋徽宗赵佶第九子赵构奉命出使金营求和，被宗泽劝阻留在河北召集兵马勤王，得以免遭俘虏。徽宗和钦宗被俘北去后，北宋已然灭亡，然而在外族入侵国难当头之际，战火中颠沛流离的百姓开始怀念赵宋统治下的太平时光，把恢复赵宋江山作为抗金斗争的一个重要部分。赵构在军民拥戴下于商丘即皇帝位，建立南宋；原因之二是他们挑选来"世辅王室，永作藩臣"②的傀儡皇帝张邦昌颇有自知之明，深知伪楚政权不得人心，自己没有足够的军事和政治实力来保住皇帝的位子，在金兵北撤后亲自赶到商丘请罪，拥戴赵构登基。

南宋的建立和伪楚的被废违背了金太宗更立异姓为帝的初衷，宋高宗还废除了宋钦宗割让河北、河东两路的约定，组织抗金斗争，试图收复两河地区，更加激起了金太宗的愤怒。天会五年（1127年）十二月，金太宗下诏大举南犯。在讨论进军方略时，河北诸将建议会师河北并力进攻南宋，河东诸将则认为陕西和西夏为邻，不可罢兵，坚持先取陕西，然后取宋，双方争执不下，"议久不决"，只好请金太宗定夺。金太宗"两用其策"，以娄室率偏师进攻陕西，而以宗翰、宗辅率金军主力南伐，并强调："康王构当穷其所往而追之，俟平宋，当立藩辅如张邦昌者。"③从这里我们可以看出，虽然金太宗没有放弃攻陕，但用兵的主次却非常明显，把宗翰和宗辅东、西两路军的主帅都调去南征，而且命令穷追赵构，说明他已经决心消灭南宋政权。正是因为金太宗这种坚决的态度，宗弼才会渡江穷追，"搜山检海捉赵构"。

---

①《三朝北盟会编》丙卷141"炎兴四年七月二十七日"引《金虏节要》，第164页。
②《大金吊伐录》卷4《册大楚皇帝文》，第101、102页。
③《金史》卷74《宗翰传》，第1698页。

金军这次南征虽然取得了不少战果，但却没有达到金太宗的目的。南宋军民在保家卫国的斗争中成长起来，韩世忠、张俊、岳飞、刘锜、刘光世、吴玠、吴璘名将辈出，而金军却士气减弱，战斗力明显下降，双方力量对比由金军的绝对优势开始向势均力敌倾斜。宗弼北归途中，被韩世忠困在黄天荡48天，返回北方后，"每遇亲识，必相持泣下，诉以过江艰危，几不免"。完颜昌约他再征江南，宗弼"皇恐推避，不肯从之"。①不久，完颜昌在泰州缩头湖惨败于张荣的水军。种种迹象表明，消灭南宋的目的在短期内不可能达到，而当时北方人民的抗金活动日趋激烈，五马山、八字军、红巾军等风起云涌，金太宗定决定再度建立傀儡政权，以缓和与汉族人民的矛盾，配合金军镇压北方人民的抗金斗争和进攻南宋。经过宗翰、挞懒等力荐，金太宗同意册立刘豫为伪齐皇帝。

刘豫是南宋叛臣，天会六年（1128年）担任济南知府，在金军攻城时投降。刘豫野心很大，他了解到金太宗正在物色一个合适人选做统治中原的代理人，就遣人去金朝活动，得到挞懒和宗翰等人欢心。天会八年（1130年）七月，金太宗立豫为子皇帝，国号大齐。金太宗一手扶植的伪齐政权并没有给金朝带来多少好处。虽然刘豫配合金军攻宋十分卖力，但成效却差强人意。他多次大举南侵，都遭到宋军强有力的反击。而刘豫在其统治区内，为满足金人的需索和攻打南宋的开支，横征暴敛，以致天怒人怨。天会十四年（1136年）完颜宗磐对熙宗说："先帝立豫者，欲豫辟疆保境，我得按兵息民也。今豫进不能取，退不能守，兵连祸结，休息无期。"②对金朝来说，伪齐的存在，"与之征讨则兵力不齐，为之拊循则民非我有，凡事多误，终无所成"③。因此当金太宗、宗翰等相继去世后，刘豫最终被金熙宗废黜。

伪齐的建立未取得效果，东线的战事陷入拉锯状态，金太宗又把重

---

① 宇文懋昭：《大金国志校证》卷6《太宗文烈皇帝四》，北京：中华书局，1986年，第100页。
② 《宋史》卷475《刘豫传》，第13800页。
③ 《三朝北盟会编》丙卷182"炎兴下帙八十二"，第555页。

第四章　金太祖和金太宗时期的民族关系思想

兵投入西线战场，任命右副元帅完颜宗辅为主帅，并调完颜宗弼率部西进，企图从西线取得突破，攻取陕西地区，然后入四川东下灭宋。宋高宗不知金太宗已改变进攻方略，命知枢密院事兼川陕宣抚处置使张浚在陕西发动攻势，牵制淮南金军。天会八年（1130年）九月，张浚以熙河路经略使刘锡为都统制，率步、骑18万人，与完颜宗辅、完颜娄室、完颜宗弼率领的金军主力在富平决战。金军在付出很大的代价之后战胜宋军，乘势占领陕西5路大部分地区。但在陕、川交界的和尚原、大散关，金军在宋军顽强的阻击下止步不前。此后数年，在东、西两线战场，金、宋互有胜负，战事进入艰难的相持阶段。

这个时候金朝统治集团内部的矛盾日趋激化，金太宗中风卧床不起，围绕着皇位继承人选的问题，几派势力展开了激烈的斗争，金太宗企图立自己的长子完颜宗磐为谙班勃极烈，却被宗干、宗翰、宗辅、希尹等联合起来施加压力，无奈接受完颜阿骨打的嫡长孙完颜亶为继承人。内部的政治斗争一定程度上牵制了金太宗对南宋的注意，金太宗晚年对南宋的关注明显减弱，没有再进一步地调整对宋方略。

三、金太宗民族关系思想的评价

对于金太宗民族关系思想从"一依本朝旧制"到"威制中国"的转变，以往史家多注重批判女真族奴隶主贵族的扩张性和掠夺性。其实，我们应当认识到金对宋的战争也具有一定的合理性，这一方面是因为在当时的历史条件下，一个新兴的政权建立后，必然要争取更广阔的生存领域和发展空间。另一方面，北宋君昏臣庸，既没有能力完成盟约规定的夹攻义务，又不讲信义，违背盟约招降纳叛。如不顾赵良嗣"必招女真之兵"[①]的极力劝阻，秘密遣人招诱张觉，令其率众内附，拜为泰宁节度，世袭平州。这就为金出兵提供了正当的说法。当然，金军在伐宋时

---

① 《三朝北盟会编》甲卷18"政宣上帙十八"引史愿《亡辽录》，第165页。

大肆烧杀抢掠，"虏骑所至，惟务杀戮生灵，劫掠财物，驱掳妇人，焚毁屋舍产业"，①使人民生产和生活遭到严重破坏。又在占领区一度采用落后的制度管理，如为了消除汉人的民族意识，强制披发左衽。天会四年（1126年），发布了改俗令："今随处既归本朝，宜同风俗，亦仰削去头发，短巾、左衽。敢有违犯，即是心怀旧国，当正典刑。"②这些残暴的措施激起了汉人更强烈的反抗。据宗泽言，"今河东河西不随顺番贼，虽强为剃头辫发，而自保山寨者不知其几千万人"，③致使金朝在汉地的统治很长时间不能稳定下来。这些暴行无疑都是应该加以否定的。但是，这些民族歧视和民族压迫行为有很多并不是金太宗授意实行的，而是一些负责对宋战争和治理汉地的权臣所为，金太宗还曾对他们的一些极端行为进行过抵制，如由于遭到宋人的激烈反抗，"（谙班勃极烈斜也）尝欲尽坑南人，吴乞买不从其请"。④

我们可以看到金太宗的民族关系思想在很大程度上受到了几位掌握着金朝军政大权的女真贵族的影响。这是因为金初实行的勃极烈制带有浓厚的贵族议事会残余，皇帝的权力受到诸勃极烈的牵制。勃极烈们位高权重，上自皇位继承，下至对外征伐、内政治理，诸勃极烈都有参与决策的权力，甚至可以批评和处分皇帝的过错。此外，自金朝建立以来，就一直处于频繁的战争状态，为了集中资源和力量取得战争的胜利，金太宗赋予了率军在外作战的金军统帅过多的专断权力，使他们的势力发展到几乎可以和中央政府相抗衡。如金太宗为攻宋设立的元帅府，逐渐演变为军政合一的地方统治机构，控制着燕云、中原和陕西地区。元帅府下设两个枢密院，宗翰执掌云中枢密院，宗望执掌燕京枢密院，被时人称为"东朝廷、西朝廷"。天会六年（1128年）宗望去世后，燕京枢密院被并入云中枢密院，宗翰掌握了金朝几乎全部汉地的统治权。尽管金

---

① 《三朝北盟会编》乙卷106"炎兴下帙六"《赵子崧家传》，第468、469页。
② 《大金吊伐录》卷3《枢密院告谕两路指挥》，第74页。
③ 《三朝北盟会编》[乙]卷115炎兴下帙十五，第551、552页。
④ 《三朝北盟会编》[丙]卷166炎兴下帙六六，第394页。

第四章 金太祖和金太宗时期的民族关系思想

太宗意识到这一点,曾设法限制宗翰的某些权力,如天会十一年(1133年)八月,金太宗下诏:"比以军旅未定,尝命帅府自择人授官,今并从朝廷选注"。①但并没有从根本上改变这种状况,以致"罕之专权,主不能令,至于命相,亦取决焉"②。在这种情况下,宗翰的意志很容易就能左右金太宗的思想。这一点是在研究金太宗的民族关系思想时必须注意到的。

第三节 完颜宗翰的民族关系思想

完颜宗翰(1080—1137年),金初著名军事家、政治家。作为公认的金朝开国第一功臣,宗翰在拥立完颜阿骨打称帝建国,参与并领导灭辽攻宋战争等方面做出了突出的贡献,也因此成为最高统治集团中一位举足轻重的人物。史家称赞他:"内能谋国,外能谋敌,决策制胜,有古名将之风。"③在长期的战争和政权建设中,完颜宗翰形成了丰富的民族关系思想。主要体现在如下两个方面:

一、追求女真独立和取辽而代之

宗翰成长的年代正值女真人蓬勃发展,从分裂走向统一。当时辽王朝已经腐朽没落,皇帝昏庸无能,对女真人的掠夺欺辱却有增无已,从而激起了女真人的愤怒,要求独立建国的呼声越来越高。宗翰生于女真宗室,祖父劾者是金景祖乌古乃的长子,父亲是德高望重的国相撒改。撒改是完颜阿骨打的坚定支持者,两人有着深厚的情谊。从17岁起,宗翰就投身于统一女真诸部的戎马生涯。辽天庆二年(1112年),宗翰陪同

---

① 《金史》卷3《太宗》,第65页。
② 宇文懋昭:《大金国志》,济南:齐鲁书社,2000年,第308页。
③ 《金史》卷74《宗翰传》,第1700页。

完颜阿骨打参加头鱼宴，席间阿骨打因为威武不屈触怒了辽道宗，天祚帝欲托词加害。宗翰等借从行围猎的机会，展示了高超的捕猎技能，博得天祚帝的欢心，暂时缓和了双方之间的关系。阿骨打看到天祚帝荒于游畋，政事怠废，认为讨伐辽朝的良机已到，向撒改征求意见，得到其全力支持。《金史》评论："伐辽之计决于迪古乃，赞成大计实自撒改启之。"① 宗翰也发表了自己的看法，说："迎风纵棹，顺坂走丸，祸至速矣，不如乘其无备，先并邻国，聚众为备，以待其变。"② 他还认为辽朝外强中干，女真人完全可以取而代之。辽天庆四年（1114年）九月，完颜阿骨打在来流水誓师，败辽师于境上，射死辽将耶律谢十。宗翰奉父命前来祝贺，并借此劝阿骨打称帝。阿骨打婉言谢绝："一战而胜，遂称大号，何示人浅也。"③ 此后，宗翰追随完颜阿骨打参加伐辽战争。十一月，阿骨打大破辽军于出河店，"是月，吴乞买、撒改、辞不失率官属诸将劝进，愿以新岁元日恭上尊号"。阿骨打仍然有所顾虑。宗翰同阿离合懑等进一步劝说："今大功已建，若不称号，无以系天下心。"④ 在宗翰等人的坚决支持下，阿骨打终于下决心称帝建国。辽天庆五年（1115年）正月元日，"群臣奉上尊号。是日，即皇帝位"，定国号"大金"，建元"收国"。⑤

完颜宗翰"姿貌雄杰，善于马上用剑"，"军中服其勇"。⑥ 在伐辽战争中，他充分展现出杰出的军事才能和战略眼光，深得完颜阿骨打的信任和重用。收国元年（1115年），辽都统耶律讹里朵领兵二十余万戍边，宗翰统率金右军，大败耶律讹里朵于达鲁古城。九月，宗翰又参与攻克东北重镇黄龙府。天祚帝大为震惊，决定举全国之兵亲征。面对天祚帝亲自率号称70万的大军压境的严峻局面，一些女真人产生了畏惧，人心惶惶。宗翰巧妙地施展计谋，"伪请为卑哀求生者，阳以示众，实以求战

---

① 《金史》卷70《撒改传》，第49页。
② 《三朝北盟会编》[甲]卷3政宣上帙3，第27页。
③ 《金史》卷2《太祖》，第25页。
④ 《金史》卷2《太祖》，第26页。
⑤ 《金史》卷2《太祖》，第26页
⑥ 《金史》卷74《宗翰传》，第1693页。

第四章 金太祖和金太宗时期的民族关系思想

嫚书上之"。天祚帝盛怒之下失去理智，下诏"女直作过，大军剪除"。① 阿骨打借此激励众人，使女真联盟更加紧密地团结在一起，人人决心誓死一战。在护步答岗战役中，宗翰身先士卒冲锋陷阵，压倒了辽军气势，怯懦的天祚帝逃离战场，数十万辽军顷刻间土崩瓦解。自此辽朝元气大伤，一蹶不振。

随着辽军节节败退，大片国土落入金军手中，部分金军将领产生了懈怠情绪。宗翰却一直保持着清醒的头脑，天辅五年（1121年）四月，他提议西征灭辽："辽主失德，中外离心。我朝兴师，大业既定，而根本弗除，后必为患。今乘其衅，可袭取之。天时人事，不可失也。"②阿骨打十分赞许，当即命诸路戒备军事。在射柳宴上，阿骨打称赞宗翰："今议西征，汝前后计议多合朕意。宗室中虽有长于汝者，若谋元帅，无以易汝。汝当治兵，以俟师期。"③亲自给宗翰斟满酒，并解下御衣披在他身上。不久，阿骨打任命宗翰为移赉勃极烈。十一月，宗翰再次请求伐辽："诸军久驻，人思自奋，马亦壮健，宜乘此时进取中京。"④许多大臣以当时天气寒冷为由，反对出兵，但阿骨打毅然采纳了宗翰的策略。十二月，阿骨打下诏"辽政不纲，人神共弃。今欲中外一统，故命汝等率大军以行讨伐！"⑤任命忽鲁勃极烈杲都统内外诸军，宗翰等为副都统，耶律余睹为向导，长驱直入，攻占了辽中京。宗翰率偏师大败奚王霞末，占领了北安城。驻军北安期间，宗翰捉获天祚帝的护卫耶律习泥烈，得知天祚帝在鸳鸯泺围猎，因杀害素得人望的晋王敖鲁斡，导致属下与他离心离德，而且辽军西北、西南两路兵马皆羸弱，没有作战能力。宗翰将这一情况告知都统完颜杲："辽主穷迫于山西，犹事畋猎，不恤危亡，自杀其子，臣民失望。攻取之策，幸速见谕。若有异议，此当以偏师讨

---

① 《契丹国志》卷10《天祚皇帝上》，第105页。
② 《金史》卷74《宗翰传》，第1693页。
③ 《金史》卷74《宗翰传》，第1693、1694页。
④ 《金史》卷74《宗翰传》，第1694页。
⑤ 《金史》卷2《太祖》，第36页。

之。"完颜杲答复:"顷奉诏旨,不令便趋山西,当审详徐议。"①宗翰派使者向完颜杲报告时,已经整军等待出兵。在知道完颜杲无意进取后,宗翰决定进兵。他告知完颜杲:"初受命虽未令便取山西,亦许便宜从事。辽人可取,其势已见,一失机会,后难图矣。今已进兵,当与大军会于何地,幸以见报。"②在宗干的劝说下,完颜杲接受了宗翰的意见,分路出击。天辅六年(1122年)二月,宗翰领精兵六千追袭天祚帝,一昼夜便至鸳鸯泺,天祚帝望风逃遁。宗翰派完颜希尹继续追击,天祚仅率轻骑逃走,金军乘胜占领西京。四月,西京复叛,耿守忠带辽军五千前来救援。宗翰大败耿守忠军,复取西京。六月,完颜阿骨打亲征,宗翰等人随行,辽南京不战而降。天辅七年(1123年)元月,阿骨打任宗翰为都统,蒲家奴、宗干副之,驻军云中。

二、从支持海上之盟到伐宋问罪,再到徐图统一的思想演变

完颜阿骨打起兵后屡败辽兵,北方局势的这一变化引起了北宋君臣的注意。宋徽宗认为辽朝有灭亡之势,多次派出使者自山东登州渡海谈判联合攻辽,欲乘机收复燕云。由于当时金兴起不久,实力仍然有限,因此也有联合北宋的意愿,阿骨打与宗翰等人共议数日,决定响应宋徽宗的倡议,与北宋结成同盟。也就是说,宗翰是达成宋金海上之盟的决策者之一,最初赞成联宋灭辽的策略。海上之盟约定:双方联合灭辽;金攻取辽中京,北宋攻取辽南京;南京等地归属北宋,北宋将原先给辽的岁币转赠于金。有金臣提出,如果将来金先攻下南京,北宋需要付出钱物赎回。宗翰宽慰宋使赵良嗣:"所要系官钱物,曾思量来,也是不好,便待除去。"③这说明宗翰此时对北宋的态度是很友好的。这种友好在很大程度上是因为宗翰对北宋并不十分了解,在他眼中:"南朝四面被边,

---

① 《金史》卷74《宗翰传》,第1694页。
② 《金史》卷74《宗翰传》,第1694页。
③ 《三朝北盟会编》甲卷4"政宣上帙四"引赵良嗣《燕云奉使录》,第34页。

第四章　金太祖和金太宗时期的民族关系思想

若无兵力，安能立国强大如此？此未可轻之！"①金宋之间结为联盟，改变了对立各方的势力对比，提升了金军的士气。

然而宋军两次大举进攻辽南京，都被残存的辽军打得溃不成军，只得求助于金，暴露了宋军的虚弱和北宋朝廷的腐败无能，这使得宗翰等人心生轻视。宗翰开始不愿意把南京等地交出，提议与北宋划界至琢、易二州。阿骨打出于"诚信"及对辽的战争尚未结束，不宜再树强敌等多方面考虑，没有同意宗翰的意见，表示"我与大宋海上信誓已定，不可失也。待我死后，悉由汝辈"。②在这样的背景下，宗翰对宋的态度日益强硬。当宋使赵良嗣拒绝把南京等地的赋税交给金时，宗翰扬言："燕自我得之，税赋当归我。大国熟计之，若不见与，请速退涿州之师，无留吾疆。"③在讨论交割西京事宜时，又一再勒索，甚至威胁："贵国与契丹家厮杀多年，直候敌不得方与银绢，莫且自家们如今把这事放著一边，厮杀则个，得你败时多与银绢，我败时都不要一两一匹，不知何如？"④天辅七年（1123年），北宋听到张觉叛金的消息，"密遣人诱至，令率众内附"⑤。金军镇压张觉叛乱后，发现了宋徽宗"御笔金花笺手诏赐觉者"⑥。阿骨打去世后，宗翰等人北归奔丧，"朔州节度使韩正、应州节度使苏京、蔚州土豪陈翊等争叛金人，纳土归大宋"，宋河北宣抚使谭稹违反盟约规定予以接收，并派兵戍守。天会二年（1124年）八月，宗翰等"分遣军马，逐去苏京、孙团练，取蔚州，杀陈翊，复取上畔州郡，又陷飞狐、灵丘两县"，"绝交割山后之意"⑦。针对这些情况，宗翰向金太宗请示："宋人不归我叛亡，阻绝燕山往来道路，后必败盟，请勿割山

---

① 《三朝北盟会编》甲卷4"政宣上帙四"，第38页。
② 《三朝北盟会编》甲卷15"政宣上帙十五"，第144页。
③ 毕沅：《续资治通鉴》卷94《宋纪》徽宗宣和四年十二月甲辰，北京：中华书局，1957年，第2455页。
④ 《三朝北盟会编》甲卷14"政宣上帙十四"引赵良嗣《燕云奉使录》，第128页。
⑤ 《三朝北盟会编》甲卷17"政宣上帙十七"，第163页。
⑥ 《三朝北盟会编》甲卷18"政宣上帙十八"引《北征纪实》，第172页。
⑦ 《三朝北盟会编》甲卷19"政宣上帙十九"，第178页。

西郡县。"金太宗回复:"先皇帝尝许之矣,当与之。"①宗翰进一步上奏劝说:"先皇帝征辽之初,图宋协力夹攻,故许以燕地。宋人既盟之后,请加币以求山西诸镇,先皇帝辞其加币。盟书曰:'无容匿逋逃,诱扰边民。'今宋数路招纳叛亡,厚以恩赏。累疏叛人姓名,索之童贯,尝期以月日,约以哲书,一无所至。盟未期年,今已如此,万世守约,其可望乎。且西鄙未宁,割付山西诸郡,则诸军失屯据之所,将有经略,或难持久,请姑置勿割。"②金太宗对宋一再违背盟约也极为不满,批准了宗翰的请求。

天会三年(1125年)二月,天祚帝被完颜娄室擒获。辽朝的覆灭使金可以腾出手来专心对付北宋。宗翰与宗望等将领一再请求金太宗出兵攻宋。十月,金军借口北宋招纳叛亡、"岁交金币并不如期"③,兵分两路伐宋。左副元帅完颜宗翰率西路军连克朔州、代州,但在太原被王禀领导的抗金军民阻滞不前。东路军完颜宗望进展顺利,从平州攻取燕京,由降将郭药师充当向导渡过黄河,进攻汴京。因宋钦宗在李纲等支持下抵抗得力,金军未能攻破汴京城,宗望遂胁迫宋钦宗割让太原、中山、河间三镇议和。然而,危机刚解除,宋钦宗就违背自己立下的誓言,密诏"河北三帅固守三镇"④,并出兵支援太原抵抗。当宗翰遣原辽臣萧仲恭至宋索取贿赂,宋钦宗让萧仲恭给耶律余睹带去一封密信,劝其反金。萧仲恭向宗翰献出蜡丸密书,告发了此事。宗翰本来就在懊恼此次伐宋功勋未能超过宗望,不愿意与宋议和。于是,他说服金太宗,再次发动伐宋战争。宗翰率军攻取太原,宗望攻取真定。在商讨下一步的方略时,完颜希尹说:"今河东已得太原,河北已得真定,二者乃两河领袖也。乘此之势,可先取两河,俟两河既定,徐取东京未晚。今若弃两河先取东京,倘有不利,则两河非我所有。兼太子向到东京,不能取之。"宗翰恼

---

① 《金史》卷74《宗翰传》,第1696页。
② 《金史》卷74《宗翰传》,第1696页。
③ 《大金吊伐录》卷1《回札子》,第15页。
④ 《三朝北盟会编》甲卷43"靖康中帙十八",第433页。

第四章 金太祖和金太宗时期的民族关系思想

怒地摘下貂帽掷到地上，说："东京国之根本，我谓不得东京，两河虽得而莫守。苟得东京，两河不取可自下。向东京不能得者，以我不在彼也。今若我行，得之必矣。"并自信地宣称："我今若取东京，如运臂取物，回首得之矣。"①从上述表态，我们可以看出这时宗翰已经对灭宋志在必得。天会五年（1127年）一月，宗望和宗翰率军攻破汴京，俘虏了宋徽宗和宋钦宗。

在北宋的存废问题上，宗翰和宗望等人产生了分歧。宗望希望留宋徽宗和宋钦宗在汴京，接受金国节制，使宋成为金的藩属国。宗翰却认为宋金已成仇敌，决意灭亡北宋。据《靖康稗史笺证》引《南征录汇》记载，宗翰和宗望之间曾为此爆发了一场冲突：宗望到宗翰营寨中商议释放宋钦宗："明诏虽允废立，密诏自许便宜行事，况已表请立藩，岂容中变？"宗翰不肯答应。宗望借阿骨打对宋的友好态度来劝说："太祖止我伐宋，言犹在耳，皇帝仰体此意，故令我懑自便。"宗翰指责宗望徇私并阐明其中利害："皇子何私于宋，不顾大害？宋兵尚多，民心未去，如今放手，后患无穷。"进而说出自己的打算，"更立异姓，国势易动，徐图混一，岂非善计？"在场的宗磐支持宗翰的意见，并说："都元帅斜也意同。"宗望极为愤怒："南伐我实首谋，我当为政，废主亲属不能如契丹虐待。"②在宗磐劝说下，宗望才悻悻离去。从上述记载中，我们不难发现，宗翰的思想不但远非那些只知掳掠子女玉帛为乐事的女真贵族可比，而且超越了意图将宋纳为藩属的宗望等人，甚至把扶持张邦昌、刘豫傀儡政权也只是作为权宜之计，最终的目标是混一天下，建立大一统的王朝。

由于金扶植的张邦昌"大楚"政权不得人心，当康王赵构在商丘重建宋朝时，张邦昌主动放弃了皇帝的称号。南宋的建立激起了金人的愤怒，金太宗以宗翰、宗辅等人率大军南伐，并宣布："康王构当穷其所往

---

① 《大金国志》卷4《太宗文烈皇帝二》，第37、38页。
② 《靖康稗史笺证》之四《南征录汇》，第140、141页。

而追之。俟平宋，当立藩辅如张邦昌者。"①战事最初进展顺利，天会七年（1129年）秋，完颜宗弼挥军南下追击宋高宗，一路搜山检海，宋高宗无路可逃，被逼入海漂泊了四个月。但是，随着战争的持续，南宋军民在保家卫国的斗争中成长起来，而金军却士气减弱，战斗力明显下降，双方力量对比由金军占绝对优势渐渐向势均力敌倾斜。宗弼北归途中，被韩世忠困在黄天荡48天，返回北方后，"每遇亲识，必相持泣下，诉以过江艰危，几不免"。完颜昌要和他再征江南，宗弼"皇恐推避，不肯从之"。②时隔不久，完颜昌在泰州缩头湖惨败于张荣的水军。宗翰调整战略，试图从西线战场取得突破，虽然获得了富平战役的胜利，但和尚原一战金军大败，宗弼身中两箭，"亟剃其须髯遁归"③，仙人关一战，宗弼"几为吴玠所杀，赖韩常援而出之，常被南军射损左目"④。在中原战场上，刘豫和金军联合发起的攻势，也被岳飞等挫败。形式的变化使部分金军将领产生了厌战情绪，希望与宋议和。宗翰却仍然保持着高昂的斗志，天会十一年（1133年）四月，南宋水军都统制徐文投降刘豫，建议刘豫联合金军自海道袭临安。宗翰准备采纳徐文的计策，宗弼反对说："江南卑湿，今士马困惫，粮储未丰足，恐无成功。"宗翰"坚执以为可伐"，指责宗弼"都监务偷安尔"。⑤可以看出，完颜宗翰一直把南宋视为心腹之患，企图消灭南宋政权，为金王朝一统天下扫清道路。

  虽然完颜宗翰为了女真人的解放和发展事业尽力，但对其他民族却存在着严重的民族歧视和民族压迫心理，这使他成为女真奴隶主贵族集团保守派的代表人物。在伐宋战争和统治汉地期间，宗翰滥施淫刑毒政。"虏骑所至，唯务杀戮生灵，劫掠财物，驱虏妇人，焚毁舍屋产业"⑥，"敌纵兵四掠，东及沂密，西至曹、濮、兖、郓，南至陈、蔡、汝、颍，北

---

① 《金史》卷74《宗翰传》，第1698页。
② 《大金国志校证》卷6《太宗文烈皇帝四》，第100页。
③ 《宋史》卷361《张浚传》，第11301页。
④ 《大金国志校证》卷7《太宗文烈皇帝五》，第114页。
⑤ 《金史》卷77《刘豫传》，第1761页。
⑥ 《三朝北盟会编》乙卷106"炎兴下帙六"引《赵子崧家传》，第468、469页。

第四章　金太祖和金太宗时期的民族关系思想

至河朔,皆被其害。杀人如刈麻,臭闻数百里。淮、泗之间,亦荡然矣"。① 为防止百姓南流和南宋奸细入境侦查,宗翰禁止百姓擅离本籍,致使"小商细民,坐困闾里,莫能出入,道路寂然,几无人迹矣"。②天会八年(1130年),宗翰密令各地同一日大索两河人民,在路上拘捕行旅,持续了三天。捕到的客户编入官籍,用铁索锁在一起,押到云中,或散养民间,立价出卖。有的人被驱赶到回鹘诸国去换马,也有的人被卖给萌骨子、迪烈子、室韦、高丽作奴隶。被掳到云中的人不允许出城,不发给粮食,只得靠乞讨为生。宗翰担心饥民过多容易闹事,竟以给米赈济为名,将三千人诱骗出城活埋。完颜宗翰在河东"以峻法治民,民于市中拾一钱,或于他人菜园中拔一葱,就被处死"。③又"禁民汉服,及削发不如式者死。……生灵无辜被害者不可胜纪。时复布帛大贵,细民无力易之,坐困于家,无敢出焉"。④天会九年(1131),他采用心腹高庆裔的建议,在诸州郡遍设地牢,"深三丈,分三隔,死囚居其下,徒流居其中,笞杖居其上。外起夹城,重堑以围之"。⑤出于对中原人民的轻视和敌意,天会十年(1132年)夏,宗翰"密诫试官不取中原人,故是岁止试词赋,不试经义"。⑥

三、完颜宗翰民族关系思想的评价

综上所述,我们应该对完颜宗翰的民族关系思想作出一分为二的评价,概括地说,有如下几点:

其一,完颜宗翰民族关系思想的大部分内容符合当时中国边疆少数民族发展的历史趋势。宗翰不仅具有杰出的军事才华,还具有敏锐的政

---

① 《建炎以来系年要录》卷4"建炎元年四月庚申朔",北京:中华书局,1956年,第87页。
② 《建炎以来系年要录》卷47"绍兴元年九月",第854页。
③ 《建炎以来系年要录》卷47"绍兴元年九月",第854页。
④ 《大金国志校证》卷5《太宗文烈皇帝三》,第84页。
⑤ 《大金国志校证》卷7《太宗文烈皇帝五》,第113页。
⑥ 《大金国志》卷7《太宗文烈皇帝五》,第67页。

治洞察力。他看清了辽王朝的腐朽没落，积极推动女真独立建国，投身于伐辽战争，坚决主张取辽而代之。他鼓吹发动对宋战争，始终是主战派的中坚力量，也是为了满足女真民族崛起之初稳固、扩张政权的需要，有一定的合理性，对金朝的发展做出了重大贡献。

其二，宗翰的民族关系思想反映了金建国初期女真人积极进取的民族精神。宗翰回顾创业时的艰难，说："臣于天会之初，从二先帝破辽攻宋，兵无五万之众，粮无十日之储，长驱深入，旌旗指处，莫不请命降，辽、宋二主及骨肉尽归囚虏，辽、宋郡邑归我版图"①。"尚勇鸷，鄙柔弱"的价值观念造就了女真人坚毅、勇武、积极进取的民族精神。

其三，宗翰的民族关系思想在很大程度上左右了当时金廷的政策，一些时候产生了决定性的影响。完颜阿骨打统治时期，出于对宗翰的信任和重用，对他言听计从。二人"虽有君臣之称，而无尊卑之别"②；金太宗和金熙宗统治时期，宗翰逐渐成为最高军事长官。金元帅府演变为军政合一的地方统治机构，其下两个枢密院，时人称之为"东朝廷、西朝廷"。天会六年（1128年）宗望病死后，燕京枢密院并入宗翰的云中枢密院，宗翰掌握的实力几乎无人能够抗衡。"罕之专权，主不能令，至于命相，亦取决焉"③。在此情况下，宗翰的意志很容易就上升为金的国策，对政局和国事具有决定性的影响力。

其四，宗翰的民族关系思想中也有许多糟粕，这一方面可以归因于时代和阶级的局限性，另一方面也反映了他本人品格和境界的不足。在征服北宋的过程中，宗翰纵兵杀掠，"东及沂密，西至曹、濮、兖、郓，南至陈、蔡、汝、颍，北至河朔，皆被其害。杀人如刈麻，臭闻数百里。淮、泗之间，亦荡然矣"④"自京师至黄河数百里间，井邑萧然，无复

---

① 张金吾：《金文最》上册《狱中上熙宗疏》，北京：中华书局，1990年。
② 《三朝北盟会编》丙卷 166 引《金虏节要》，第 395 页。
③ 《大金国志》，第 308 页。
④ 《建炎以来系年要录》卷 4 "建炎元年四月庚申朔"，第 87 页。

第四章 金太祖和金太宗时期的民族关系思想

烟燹，尸骸之属，不可胜数"①。宗翰热衷于维护女真贵族的利益，残酷的镇压、疯狂掠夺和强制同化激起了中原人民的强烈反抗。宗泽在《乞回銮疏》中说明："今河东河西不随顺番贼，虽强为剃头辫发，而自保山寨者不知其几千万人"②。马扩上书说："时方金人欲剃南民顶发，人人怨愤，日思南归"③。宗翰的这些思想和行为违背了历史发展潮流，不利于金朝的发展，也受到了后人的批评。金世宗曾经问侍臣："秦王宗翰有功于国，何乃无嗣。"众人不知该如何作答。世宗接着感叹："朕尝闻宗翰在西京坑杀丐者千人，得非其报耶。"④报应一说，或属无稽，但从对宗翰残暴思想行为批判的角度来看，世宗的指责无疑是正确的。

第四节 完颜宗弼的民族关系思想

完颜宗弼（？—1148年），即金兀术。金太祖完颜阿骨打第四子，金朝名将，政治家。完颜宗弼能成为大家耳熟能详的人物，应归功于《说岳全传》等古典小说的广泛流传。然而，小说毕竟是经过了艺术加工，而且有着浓厚的政治伦理思想，有时与历史事实相去甚远，甚至带有很深的民族偏见和丑化。事实上，完颜宗弼出将入相，是一位智勇兼备的人物。金世宗推崇他为"宗翰之后，惟宗弼一人"。元代史家认为这一评价恰如其分，"非虚言也"。⑤

完颜宗弼"少年勇锐，冠绝古今"⑥，但在完颜阿骨打起兵反辽之初，

---

① 《三朝北盟会编》甲卷36"靖康中帙十一"，第359页。
② 《三朝北盟会编》乙卷115"炎兴下帙十五"，第551、552页。
③ 《三朝北盟会编》乙卷"123炎兴下帙二十三"，第629页。
④ 《金史》卷6《世宗上》，第133页。
⑤ 《金史》卷77《宗弼传》，第1758页。
⑥ 《三朝北盟会编》丁卷205"炎兴下帙一百一十五"引李大谅《征蒙记》，1979年，第225页。

由于年纪轻，资历尚浅，他没有获得独当一面重任的机会。宗弼第一次崭露头角是在天辅六年（1122年）正月，他跟从宗望率百骑追击三百辽军，在弓箭用尽的情况下，徒手夺得辽军的刀枪，独自击毙八人，生擒五人，其勇猛令人刮目相看。经过战火的锻炼，宗弼迅速地成长为一名骁勇善战的将领。

天会三年（1125年）十月，金军兵分两路伐宋，宗弼任东路军行军万户。次年正月，宗弼破汤阴县，俘宋兵三千人。强渡黄河后，宗弼率三千骑直扑汴京，宋徽宗仓皇出逃，宗弼追之不及，缴获三千匹战马。在金军围攻都城的威胁下，宋钦宗被迫求和。八月，宗弼随右副元帅宗望再次南下攻宋。天会五年（1127年）四月，金军攻下汴京，俘虏宋徽宗和宋钦宗。十二月，宗弼在宗辅军中，受命平定山东淄、青抗金武装，先败郑宗孟数万大军，克青州。既而破赵成，败黄琼，占领临朐。天会六年（1128年）正月，回师渡青河之际，遭到宋军袭击，宗弼挥军斩杀万余人，将其击溃。

天会六年（1128年）七月，金太宗下诏讨伐宋高宗。宗弼率部为先锋，先后攻占濮州、开德、大名府，平定河北。天会七年（1129年），宋高宗自扬州南逃，宗弼等分道南下追击。宗弼所部入宋淮南西路，追降归德府，占领和州。十一月，宗弼率军渡江，击败宋杜充率领的六万步骑，下建康，接着攻取广德军路、湖州、临安。宋高宗闻临安不守，逃往明州。宗弼军连破宋军，进逼明州，宋高宗闻讯逃到海上。宗弼攻取明州，入海追击宋高宗三百余里才返回。天会八年（1130年）二月，宗弼带着从江南掠夺的大量财富北还。这次出征对宗弼之后在民族关系上的考量产生了深刻的影响，主要在以下两个方面：

其一，宗弼一路攻城略地，立下了赫赫战功，在名将云集的金军中脱颖而出，天会七年（1129年）初，宗弼升任元帅右监军，成为一方面的统帅。苦于宗弼穷追不舍，宋高宗狼狈逃窜，竟至漂泊于海上避难，

第四章 金太祖和金太宗时期的民族关系思想

从此对宗弼心怀畏惧,成为日后妥协退让的一大诱因,故《金史》称"宗弼蹙宋主于海岛,卒定画淮之约"①。宗弼也由此成为宋人心目中头号敌人,以致有"兀术不死,兵革不休"②之说。

其二,在追击宋高宗的过程中,宗弼转战数年,深入南宋腹地,亲自领略了南宋军民在保卫家园的斗争中成长强大起来,对其进行了顽强抵抗和沉重打击。"张浚以孤军敢与敌战而有明州城下之捷,陈思恭邀击于吴县而有太湖之捷,牛皋邀击于荆南而有宝丰之捷,岳飞邀击于荆南而有静安之捷,而韩世忠捷于镇江。"③尤其是宗弼被韩世忠困在黄天荡48天不能脱身,使他大受打击,"自江南回,初至江北,每遇亲识,必相持泣下,诉以过江艰危,几不免"。当完颜昌约其再征江南,宗弼"皇恐推避,不肯从之"。④这次经历还使他切身体会到江南特殊的地理气候条件给金军造成的不便,以及宋军在水战上的优势,认识到在当时的形势下要灭掉南宋是不切合实际的幻想,为其日后主持与南宋的议和奠定了思想基础。因此,当天会十一年(1133年)宗翰欲用前来叛降的南宋水军都统制徐文计策,自海道袭临安,宗弼表示反对,说:"江南卑湿,今士马困惫,粮储未丰足,恐无成功。"⑤经过这次深入江南追击宋高宗的经历,完颜宗弼对双方的力量对比等现实情况有了比较全面和深刻的了解,思想也逐渐成熟起来。

天会八年(1130年)九月,宗弼转战陕西,与宋军大战于富平,宋川陕宣抚处置使张浚集结重兵,宗弼陷入重围之中。在完颜娄室军的竭力援助下,宗弼率众浴血奋战大败宋军。但是,战事的发展也并非一帆风顺。天会九年(1131年)十月和尚原之战,宗弼被宋将吴玠打得大败,

---

① 《金史》卷77《宗弼传》,第1758页。
② 《宋史》卷399《宋汝为传》,第12135页。
③ 《皇宋中兴两朝圣政》卷7引《大事记》。
④ 《大金国志校证》卷6《太宗文烈皇帝四》,第100页。
⑤ 《金史》卷77《刘豫传》,第1761页。

"中流矢二,仅以身免"①,"亟剃其须髯遁归"②;同年仙人关之败,宗弼"几为吴玠所杀,赖韩常援而出之,常被南军射损左目"③。天会十一年(1133年)十一月,宗弼发兵夺取和尚原。

天会十三年(1135年)正月,金熙宗即位,女真贵族内部的矛盾迅速激化。宗磐、宗翰等人"皆争位","人人有自为之心"。④在宗干、宗弼的支持下,金熙宗利用完颜宗磐、完颜昌与完颜宗翰的矛盾,除掉宗翰的心腹高庆裔,宗翰愤懑而死。天会十五年(1137年),宗弼升任右副元帅。宗望、宗翰、宗辅等开国名将的相继离世,及宗弼军功日益显赫,使他有机会在金的军国大事上发挥更重要的作用。

金灭北宋之初,由于女真人对南方气候等条件不适应,加之金在很短的时间里占据了原属辽朝和北宋的广阔领土,兵力不足,一时间没有能力直接治理,遂扶植刘豫建立伪齐政权管辖黄河以南地区,作为金与南宋之间的缓冲和进攻南宋的跳板。刘豫为帝数年,不得人心,对宋屡战屡败,不仅没有实现金太宗使其开拓疆土,令金休养生息的期望,反而陷入进不能取,退不能守,兵连祸结的困境。加之刘豫的靠山宗翰在政治斗争中失势,一向对他不满的完颜昌与宗磐在朝廷结党专权,提出废弃刘豫的主张,得到金熙宗批准。天会十五年(1137年),金熙宗下诏废刘豫为蜀王,在汴京设行台尚书省。然而,伪齐政权废除之后,如何处理其管辖下的河南、陕西之地引起了金统治者之间一场激烈的争论。

宋高宗对金扶植刘豫并把河南、陕西交其管辖一直耿耿于怀。天会十五年(1137年),宋高宗使者王伦向完颜昌请求,"河南之地,上国既不自有,与其封刘豫,曷若归之赵氏?"⑤秦桧曾在完颜昌军中效力,与完颜昌的关系亲密。当上南宋宰相后,秦桧听说完颜昌被封为鲁王,令

---

① 《建炎以来朝野杂记》甲集卷19,第449页。
② 《宋史》卷361《张浚传》,第11301页。
③ 《大金国志校证》卷8《太宗文烈皇帝六》,第127页。
④ 《金史》卷77《宗弼传》,第1758页。
⑤ 《金史》卷79《王伦传》,第1793页。

第四章　金太祖和金太宗时期的民族关系思想

高益恭赍书于完颜昌，劝其"就封以治鲁地，且已为南朝宰相以相应"。①完颜昌和宗磐欲图不轨，有意结交南宋。天眷元年（1138年），完颜昌倡议把河南、陕西交给南宋，并得到领三省事宗磐和东京留守宗隽等人的支持。其实，当时金宋势均力敌，继续与宋的战争状态将得不偿失，与宋讲和更有利于金政权的巩固和发展，这一点已经是金统治阶级的共识。但是相对于金，宋高宗更急于偏安一隅，不惜卑辞厚礼，一再请求议和。在这种情况下，即使不归还河南陕西，双方也能达成和议。宗磐和完颜昌坚持将河南陕西之地交还南宋，完全是出于他们个人的私欲，损害了金的利益。宗干、宗弼等人从大局出发，坚决反对把河南、陕西交给南宋，主张由金直接管理。熙宗命群臣廷议，双方展开了针锋相对的辩论。东京留守宗隽认为："我以地与宋，宋必德我。"宗宪批评宗隽："我俘宋人父兄，怨非一日。若复资以土地，是助仇也，何德之有。勿与便。"完颜昌之弟完颜勖亦以为不可。会后，完颜昌责备勖："他人尚有从我者，汝乃异议乎。"勖曰："苟利国家，岂敢私邪。"②是时，金太宗长子宗磐为太师领三省事，位在宗干之上，又有完颜昌、宗隽党附，权重势大。他们利用熙宗希望尽快与宋讲和的心理，不顾宗干、宗弼等人反对，于天眷二年（1139年）正式将河南、陕西之地移交南宋。

宗弼并没有就此放弃，仍继续调查此事内情。时过不久，宗磐等意图谋反败露，熙宗下诏诛杀宗磐、宗隽，解除了完颜昌的兵权。拜宗弼为都元帅，封越国王。宗弼察明完颜昌"与宋人交通赂遗，遂以河南、陕西地与宋"③的实情。熙宗命宗弼诛完颜昌，完颜昌听到消息后欲南逃，被宗弼追兵捕获，押至祁州处死。宗弼被加封为太保，兼领燕京行台尚书省。

天眷三年（1140年）五月，金熙宗同意了宗弼的请求，下诏攻宋，

---

① 《三朝北盟会编》丁卷197"炎兴下帙九十七"，第49页。
② 《金史》卷77《挞懒传》，第1764、1765页。
③ 《金史》卷77《宗弼传》，第1754页。

欲夺回已废伪齐故地。宗弼率军南下，初战顺利，很快占领了河南、陕西大部，进驻汴京。值得注意的是，金统治者围绕河南、陕西之地归属发生的争执并不是简单的主战派和主和派之间的冲突。宗弼等人对当时金宋两国实力趋向平衡的状况了然如胸，他们的目的在于最大限度上维护金的既得利益和有利于金的长远发展。具体到宗弼身上，就是希望用武力胁迫南宋"划淮而治"。在这种思想的指导下，当出兵的目的基本达到，并且在宋军岳飞、刘锜等部强有力的反击下，金军遭遇到一系列的挫败，宗弼开始主动要求议和。皇统元年（1141年）九月，宗弼将扣留的宋使放回，表示愿意与宋议和。秦桧奏请宋高宗派刘光远和曹勋往聘，宗弼嫌其官职卑微，要求"遣尊官右职名望夙著者，持节而来"。[①]十月，南宋吏部侍郎魏良臣前往宗弼军讲和。十一月，宗弼派萧毅等使宋。议和期间，宗弼仍然不停攻城略地，亲率大军渡淮河，破泗州、濠州等地，同时威逼利诱宋高宗和秦桧杀害了大将岳飞。皇统二年（1142年）二月，双方正式签约，史称"绍兴和议"：两国东以淮水，西以大散关为界，割唐、邓二州和商、秦二州的一半给金。南宋称臣，纳岁币银、绢二十五万两（匹）。宗弼的声望由此上升到顶峰。皇统二年（1142年）三月，宗弼兼监修国史，以功拜进太傅，赐人口、牛、马各千，驼百，羊万，每岁宋进贡内给银。皇统七年（1147年）九月，又进为太师、领三省事、越国王。

绍兴和议后，鉴于南宋对金的恭顺态度及金以往的绝对优势不复存在，宗弼坚持对宋执行"和好"的政策。皇统八年（1148年），宗弼在《临终遗行府四帅书》中说道：

吾大虑者，南宋近年军势雄锐，有心争战，闻韩、张、岳、杨，列有不协，国朝之幸。吾今危急，虽有其志，命不可保，遗言于汝等：吾没后，宋若败盟，招贤用众，大举北来，乘势撼中原人心，复故土如反掌，不为难矣！吾分付汝等，切宜谨守，勿忘吾戒！如宋兵势盛敌强，

[①] 《三朝北盟会编》丁卷206"炎兴下帙一百六"，第139页。

第四章　金太祖和金太宗时期的民族关系思想

择用兵马破之；若制御所不能，向与国朝计议，择用智臣为补，遣天水郡王桓安坐汴京，其礼无有弟与兄争，如尚悖心，可辅天水郡王，并力破敌。如此又可安中原人心，亦未深为国朝患害，无虑者一也。宋若守吾誓言，奉国朝命令，时通国信，益加和好，悦其心目，不数岁后，供需岁币，色色往来，竭其财赋，安得不重敛于民。江南人心奸狡，既扰乱非理，其人情必作叛乱，无虑者二也。十五年后，南军衰老，纵用贤智，亦无驱使，无虑者三也。俟其失望，人心离怨，军势隳堕，然后观其举措，此际汝宜一心选用精骑，备具水陆，谋用才略，取江南如拾芥，何为难耶？尔等切记吾嘱。①

从这封信中我们可以看到宗弼对国家的赤胆忠心和深谋远虑：

首先，宗弼对金宋形势的变化有着清醒的认识，告诫金军将领要珍惜和维护和好的局面，不要轻易挑起冲突。这一点与宗翰在病重时的嘱咐异曲同工，当年宗翰察觉南宋军力的上升，对众将说："我在犹不能取蜀；我死，尔曹宜绝意，但务自保而已。"②

其次，宗弼对南宋一直保持着高度的警惕。他认为南宋有心收复故土，而且如今"军势雄锐，有心争战"，担心有朝一日南宋会背弃盟约，大举北伐。为此宗弼作出了精心的筹划，一方面要众将严加戒备，另一方面万一出现不敌的情况，可以利用被俘的宋钦宗做挡箭牌，挫败南宋的进攻。

再次，宗弼对南宋仍然抱有觊觎之心，苦于实力不济，只好作罢。在信中，宗弼认为只要当前的局面长期维持下去，南宋必然腐朽衰落，勉励众将保持旺盛的斗志，待时机成熟后一举吞并南宋。

综上所述，我们可以发现完颜宗弼民族关系思想的两个鲜明特点：

其一，义无反顾的爱国精神。宗弼"为人豪荡，胆勇过人。猿臂善

---

① 《三朝北盟会编》丁卷 215 "炎兴下帙一百一十五" 引李大谅《征蒙记》，第 225 页。
② 《宋史》卷 361《张浚传》，第 11301 页。

射，遇战酣，出入阵中，部众惮之"①。郦琼盛赞他："琼尝从大军南伐，每见元帅国王亲临阵督战，矢石交集，而王免胄，指麾三军，意气自若，用兵制胜，皆与孙、吴合，可谓命世雄材矣。至于亲冒锋镝，进不避难，将士视之，孰敢爱死乎。宜其所向无前，日辟国千里也。"②为了维护金朝利益、巩固金朝政权，宗弼不仅在战场上出生入死，还在庙堂上力挽狂澜。宗翰死后，"宗磐、宗隽、挞懒湛溺富贵，人人有自为之心，宗干独立，不能如之何，时无宗弼，金之国势亦日殆哉。"③在宗弼一生的思想和行为中，时刻体现着义无反顾的爱国精神。

其二，审时度势的英明决断。在天眷三年（1140年）南宋枢密院《讨乌珠等檄书》中，宗弼被描述成"好兵忍杀，乐祸贪残。阴蓄无君之心，复为倡乱之首。残杀叔父，擅夺兵权。既不恤壮士健马之丧亡，又岂念群黎百姓之疾苦！"④其实，这在相当程度上是宋高宗出于个人恩怨和政治目的对其进行的丑化。实际上，宗弼并非一个残暴好战的野心家。无论是主战和主和，都是宗弼在对客观形势深入了解的基础上，审时度势作出的准确决断。如天会十一年（1133年）宗翰欲出兵南宋，宗弼认为当时金军士马困惫，粮储未丰，贸然进军毫无胜算，明确予以反对。而在陕西河南被宗磐等出于私心归还南宋后，宗弼却坚决请求金熙宗出师伐宋，重新占领了这一地区。宗弼在兼领汴京行台尚书省事后，访求百姓利病，减税三分之一，让伪齐将士解甲归田，促进了生产的恢复和发展，使百姓得以休养生息。尤其是由宗弼一手促成的绍兴和议为金宋带来了长期的和平，二十年间几无战事，为双方经济文化的发展和中国北方社会的安定做出了贡献。

---

① 《大金国志校正》卷27，第383页。
② 《金史》卷79《郦琼传》，第1782页。
③ 《金史》卷77《宗弼传》，第1758页。
④ 《续资治通鉴》卷123《宋纪一百二十三》"高宗绍兴十年六月甲辰"，第3248页。

第五章

金熙宗至金章宗时期的民族关系思想

第一节 金熙宗的民族关系思想

金熙宗完颜亶（1119—1150年），女真名合剌，是金太祖完颜阿骨打的嫡长孙，继太祖、太宗之后金朝的第三位皇帝。

完颜亶的生父完颜宗峻是金太祖嫡长子，在天会二年（1124年）七月去世。按照女真人收继婚的传统，完颜亶生母蒲察氏改嫁完颜宗干，完颜亶也被伯父宗干收为养子。天会八年（1130年），原定的皇位继承人谙班勃极烈完颜杲薨，金太宗有意立自己的长子完颜宗磐为储嗣，但是顾虑掌握着军政大权的宗翰和宗干、宗辅等各派势力的反对，一直迁延不决。天会十年（1132年），左副元帅宗翰、右副元帅宗辅、左监军完颜希尹入朝，与宗干商议："谙班勃极烈虚位已久，今不早定，恐授非其人。合剌，先帝嫡孙，当立。"他们联合起来向金太宗再三陈情，太宗"以宗翰等皆大臣，义不可夺，乃从之"①，立完颜亶为谙班勃极烈。天会十三年（1135年），完颜亶即帝位。

史家以往对金熙宗的评价不高，认为熙宗"缺少从太祖和太宗身上所体现出的强烈的领袖气质，再者，他也不是个很有才能的人，甚至常常耽溺于杯中，比通常以豪饮著称的女真人更甚"②。这种看法并不公平。

---

① 《金史》卷74《宗翰传》，第383页。
② 傅海波：《剑桥中国辽西夏金元史》，第273页。

金熙宗"酗酒妄杀"①，发生在其统治末年，且有一定隐情，此处姑置不论。单说将金熙宗和太祖、太宗的功业直接进行简单对比就是不妥当的。因为熙宗所处的时代背景已经不同，肩负的历史使命自然有所变化。金太祖、金太宗统治时期，虽然开疆拓土，奠定了金朝百年基业的基础，但忙于战胜攻取，"文物度数，曾不遑暇"②。金熙宗即位之时，金政权已经稳固，高丽、西夏称臣纳贡，耶律大石西走，对宋战争也陷入旷日持久的相持阶段，因此，金熙宗的主要任务由开疆拓土转到对各项制度的改革完善以及与南宋议和上来。金熙宗"天眷新制"在政治上取得了高度成就，"绍兴和议"则奠定了金宋之间长期和平的基础，从这些方面来看，金熙宗不失为一位颇有作为的君主。在民族关系思想方面，金熙宗同样颇有建树，其思想由"四海之内，皆朕臣子""渐祈胥效，翕至大同""柔宋人而息兵戈"等观点构成。

一、"四海之内，皆朕臣子"

金朝是一个多民族国家，境内生活着女真、汉、契丹、奚、渤海等诸多民族。处于统治地位的女真人在人口数量、经济文化等方面都不占优势。为了维护女真人在政治上的优势地位，皇统八年（1148年）左丞相完颜宗贤、左丞完颜禀等人建议，"州郡长吏当并用本国人"。金熙宗答复说："四海之内，皆朕臣子，若分别待之，岂能致一。谚不云乎，'疑人勿使，使人勿疑'。自今本国及诸色人，量才通用之。"③宗贤等口中的"本国人"即女真人，他们主张凡地方官吏必须选用女真人一同担任，可见他们对女真贵族利益的顽固支持和对其他民族上层分子的猜忌防范。比较而言，金熙宗的思想要开明得多。他认为在金朝的统治范围内，各民族都是金朝臣民，如果区别对待，就不可能让他们像一家人一样亲密

---

① 《金史》卷4《熙宗纪》，第87页。
② 洪皓：《松漠纪闻续》，长春：吉林文史出版社，1986年，第44页。
③ 《金史》卷4《熙宗纪》，第84、85页。

第五章 金熙宗至金章宗时期的民族关系思想

无间,也就无法长久地实现统一安定,因此主张用人不疑,不看民族出身的差别,量才通用。

金熙宗的思想并不是凭空产生的,而是在开明派的推动下,适应金朝发展的结果。联系到完颜阿骨打在独立建国和伐辽时提出的"中外一统""天下一家"思想,我们可以发现熙宗"四海之内,皆朕臣子"的认识是对阿骨打思想的继承和发展,具有明显的进步意义。灭亡辽朝和北宋之后的一段时间里,女真贵族部分人背离了这些的思想,对汉、契丹等民族实行歧视和压迫政策。然而,各族人民不屈不挠的反抗斗争给金政权以沉重的打击,让他们认识到只靠军事上的优势,无法维护长期而稳固的统治,因此金朝统治阶级中的一些有识之士开始反思,尝试用怀柔手段来缓和紧张的民族关系,给予被统治民族一定的平等权利。

皇统五年(1145年),金朝廷准备大赦天下,女真臣僚均主张"覃恩止及女直人",唯独尚书左丞宗宪表示反对,上奏熙宗:"莫非王臣,庆幸岂可有间邪",于是金熙宗下令修改赦文,使各族人民都享有这一机会。[①]

皇统七年(1147年),元帅府商议在馆陶修筑三城,让北军在受到攻击时进入居住。行台尚书右丞相刘筈反对说:"今天下一家,孰为南北。设或有变,军人入城,独能安耶。当严武备以察奸,无示彼此之间也。"[②]刘筈的意见最终被采纳。

金熙宗"四海之内,皆朕臣子"的思想在实践中取得了毋庸置疑的成果。在这一思想的影响下,女真统治阶级对被统治民族的压迫和剥削有所减轻,人民的生产和生活处境得到改善,各民族之间的关系逐渐融洽起来。但是,当时的形势异常复杂,不仅保守派与开明派进行着激烈的斗争,以金熙宗为首的开明派本身也存在着很多局限性,"女真为本"的思想残余还很严重,在这些不利因素的制约下,金熙宗思想的实践效果不免被打了折扣,甚至出现了反复和倒退的现象。金熙宗时发生的两

---

① 《金史》卷70《宗宪传》,第1616页。
② 《金史》卷78《刘筈传》,第1772页。

桩文字狱就反映了这个问题。

第一桩发生在皇统六年（1146年），翰林学士宇文虚中下狱被杀。第二桩在皇统九年（1149年），翰林学士张钧被金熙宗亲手杀害。宇文虚中获罪是因为"虚中恃才轻肆，好讥讪，凡见女直人辄以矿卤目之，贵人达官往往积不能平。……乃罗织虚中家图书为反具。"①张钧则因为奉熙宗命拟罪己诏，"其文有曰'惟德弗类，上干天威'及'顾兹寡昧，眇予小子'等语。（萧）肄译奏曰：'弗类是大无道，寡者孤独无亲，昧则于人事弗晓，眇则目无所见，小子婴孩之称；此汉人托文字以詈主上也。'帝大怒，命卫士拽钧下殿，榜之数百，不死，以手剑剺其口而醢之。"②这两桩文字狱的受害者显然是无辜的，而在几乎使"朝省为之一空"③的皇统党狱冤案中，田珏、奚毅、邢具瞻等九人被处死，被逐的汉官达四十余人，他们的遭遇更能说明以金熙宗为首的女真统治阶级对其他民族，尤其是汉人仍然存在着很深的疑忌心理，并没有做到熙宗自我标榜的平等对待、爱之如一。

二、"渐祈胥效，翕至大同"

金熙宗养父完颜宗干是阿骨打的庶长子，金朝初期杰出的政治家、改革家。金太宗时期，宗干与斜也共同辅政，"金议礼制度，班爵禄，正刑法，治历明时，行天子之事，成一代之典，杲、宗干经始之功多矣。"④尽管金熙宗只是完颜宗干的养子，宗干对其却十分关爱，尤其在对熙宗的教育上，为其延揽名师，悉心培养。这在一方面使金熙宗具备了较高的汉文化素养，另一方面则不可避免的造成了金熙宗与女真传统文化的断裂。"熙宗自为童时聪悟，适诸父南征中原，得燕人韩昉及中国儒士教之，后能赋诗染翰，雅歌儒服，分茶焚香，弈棋象戏，尽失女真故态矣。视

---

① 《金史》卷79《宇文虚中传》，第1792页。
② 《金史》卷129《萧肄传》，第2780页。
③ 《金史》卷81《伯德特离补传》，第1826页。
④ 《金史》卷76《赞》，第1748页。

第五章 金熙宗至金章宗时期的民族关系思想

开国旧臣,则曰:'无知夷狄。'及旧臣视之,则曰:'宛然一汉户少年子也!'"①

金太宗生前,已经有改革女真旧俗的打算,可惜未及全面施行即病死。熙宗即位后,面临的主要任务由战争转向和平治理,战时的观念已经不合时宜。一次熙宗大宴群臣,恰逢宗弼遣使奏捷,侍臣进诗称贺。熙宗阅览后说:"太平之世,当尚文物,自古致治,皆由是也。"②这充分说明金熙宗深刻地了解可以马上取天下,不可马上治天下的道理,从而确立了文治的思想。

天眷二年(1139年),金熙宗对身边的大臣说:"朕每阅《贞观政要》,见其君臣议论,大可规法。"翰林学士韩昉回答:"皆由太宗温颜访问,房、杜辈竭忠尽诚。其书虽简,足以为法。"熙宗问:"太宗固一代贤君,明皇何如?"韩昉说:"唐自太宗以来,惟明皇、宪宗可数。明皇所谓有始而无终者。初以艰危得位,用姚崇、宋璟,惟正是行,故能成开元之治。末年怠于万机,委政李林甫,奸谀是用,以致天宝之乱。苟能慎终如始,则贞观之风不难追矣。"熙宗认为他说得很对,又问:"周成王何如主?"韩昉答道:"古之贤君。"金熙宗感叹:"成王虽贤,亦周公辅佐之力。后世疑周公杀其兄,以朕观之,为社稷大计,亦不当非也。"③金熙宗提到的唐太宗、唐明皇、周成王都是中国历史上有作为的君主,熙宗以他们为榜样,表明他把自己看成是中国正统的继承者,欲远法周、唐,改革女真旧制。而在这段对话最后金熙宗对周公的褒扬和为其杀兄之举的辩解亦有所指,并非无的放矢。

金熙宗继位之初,宗室大臣权力斗争十分激烈。完颜宗翰独霸华北,势力几可与朝廷相抗衡。熙宗以相位易其兵柄,任宗翰为太保、领三省事。宗翰亲信完颜希尹、高庆裔、萧庆等皆改任职于朝廷。天会十五年

---

① 《三朝北盟会编》丙卷166"炎兴下帙六十六",第395页。
② 《金史》卷4《熙宗纪》,第77页。
③ 《金史》卷4《熙宗纪》,第74页。

（1137年），熙宗以贪赃罪诛尚书左丞高庆裔，宗翰愤懑而死，希尹被罢相。宗翰一派势力被清除后，太师领三省事完颜宗磐、尚书左丞完颜宗隽、左副元帅完颜昌又结党把持朝政。为制约宗磐的势力，熙宗起复完颜希尹，依靠太傅领三省事的完颜宗幹，尚书左丞完颜希尹，都元帅完颜宗弼的力量，诛杀宗磐、宗隽、完颜昌等人。后来熙宗又因宗弼之请杀掉完颜希尹和萧庆，基本平息了女真贵族间的派系斗争。

在金太宗已经开始的改革基础上，金熙宗以唐宋制度为模式，先后任用完颜宗幹与完颜宗弼主持政务，韩企先、韩昉等人议礼仪、班爵禄、制新律，进行全面政治改革。天眷二年（1139年）他颁布诏书说，"可则循，否则革，事不惮于改"。①可以看出，熙宗改革的目标是明确的，就是努力促使女真社会由奴隶制向封建制转换。但对于改革的程序，则采取了渐进办法，正如他所宣称："维兹故土之风，颇尚先民之质，性成于习，遽易为难，政有所因，姑宜仍旧，渐祈胥效，翕至大同。"②

其一，改革官制，制定礼仪。熙宗废除了勃极烈制，改行三省六部制。原来的勃极烈改授太师、太傅、太保衔，由三师领三省事，尚书省左、右丞相兼领中书、门下二省。天眷元年（1138年）颁行封建官制及换官格，将女真和辽、宋旧官职依新官制统一换授。天眷二年（1139年）三月，熙宗命百官详定仪制，从此后百官在朝见参拜时，用汉式朝服。天眷中设立仪卫将军，始有内廷之禁，亲王以下不能佩刀入宫。皇统五年（1145年），又颁行《皇统新律》，"大抵皆依仿大宋，其间亦有创立者"。③

其二，尊孔崇儒。熙宗大兴礼乐制度，立孔子庙于上京。天眷三年（1140年）十一月，以孔子四十九代孙璠袭封衍圣公，奉祀事。皇统元年（1141年），熙宗亲祭孔子庙，"北面再拜。退谓侍臣曰：'朕幼年游侠，不知志学，岁月逾迈，深以为悔。孔子虽无位，其道可尊，使万世景仰。

---

① 洪皓：《松漠纪闻续》，第45页。
② 洪皓：《松漠纪闻续》，第45、46页。
③ 《大金国志》卷12《熙宗纪四》，第98页。

第五章 金熙宗至金章宗时期的民族关系思想

大凡为善，不可不勉。'自是颇读《尚书》《论语》及《五代》《辽史》诸书，或以夜继焉。"①为提高女真人的文化水平，熙宗令创制"女真小字"，天眷元年（1138年）正月正式颁行，与完颜希尹所创的女真大字一起使用。同年九月，熙宗诏百官诰命，女真、契丹、汉人各用本字，渤海等同汉人。

其三，恢复生产，发展经济。天会十五年（1137年）金熙宗废黜刘豫，设行台尚书省于汴京，伪齐政权瓦解，境内的人民不再受刘豫暴政之苦。天眷三年（1140年），金熙宗下诏罢汉、渤海人猛安谋克制度，此举在收回汉与渤海官员手上兵权的同时，有利于社会经济的恢复和发展。他还采取了一些发展农牧业生产，减轻人民赋税和徭役的措施，"以禁苑隙地分给百姓""罢来流水、混同江护逻地，与民耕牧"②、以京西鹿囿赐农民。皇统四年（1144年）熙宗下诏，对在灾年卖身为奴者，官给绢赎为良，放还其乡。并多次派廉访使到诸路访查民情，考查州府以下官员劝课农桑、平理狱讼、治理地方的状况。《金史·食货志》就此评论："熙宗、海陵王之世，风气日开，兼务远略，君臣讲求财用之制，切切然以是为先务。"③

三、"柔宋人而息兵戈"

从天会三年（1125年）到天会十三年（1135年），金宋之间的战争持续了十年，双方的形势对比发生了很大变化。战争之初，金军势如破竹，很快就灭亡了北宋，又将南宋高宗追得无路可逃漂泊海上。金军的强势显而易见。但是在保家卫国的抗战过程中，南宋军民迅速成长起来，战斗力不断提高，多次对金军进行了沉重打击。双方的军事实力趋向均衡。在这种情况下，金军士气逐渐下降，开始产生厌战情绪。《建炎以来

---

① 《金史》卷4《熙宗纪》，第72页。
② 《金史》卷4《熙宗纪》，第74页。
③ 《金史》卷46《食货志一》，第1027页。

系年要录》记载:"始金人犯中原,有掳掠、无战斗,计其从军之费,及回日,所获数倍。自立刘豫后,南犯淮,西犯蜀,生还者少,而得不偿费,人始患之。"①金军大将韩常也认为:"今之南军,其勇锐乃昔之我军;今之我军,其怯懦乃昔之南军。所幸南方未知耳。"②既然继续对宋进行战争,最终的胜负难以预料,那么金朝统治阶级中务实的人不得不改变对宋策略,渐渐产生了与宋议和的念头。而金熙宗即位后,注意力主要集中在解决内部各派系的权力斗争和对女真旧制的改革上,也需要一个稳定的外部环境,因此确立了"柔宋人而息兵戈"③的思想。为了创造与南宋议和的环境,金熙宗采取了一系列友好的举措。

第一,金熙宗即位后停止了大规模的对宋战争。天会十四年(1136年),刘豫请求金熙宗出兵侵宋,熙宗却只派宗弼前往观战。之后刘豫多次请求金军联合行动,都被熙宗拒绝。

第二,金熙宗废掉了刘豫伪齐政权。金太宗扶植刘豫,意图让其"辟疆保境",使金"得以安民息兵"。尽管刘豫对金态度十分恭顺,进攻南宋也很卖力,但是屡战屡败,"进不能取,退不能守,兵连祸结,休息无期",没有起到缓冲金宋矛盾的作用。④南宋对金将河南、陕西交给刘豫统治非常不满,多次出兵讨伐伪齐。天会十五年(1137年),宋高宗派王伦使金,向完颜昌请求"河南之地,上国既不自有,与其封刘豫,曷若归之赵氏"。⑤完颜昌建议废黜刘豫,得到金熙宗的同意。金熙宗取消伪齐政权,在一定程度上说明他有意缓和与南宋的关系。

第三,金熙宗在宗磐、完颜昌等人诱导下把河南、陕西交给南宋。宗磐、完颜昌等人心怀异志,欲交好南宋以扩大自己的势力。天眷元年(1138年),金熙宗同意了完颜昌归还河南、陕西以同南宋讲和的建议。

---

① 《建炎以来系年要录》卷43。
② 《建炎以来系年要录》卷133"绍兴九年十二月己巳条",第2142页。
③ 《金史》卷32《礼五》,第783页。
④ 《建炎以来系年要录》卷105。
⑤ 《金史》卷79《王伦传》,第1793页。

第五章　金熙宗至金章宗时期的民族关系思想

五月，熙宗遣太原尹乌陵思谋、太常卿石庆元与王伦等使宋洽谈。后又遣张通古、萧哲等使宋，答应割河南、陕西之地给南宋，宋高宗同意对金称臣，纳岁币银绢各 25 万两（匹）。

虽然金朝统治阶级内部对是否在归还河南、陕西的前提下与南宋讲和存在着争议，宗干、宗弼等人对此坚决反对，但由于宗磐、完颜昌、宗隽等人当时把持着朝政，他们利用金熙宗希望尽快与南宋和好的心理，力主让出河南、陕西之地，以使南宋称臣纳贡。金熙宗愿意将河南、陕西之地交还南宋，固然是受到宗磐等人欺骗，更主要的还是因其"柔宋人而息兵戈"的思想，急于为巩固自己的统治创造一个和平的外部环境。但是，由于此举严重损害了金朝的国家利益，受到统治阶级中的"爱国者"坚决抵制。右副元帅宗弼奏曰："挞懒、宗磐阴与宋人交通，遂以河南、陕西地与宋人"[①]，要求严惩宗磐、完颜昌，收回给宋的土地。天眷二年（1139 年）宗磐等谋反败露，熙宗诛杀宗磐等人。完颜昌降为燕京行台尚书左丞相，又同鹘懒等勾结谋反，被宗弼捕杀于祁州。在此过程中，熙宗发现南宋一意贿赂完颜昌，却不重视自己，遂指责宋使王伦："汝但知有元帅，岂知有上国耶？"[②]并产生了重取河南、陕西的想法。

在宗弼等人请求下，天眷三年（1140 年）五月，金熙宗下诏攻宋，很快就占领了河南、陕西大部，进驻汴京。接下来的战事却不再如此顺利，宋军在岳飞等将领的统率下展开了坚决的反击，双方互有胜负，再度陷入僵持状态。由于熙宗夺回原先交给南宋领土的目的已经基本达成，遂主动要求与宋议和。以宋高宗为首的南宋统治集团没有收复故土的决心，在金军的武力威胁面前苟且偷安，接受了苛刻的议和条件，签订了不平等的绍兴和议。

皇统二年（1142 年）二月，宋使何铸进誓表，表中说："臣构言，今来画疆，合以淮水中流为界，西有唐、邓州割属上国。自邓州西四十里

[①] 《金史》卷 79《王伦传》，第 1794 页。
[②] 《金史》卷 79《王伦传》，第 1794 页。

并南四十里为界,属邓州。其四十里外并西南尽属光化军,为弊邑沿边州城。既蒙恩造,许备藩方,世世子孙,谨守臣节。每年皇帝生辰并正旦,遣使称贺不绝。岁贡银、绢二十五万两、匹,自壬戌年为首,每春季差人般送至泗州交纳。"[1]

金熙宗"柔宋人而息兵戈"的思想顺应当时历史发展趋势,开创了20多年的和平时期,促进了双方社会的进步和发展。完颜思敬颂扬,"熙宗时,内外皆得人,风雨时,年谷丰,盗贼息,百姓安",[2]从而为金朝进一步的繁荣发展奠定了坚实的基础。

综上所述,金熙宗的民族关系思想促进了金和南宋之间的和平进程,缓和了被统治民族与女真统治者之间的矛盾,减少了民族对立,促进了各民族的融合和发展。同时,金熙宗民族关系思想的许多观点被海陵王、金世宗等后来的金朝统治者继承和发展,产生了积极深远的影响。因此,对金熙宗的民族关系思想,我们应当给予恰当的评价,并加以深入研究。

第二节 完颜亮的民族关系思想

海陵王完颜亮(1122—1161年)即金废帝,是一位功过是非直到今天仍然存在着很大争议的历史人物。本节拟对完颜亮的民族关系思想作一初步梳理,借以进一步深化对完颜亮的研究。

一、完颜亮的主要民族关系思想

完颜亮生于天辅六年(1122年),是金太祖庶长子完颜宗干次子。完颜宗干是金初著名政治家。金太宗时,完颜宗干参与议礼仪、正官名、

---

[1] 《金史》卷77《宗弼传》,第1755页。
[2] 《金史》卷70《思敬传》,第1626页。

第五章　金熙宗至金章宗时期的民族关系思想

定服色、设选举、兴学校。金熙宗即位后，完颜宗干主持朝政，任用汉官，推行改革。完颜亮的生母大氏，出身渤海王室后裔，汉化程度很深。在这样的家庭环境熏陶下，完颜亮幼年便"貌类汉儿"，受业于名儒张用直，"好读书，学弈、象戏、点茶、延接儒生，谈论有成人器"。[①]从天眷三年（1140年）十八岁时以宗室子为奉国上将军起，完颜亮历任中京留守、同判大宗正事、尚书左丞、平章政事、右丞相兼都元帅、太保领三省事，逐步把持了权柄。皇统九年（1149年）十二月，完颜亮发动政变，杀掉金熙宗成为金朝第四位皇帝。

史书中对完颜亮弑君夺位前的事迹记载疏略，且多侧重于叙述其废立之谋，因此这个时期完颜亮民族关系思想的详细情况已经无从考证。但是从皇统九年（1149年）完颜亮称帝后，立即雷厉风行地将其思想付诸实践来看，此时完颜亮民族关系思想的主要观点早已产生并且发展成熟。总的来看，完颜亮的民族关系思想理论体系由"朕以天下为家，固无远迩之异"[②]和"天下一家，然后可以为正统"[③]两个观点所支撑。

（一）"朕以天下为家，固无远迩之异"

在天德五年（1153年）三月颁布的《迁都燕京改元诏》中，完颜亮宣称："朕以天下为家，固无远迩之异。"[④]"天下为家"出自《礼记·礼运》，其后涵义发生演变，在这里完颜亮表达了自己身为天子，视金国远近地方为一体，对待各族臣民不论亲疏如一家人般关爱之意。完颜亮的这个思想观点并不是凭空产生的。皇统八年（1148年），左丞相宗贤建议："州郡长吏当并用本国人。"金熙宗驳斥："四海之内，皆朕臣子，若分别待之，岂能致一。谚不云乎，'疑人勿使，使人勿疑'。自金本国及诸色人，量才通用之。"[⑤]完颜亮和金熙宗同属改革派，在金熙宗思想的基础

[①]《大金国志》卷13《海陵炀王上》，第104页。
[②]《金文最》卷4《迁都燕京改元诏》。
[③]《金史》卷129《李通传》，第2783页。
[④]《金文最》卷4《迁都燕京改元诏》。
[⑤]《金史》卷4《熙宗纪》，第84、85页。

上,完颜亮突破了狭隘的女真为本思想,施行了诸多政策与措施,致力于完成金熙宗开创的改革事业。

其一,改革官制。天德二年(1150年)十二月,完颜亮下令废除汴京行台尚书省,使全国政令统一于中央;废除元帅府,设置枢密院主管军事;改定猛安谋克继绝法。天德三年(1151年),完颜亮罢免女真族世袭万户,废除上京路的女真万户路,改置节度使。正隆元年(1156年),颁行"正隆官制",罢中书、门下二省,只设尚书省。尚书省以下设院、台、府、司、寺、监、局、署、所,"各统其属,以修其职,职有定位,员有常数"。正隆二年(1157年)八月设置登闻检院。正隆官制"纪纲明,庶务举",改变了女真贵族垄断权力的状况,"是以终金之世守而不敢变焉"。[①]

其二,迁都燕京。金朝灭亡辽朝和北宋,入主中原,随着领土的扩张,金国政治、经济、文化的重心一直在南移,出现了"方疆广于万里,以北则民清而事简,以南则地远而事繁"的局面。金建国时定都上京会宁府,"僻在一隅,官艰于转输,民艰于赴诉",驾驭全国局势日渐力不从心。[②]天德三年(1151年),完颜亮派尚书右丞张浩、燕京留守刘筈仿北宋汴京制度扩建燕京城,兴修宫室。贞元元年(1153年),完颜亮改燕京为中都,正式迁都。贞元三年(1155年)五月,完颜亮令将太祖、太宗棺木由上京迁葬大房山帝陵。正隆元年(1156)十月,又迁始祖以下十帝灵柩至大房山。完颜亮强令上京女真贵族迁往中都,正隆二年(1157年)八月,罢上京留守司。十月,"命会宁府毁旧宫殿,诸大族第室及储庆寺,仍夷其址而耕种之"[③],彻底断绝了他们返回上京的念头。迁都后,完颜亮对女真猛安谋克进行合并整顿,把部分上京猛安谋克迁入中原与汉人杂居。迁都燕京解决了金朝统治重心偏移的难题,加强了对中原地

---

① 《金史》卷55《百官一》,第1216页。
② 《建炎以来系年要录》卷84。
③ 《金文最》卷4《议迁都燕诏》。

第五章　金熙宗至金章宗时期的民族关系思想

区的统治力度，摆脱了女真保守派贵族的束缚，促进了女真封建化的进程，有利于北方各民族的交流和融合。

其三，量才通用。完颜亮曾经说过："国家立法，贵贱一也，岂以亲贵而有异也。"①在一定程度上打破了民族和等级贵贱的偏见。他继承和发展了金熙宗"量才通用"的思想，选拔了一批有才干的契丹、渤海、汉、奚等官员，改变了朝廷中枢由女真宗室贵族垄断的局面。例如，刘筈官至尚书右丞相兼中书令，刘襄、刘磷、张中孚任尚书左丞，萧裕为尚书左丞平章政事，蔡松年为尚书右丞，张浩、张通古、张晖为平章政事，蔡松平、萧玉为参知政事，等等。天德三年（1151 年），完颜亮设国子监，"以宗室及外戚皇后大功以上亲，诸功臣及三品以上官兄弟子孙年十五以上者入学，不及十五者入小学"②；罢"南北选"制，废除"经义科"，以词赋为正科，法律为杂科取士。完颜亮通过吸收深受汉文化熏陶的各民族精英进入统治阶级，扩大了政权基础，加快了女真封建化的步伐，促进了国家的发展建设。

即位之初，完颜亮宣告："励官守、务农时、慎刑罚、扬侧陋、恤穷民、节财用、审才实。"③在他统治前期，"风气日开，兼务远略，君臣讲求财用之制，切切然以是为先务"④，北方生产很快发展繁荣起来。

（二）天下一家，然后可以为正统

《金史·李通传》记载，"海陵恃累世强盛，欲大肆征伐，以一天下，尝曰：'天下一家，然后可以为正统。'"⑤驳斥耨碗温敦思忠不可伐宋的意见时，完颜亮又称"自古帝王混一天下，然后可为正统"⑥。

正统之论，始于《春秋》。《汉书》曰："《春秋》法五始之要，在乎

---

① 《金史》卷 68《阿鲁补传》，第 1598 页。
② 《金史》卷 51《选举一》，第 1131 页。
③ 《金史》卷 5《海陵纪》，第 94 页。
④ 《金史》卷 46《食货志一》，第 1027 页。
⑤ 《金史》卷 129《李通传》，第 2783 页。
⑥ 《金史》卷 84《耨碗温敦思忠传》，第 1883 页。

审己正统而已。"①对于正统的标准一直存在争议,欧阳修认为:"夫居天下之正,合天下于一,斯正统矣。"一般认为,只有符合华夏礼仪,贯彻春秋大义的统一王朝才有资格冠以正统名义。

完颜亮对正统地位的渴望由来已久。据张棣在《正隆事迹记》中记述:亮以渐染中国之风,颇有意于书史。一日,读《晋书》,至《苻坚传》,废卷失声而叹曰:"雄伟如此,秉史笔者不以正统帝纪归之,而以列传第之,悲夫!"又一日,与翰林承旨完颜宗秀、左参知政事蔡松年说:"朕每读《鲁论》,至于'夷狄虽有君,不如诸夏之亡也',朕窃恶之。岂非渠以南北之区分、同类之比周,而贵彼贱我也。"②为苻坚的遭遇抱不平,对华裔有别的憎恶,刺激完颜亮争夺正统地位。恰如宋人所言,完颜亮"耻为夷狄,欲绍中国之正统"。③史书记录了一段完颜亮与亲信们的谈论经过:

海陵召仲轲、右补阙马钦、校书郎田与信、直长习失入便殿侍坐。海陵与仲轲论《汉书》,谓仲轲曰:"汉之封疆不过七八千里,今吾国幅员万里,可谓大矣。"仲轲曰:"本朝疆土虽大,而天下有四主,南有宋,东有高丽,西有夏,若能一之,乃为大耳。"海陵曰:"彼且何罪而伐之?"仲轲曰:"臣闻宋人买马修器械,招纳山东叛亡,岂得为无罪?"海陵喜曰:"向者梁珫尝为朕言,宋有刘贵妃者姿质艳美,蜀之华蕊、吴之西施所不及也。今一举而两得之,俗所谓'因行掉手'也。江南闻我举兵,必远窜耳。"钦与与信俱对曰:"海岛、蛮越,臣等皆知道路,彼将安往?"钦又曰:"臣在宋时,尝帅军征蛮,所以知也。"海陵谓习失曰:"汝敢战乎?"对曰:"受恩日久,死亦何避。"海陵曰:"汝料彼敢出兵否,彼若出兵,汝果能死敌乎?"习失良久曰:"臣虽懦弱,亦将与之为敌矣。"海陵曰:"彼将出兵何地?"曰:"不过淮上耳。"海陵曰:"然则天与我

---

① 《汉书》卷64下《王褒传》,第2823页。
② 《三朝北盟会编》丁卷242"炎兴下帙一百四十二"《正隆事迹记》,第476页。
③ 《中兴御侮录·卷上》〔A〕《粤雅堂丛书·第13集》〔C〕。

第五章　金熙宗至金章宗时期的民族关系思想

也。"既而曰:"朕举兵灭宋,远不过二三年,然后讨平高丽、夏国。一统之后,论功迁秩,分赏将士,彼必忘劳矣。"①

从上述记载我们能够得出几点认识:

第一,完颜亮的目标不仅是征服南宋,根据张仲轲为迎合完颜亮提出的"天下有四主,南有宋,东有高丽,西有夏,若能一之,乃为大耳"及完颜亮的如意算盘"举兵灭宋……然后讨平高丽、夏国",可以看出完颜亮志在实现"六合同风,九州共贯"②的"大一统"理想。

第二,完颜亮为给出兵找借口,把"买马修器械,招纳山东叛亡"这样一个莫须有的罪名安到南宋头上。实际上宋高宗畏金如虎,侍金"未尝有纤毫之隙","从和戎之下策,屈天子之尊,遣皇华之使"③,绝无主动挑衅之可能,金人自己都承认"宋人事本朝无衅隙,伐之无名"。④

第三,除了"大一统"这个空洞的名义,完颜亮举兵缺乏正当的理由。"今一举而两得之"暴露了他的真实意图不过是为了满足自己"帅师伐国,执其君长问罪于前""得天下绝色而妻之"⑤的私欲。

第四,完颜亮轻敌思想严重。他对南宋的认识可以用狂妄无知来形容,居然认为在面临亡国灭种的危险时,"江南闻我举兵,必远窜耳",即使反击,出兵"不过淮上耳",灭宋"远不过二三年"就可以完成,完全低估了南宋军民反抗侵略的意志和力量。至于高丽和西夏,仿佛可以手到擒来,却忘记了前代以辽圣宗之英武数伐高丽无功而还、辽兴宗倾举国之力三征西夏寸土未得的教训。

第五,完颜亮为私利将如此大规模的战争强加给军民,却对给军民造成的苦难估计不足,天真的认为"一统之后,论功迁秩,分赏将士,彼必忘劳矣",对漫长的战争期间军民必然被激起的不满和抵抗毫无心理

---

① 《金史》卷129《张仲轲传》,第2782、2783页。
② 《汉书》卷72《王吉传》,第3063页。
③ 《三朝北盟会编》丁卷227"炎兴下帙一百二十七",第330、331页。
④ 《金史》卷89《翟永固传》,第1976页。
⑤ 《金史》卷129《高怀贞传》,第2789页。

准备。

第六，张仲轲是一个市井无赖；马钦为人轻脱不识大体，世宗恶其巧佞；梁珫"性便佞，善迎合"，"与宋人交通有状"；田与信被完颜亮认定"面目亦可疑，必与珫同谋者"①；李通"以便辟侧媚得幸于海陵"。②这样一群"近习群小辈"，只因揣摩到完颜亮意图，便"盛谈江南富庶，子女玉帛之多，逢其意而先道之"③，得到完颜亮的欢心。兴兵伐宋是关乎金朝兴亡的军国大事，完颜亮却与一班宵小之辈谋议，受其蛊惑，反应了完颜亮性格的轻佻。

完颜亮与老臣耨碗温敦思忠关于伐宋的一次争论，把他的思想再次清晰地展现出来：

海陵将伐宋，问诸大臣，皆不敢对。思忠曰："不可。"海陵不悦，谓思忠曰："汝勿论可否，但云何时克之。"思忠曰："以十年为期。"海陵曰："何久也？期月耳。"思忠曰："太祖伐辽，犹且数年。今百姓愁怨，师出无名。江、淮间暑热湫湿，不堪久居，未能以岁月期也。"海陵怒，顾视左右，若欲取兵刃者。思忠无所畏恐，复曰："老臣历事四朝，位至公相，苟有补于国家，死亦何憾。"有顷，海陵曰："自古帝王混一天下，然后可为正统。尔耄夫固不知此，汝子乙迭读书，可往问之。"思忠曰："臣昔见太祖取天下，此时岂有文字耶？臣年垂七十，更事多矣，彼乳臭子，安足问哉！"④

这段记述反映出几个问题：

第一，从完颜亮训诫耨碗温敦思忠"汝子乙迭读书，可往问之"来看，完颜亮对"正统"的认识很多来源于中国传统民族关系思想中的"正统"思想。举例来说，其"自古帝王混一天下，然后可为正统"的观点，很明显就汲取了北宋司马光臣在《资治通鉴》中对汉魏正统的看法："臣

---

① 《金史》卷131《梁珫传》，第2808页。
② 《金史》卷129《李通传》，第2783页。
③ 《金史》卷129《李通传》，第2783页。
④ 《金史》卷84《耨碗温敦思忠传》，第1882、1883页。

第五章 金熙宗至金章宗时期的民族关系思想

愚诚不足以识前代之正闰，窃以为苟不能使九州合为一统，皆有天子之名，而无其实者也。"①

第二，完颜亮对于伐宋的前景过于乐观，奢望在数月内大功告成，急功近利是导致他后来失败的一个重要原因。

第三，完颜亮统一天下思想非常执着。耨碗温敦思忠所言"师出无名"是为无天时，"百姓愁怨"是为失人和，"江、淮间暑热湫湿，不堪久居"是为少地利，在这种情形下贸然发动战争，成功之日自然"未能以岁月期也"。完颜亮听不进反对意见，"诸大臣，皆不敢对"，他对思忠的诤言闻之大怒，"顾视左右，若欲取兵刃者"，说明在实现"大一统"的虚荣诱惑下，他已经丧失了判断形势的能力。

在"天下一家，然后可以为正统"认识的驱动下，完颜亮有强烈统一的意愿。但未能结合、体察双方的实际情况，最终错误地倾尽全力筹备和发动了"正隆南伐"，给金和南宋两国人民都造成了深重的灾难，最后以失败而告终。

二、实践的经过和失败原因

在完颜亮还只是名臣子的时候，就对高怀贞宣称"国家大事皆自我出"②是他最大的志向。完颜亮对大一统的追求，在很大程度上是出于这种对权力无止境的贪婪。对大一统，他更看重的是："一统者，万物之统皆归于一也……此言诸侯皆系统天子，不得自专也。"也就是所谓"礼乐征伐自天子出"的权威。③

完颜亮即位不久，就向亲信张仲轲表露了他对南宋的觊觎之心。当时完颜亮把一条玉带赐给宋高宗，张仲轲惋惜道"此希世之宝，可惜轻赐。"

---

① 《资治通鉴》卷69"黄初二年三月"，第2187页。
② 《金史》卷129《高怀贞传》，第2789页。
③ 《汉书》卷56《董仲舒传》，第2523页。

完颜亮不以为意,说"江南之地,他日当为我有,此置之外府耳"。①

为了给出兵江南造势,完颜亮不失时机地编造出一个又一个神话。在一次围猎途中,完颜亮突然下令祭奠天地,对群臣说:"朕幼时习射,至一门下,默祝曰:'若我异日大贵,当使一矢横加门脊上。'及射,果横加门脊上。后为中京留守,尝大猎于此地,围未合,祷曰:'我若有大位,百步之内当获三鹿。若止为公相,获一而已。'于是不及百步连获三鹿。又祝曰:'若统一海内,当复获一大鹿。'于是果获一大鹿。此事尝与萧裕言之,朕今复至此地,故拜奠焉。"②正隆三年(1158年)他又托梦说上帝授他为天策上将,佯装醒悟"此岂梦也,岂非天假手于朕,令取江南乎"。③

正隆三年(1158年)正月,完颜亮捏造事实,指责南宋:"事我上国多有不诚,今略举二事:尔民有逃入我境者,边吏皆即发还,我民有逃叛入尔境者,有司索之往往托辞不发,一也。尔于沿边盗买鞍马,备战阵,二也"。又质问:"尔国比来行事,殊不似秦桧时何也?"④其实这些指责都不过是在为发动南侵找借口。

正隆四年(1159年)二月,完颜亮借口"宋国虽臣服,有誓约而无诚实,比闻沿边买马及招纳叛亡,不可不备","诏谕宰臣以伐宋事","籍诸路猛安部族、及州县渤海丁庄充军,仍括诸道民马"。⑤三月,遣使分诣诸道总管府督造兵器。十二月,施宜生出使南宋贺正旦,完颜亮派画工从行,绘成临安风景,题诗于上,"自古车书一混同,南人何事费车工?提师百万临江上,立马吴山第一峰"⑥,表达了他对夺取江南急不可耐的心情和实现大一统的志向。

正隆五年(1160年)三月,东海县民张旺、徐元造反,完颜亮派遣

---

① 《金史》卷129《张仲轲传》,第2781页。
② 《金史》卷129《张仲轲传》,第2781页。
③ 《大金国志》卷14《海陵炀王下》,第111页。
④ 《金史》卷129《张仲轲传》,第2781、2782页。
⑤ 《金史》卷129《李通传》,第2783、2784页。
⑥ 《大金国志》卷14《海陵炀王下》,第114页。

第五章　金熙宗至金章宗时期的民族关系思想

舟师九百浮海讨之，下令："朕意不在一邑，将试舟师耳。"①

正隆六年（1161年）正月，完颜亮为便于进攻南宋，自中都迁往汴京，为安抚南宋使者，谎言"朕昔从梁王军，乐南京风土，常欲巡幸。今营缮将毕功，期以二月末先往河南。帝王巡守，自古有之。以淮右多隙地，欲校猎其间，从兵不逾万人。况朕祖宗陵庙在此，安能久于彼乎。汝等归告汝主，令有司宣谕朕意，使淮南之民无怀疑惧"。②四月，完颜亮密令出使南宋的王全："汝见宋，即面数其焚南京宫室、沿边买马、招致叛亡之罪，当令大臣某人某人来此，朕将亲诘问之，且索汉、淮之地，如不从，即厉声诋责之，彼必不敢害汝。"③意图激怒宋高宗，使南伐出师有名。完颜亮分诸道兵为神策等三十二军，赐宴诸将，说："太师梁王连年南伐，淹延岁月。今举兵必不如彼，远则百日，近止旬月。惟尔将士无以征行为劳，戮力一心，以成大功，当厚加旌赏，其或弛慢，刑兹无赦。"④九月，完颜亮留徒单后与太子光英守南京，亲自率军出征。后迅速攻下淮南，但在长江遭到宋军阻击，无法渡江。此时国内相继爆发了各族人民起义。十月，东京留守完颜雍在辽阳自立为帝。十一月，完颜亮督责诸军渡江，被完颜元宜等杀死。至此，完颜亮混一天下的实践完全失败，自身也落得和他所惋惜同情的西楚霸王项羽、前秦苻坚一样悲惨的结局。

完颜亮的失败并不出人意料。在他被乱军所害之前，有识之士就已经预见到他的悲剧下场。金世宗即位后，谈及心中顾虑："正隆率诸道兵伐宋，若反麾北指，则计将安出？"独吉义劝他不必担忧："正隆多行无道，杀其嫡母，阻兵虐众，必将自毙。"不久金世宗收到完颜亮死于军中的消息，对独吉义说："信如卿所料。"⑤至于完颜亮的失败，则是受到多

---

① 《金史》卷5《海陵纪》，第111页。
② 《金史》卷129《李通传》，第2784页。
③ 《金史》卷129《李通传》，第2784页。
④ 《金史》卷129《李通传》，第2786页。
⑤ 《金史》卷86《独吉义传》，第2786页。

个因素影响的结果,既有客观条件的限制,也有主观上的失误,概括起来有以下几点:

其一,当时中国不具备实现大一统的条件。完颜亮想统一江南,是不合时宜的。大一统的实现必须有物质基础作为保障,而当时金并不具备吞并南宋的实力优势。从天会八年(1130年),宗弼大举入侵江南遭到挫折起,双方势力的对比开始由金强宋弱转向势均力敌。经过宋高宗三十多年的经营,南宋政权在江南已经站稳了脚跟,经济文化繁荣,军事力量也足以和金抗衡。完颜亮在"宋人事本朝无衅隙,伐之无名",金朝方面"人事之不修""天时不顺""地利不便"①的情况下发动侵宋战争,自然毫无胜算可言。

其二,完颜亮挑起战争违背了人心思定的局面。自"绍兴和议"签订以后,金与宋和平相处达二十年,人们已经习惯了安定的局面。女真贵族很快转变为封建地主,对靠战争掠取奴隶和财富的手段不再感兴趣,女真人也失去了过去的凝聚力与攻击力,尚武精神急剧衰退,"度其劲兵,壮者老,老者死,其马之齿日已长矣,其谋臣志满意得,沉酣于子女玉帛之间"。②因此,完颜亮执意发动战争不得人心,遭到从女真贵族到平民百姓一致的反对。其嫡母徒单氏就劝谏说:"兴兵涉江、淮伐宋,疲弊中国。"③对战争的抵触心理弥漫军中,不但一般的士卒接踵逃亡,即便是左领军大都督完颜昂这样的高级将领,也"闻令己渡江,悲惧欲亡去"④。

其三,完颜亮的暴政激起了各族人民的暴动。完颜亮一迁中都,再迁汴京,"一殿之费以亿万计,成而复毁,务极华丽","殚民力如马牛,费财用如土苴"⑤。为备战南伐打造军器,修造战船,役使民夫工匠数百万,耗费资财甚巨。百姓久困转输,不胜疲敝。"征敛烦急,官吏因缘为

---

① 《金史》卷83《祁宰传》,第1874页。
② 《三朝北盟会编》丙卷168"炎兴下帙六十八",第413页。
③ 《金史》卷63《后妃传·海陵嫡母徒单氏》,第1506页。
④ 《金史》卷129《李通传》,第2787页。
⑤ 《金史》卷5《海陵纪》,第117页。

第五章 金熙宗至金章宗时期的民族关系思想

奸,富者用贿以免,贫者破产益困"①,国内的各种矛盾迅速激化,"民不堪命,盗贼蜂起,大者连城邑,小者保山泽"。完颜亮被迫"遣护卫蒲连二十四人,各授甲士五十人,分往山东、河北、河东、中都等路节镇州郡屯驻,捕捉盗贼"。"是时,山东贼犯沂州,临沂令胡撒力战而死。大名府贼王九等据城叛,众至数万。契丹边六斤、王三辈皆以十数骑张旗帜,白昼公行,官军不敢谁何。"②可见,当时金国内已是烽火四起。正隆五年(1160年)五月,完颜亮下令"尽征西北路契丹丁壮",而不顾其泣诉"西北路接近邻国,世世征伐,相为仇怨。若男丁尽从军,彼以兵来,则老弱必尽系累矣"③撒八趁机号召契丹牧民发动起义,"山后四群牧、山前诸群牧皆应之"。这次起义不仅本身规模宏大,严重威胁着金的统治,而且为金世宗在辽阳称帝创造了机会。对于人民起义,完颜亮一是讳疾忌医,"恶闻盗贼事,言者皆罪之"。移剌道奉命督运刍粮,"所在盗起,道路梗涩,间关仅至淮南。上谒,承问,具言四方盗贼状,海陵恶闻其言,杖之七十"④。二是试图用残酷的屠杀来镇压。完颜亮得知大名之乱后,下令:"朕兵未行辄挠其后,虽匹夫、匹妇不可留。"派都统斜也攻大名,屠杀居民三十万口,灭族者一千七百余家。⑤

其四,完颜亮君臣离心离德。完颜亮"为人僄急,多猜忌,残忍任数"⑥,由于帝位来自篡逆,他对潜在的竞争者一直保持着高度警惕,对可能威胁其统治者大肆杀戮。先后杀害了宗敏、宗贤,及太宗子孙七十多人、宗翰子孙三十多人和女真宗室贵族五十多人,甚至连助其登位的同党也因各种矛盾被陆续除掉。对在女真贵族中威望较高的宗室成员,如完颜雍等人,即使他们一向顺从,也派出心腹在其身边严密监视。这

---

① 《金史》卷91《庞迪传》,第2013页。
② 《金史》卷129《李通传》,第2785页。
③ 《金史》卷133《窝斡传》,第2849页。
④ 《金史》卷90《移剌道传》,第1994页。
⑤ 《三朝北盟会编》丁卷242"炎兴下帙一百四十二",第480页。
⑥ 《金史》卷5《海陵纪》,第91页。

在暂时保证了他的地位稳固的同时，也为他树立了许多政敌，削弱了统治基础。为分化对立势力，完颜亮将上京的大批猛安谋克户南迁，金世宗评价道："海陵自以失道，恐上京宗室起而图之，故不问疏近，并徙之南……过虑如此，何其谬也。"①完颜亮拒谏饰非，一味打压反对其南伐的意见，使得群臣敢怒不敢言，与其离心离德。正隆六年（1161年）十月，世宗于东京称帝，大批女真人前往归附。将士自军中亡归者相属于道。完颜谋衍从长安率兵来奔。曷苏馆猛安福寿、东京谋克金住等举部亡归，从者众至万余，公开在路上宣言："我辈今往东京，立新天子矣！"②

其五，"空国以图人国"使自己陷入绝境。金在与南宋的对峙中，总是处于优势。在急功近利心理支配下，完颜亮试图毕其功于一役，不惜倾举国之力南伐。正隆四年（1159年）开始签军，"凡年二十以上、五十以下者皆籍之，虽亲老丁多，求一子留侍，亦不听，"③完颜亮令运四方甲仗于中都，耨碗温敦思忠劝谏："州郡无兵，何以备盗贼？"完颜亮又下令尽籍丁壮为兵，思忠说："山后契丹诸部，恐未可尽起。"④完颜亮对思忠的劝说一概置之不理。其后果然各地州郡盗起，守令无力制服。契丹撒八、窝斡也竖起反旗。宿直将军蒲察世杰从胡里改路回来汇报说："契丹部族大抵皆叛，百姓惊扰不安。今举国南伐，贼若乘虚入据东土根本之地，虽得江、淮，无益也。宜先讨平契丹，南伐未晚。"完颜亮不悦："诏令已出矣。今以三万兵选将屯中都以北，足以镇压。"世杰坚持认为："恐东土大族附于贼，恐三万众未易当也。"⑤但是完颜亮没有听取他的建议。最终前方战事受阻于长江，后方空虚没有足够的力量镇压各族人民起义和金世宗的自立，完颜亮陷入进退失据的绝境。

---

① 《金史》卷8《世宗纪下》，第185页。
② 《金史》卷5《海陵纪》，第115、116页。
③ 《金史》卷5《海陵纪》，第110页。
④ 《金史》卷84《耨碗温敦思忠传》，第1883页。
⑤ 《金史》卷91《蒲察世杰传》，第2021页。

第五章 金熙宗至金章宗时期的民族关系思想

三、完颜亮民族关系思想的评价

完颜亮死于乱军之后,金世宗收拾残局,结束了与南宋的战争,平息了国内各族人民起义。由于完颜亮自身的过错给人们带来的苦难以及失败的结局,加之金世宗出于各种目的对其进行了丑化,"海陵被弑而世宗立,大定三十年,禁近能暴海陵蛰恶者,辄得美仕,故当时史官修实录多所附会",以致"使天下后世称无道主以海陵为首"。①大定二年(1162年),完颜亮被降封为海陵郡王,谥曰"炀"②。"好内远礼、去礼远众"为"炀"。史上有"炀"之谥号者,一是陈后主陈叔宝,二是隋炀帝杨广,三即是完颜亮。大定二十年(1180年),完颜亮被废为海陵庶人。在这种情况下,历来人们对完颜亮的评价有失偏颇,往往只关注于其破坏性,而对其建设性的一面视而不见。近年来,随着学界对完颜亮研究的深入,人们对完颜亮的了解越来越全面,对其评价渐渐趋向客观,在深刻地剖析和批判其过错的同时,其贡献之处也得到肯定。

那么,应当如何评价完颜亮的民族关系思想呢?

一方面,我们应该认识到完颜亮的民族关系思想在理论上达到了金朝时期的高峰。对完颜亮"朕以天下为家,固无远迩之异"的思想观点,大家的意见比较一致,认为它加强了各民族之间的友好关系,促进了各民族之间的融合,推动了金朝的封建化建设。

但对完颜亮的大一统思想,目前仍然存在着较多的争议。其实,就完颜亮的大一统思想本身来说,作为一个理想追求,其进步意义是毋庸置疑的。首先,从先秦时期起,"大一统"思想所描绘的在一个政治统一、社会安定的国家治理下,人民幸福、经济繁荣的理想状态就对饱受分裂与战乱之苦的人们产生了巨大的吸引力。秦始皇扫六合统一中国,继之汉朝开创了数百年大一统的局面,人们亲身体验了大一统的太平盛世,"大一统"观念从此深入人心,成为无数仁人志士奋斗的目标。其次,完

---

① 《金史》卷5《海陵纪》,第118页。
② 《金史》卷5《海陵纪》,第117页。

颜亮持有大一统思想，具有特别的意义。孟子称："舜生于诸冯，迁于负夏，卒于鸣条，东夷之人也。文王生于岐周，卒于毕郢，西夷之人也。地之相距也千余里，世之相后也千有余岁，行志得乎中国。若合符节，先圣后圣，其揆一也。"①作为一名少数民族出身的帝王，完颜亮理直气壮地追求正统地位，无疑是一个巨大的进步。再次，完颜亮的正统思想是"大一统"观念的延续和发展，同时也对后来产生了一定的积极影响。在继承先秦大一统思想基础上，许多政治家、历史学家和思想家根据时代的发展不断地扩展着大一统思想的内涵。其中的一个方面，就是将以前所谓的蛮夷戎狄视为中华民族大家庭中的成员。而少数民族的首领们受此感染，也不自外于中华，并逐渐产生了主人翁意识。前秦苻坚宣称"朕方混六合为一家，视夷狄为赤子"。②辽朝天祚帝在《降金表》中，犹自不忘："伏念臣祖宗开先，顺天人而建业，子孙传嗣，赖功德以守成，奄有大辽，权持正统，拓土周数万里，享国余二百年，从古以来，未之或有。"③完颜亮的思想是对这种进步趋势的继承和发展，也对后来许衡不分胡越，"天下一家，一视同仁"④、郝经"今日能用中国之士而能行中国之道，则中国之主"⑤等思想，以及元之脱脱决定"三国各与正统，各系其年号"⑥产生了一定的积极影响。

另一方面，我们应该认识到完颜亮在实践民族关系思想过程中所犯的错误。正如上文所言，完颜亮的民族关系思想理论上是值得称道的，达到了金自建国以来前所未有的高度。但是，在实践其思想的过程中，完颜亮却犯下了致命的错误。首先，其不惜牺牲人民利益，自然得不到人民支持。仅举一例，完颜亮为备战大括天下骡马，其在东者给西军，在西者给东军，东西交相往来，昼夜络绎不绝，大批骡马死于道上。有

---

① 《孟子注疏》卷第8上《离娄章句下》，第252页。
② 《资治通鉴》卷103《晋纪二十五》"孝武帝宁康元年"条，第3267页。
③ 《全辽文》卷3《降金表》，第57页。
④ 许衡：《鲁斋遗书·语录下》，明万历十四年刻本。
⑤ 《与宋两淮制置使书》，《郝文忠公集》传37。
⑥ 权衡：《庚申外史》卷上，郑州：中州古籍出版社，1991年。

第五章　金熙宗至金章宗时期的民族关系思想

官吏因亡失过多而惧罪自杀。所过之处蹂践民田，调发牵马夫役。又诏河南州县所贮粮米专备大军，不得移作他用，而骡马经过之处应当供给刍粟，却无物可给，有司为此申请，完颜亮说："此方比岁民间储畜尚多，今禾稼满野，骡马可就牧田中，借令再岁不获，亦何伤乎。"①他还征发诸道工匠至京师，为此疫死者不可胜数，"天下始骚然矣"②。其次，完颜亮实践其思想的时机、方法和策略存在问题。史家评价完颜亮"智足以拒谏，言足以饰非"③。由于客观历史条件的限制，他的大一统思想在当时并不具备成功实施的可能性，但在个人野心的驱动下，他压制反对意见，违背现实基础，强行去实施，其理想看起来很崇高，实质却违背了历史发展规律，只会带来破坏和倒退。完颜亮伐宋就造成了"赋役繁兴，盗贼满野，兵甲并起，万姓盼盼，国内骚然，老无留养之丁，幼无顾复之爱，颠危愁困，待尽朝夕"④的混乱局面，这注定了他失败的结局。

值得注意的是，尽管金世宗对完颜亮进行了强烈的否定，但仍然批判性地继承和发展了完颜亮一些进步的思想观点。如金世宗采纳李石的意见，仍以中都为京师，把中原作为统治重心，继续完颜亮的改革事业，发展封建制度。虽然金世宗惩完颜亮之失，努力维护与南宋的和平关系，但对正统地位的争夺，同样不甘居于人下，极力宣扬"我国家绌辽、宋主，据天下之正"⑤。

第三节　金世宗的民族关系思想

金世宗完颜雍（1123—1189年）是金太祖完颜阿骨打之孙，完颜宗辅之子。正隆六年（1161年），完颜雍任东京留守，乘皇帝完颜亮南征之

---

① 《金史》卷129《李通传》，第2785页。
② 《金史》卷129《李通传》，第2785页。
③ 《金史》卷5《海陵本纪》，第118页。
④ 《金史》卷8《世宗下》，第203页。
⑤ 《金史》卷28《礼一》，第694页。

机发动兵变，成为金朝第五位皇帝。金世宗颇有作为，素有"小尧舜"①之美誉。目前，学术界已经对金世宗作了许多研究，但对他的民族关系思想则无人涉猎，本节拟就此作一初步考察，希望能进一步深化对金世宗的研究。

一、金世宗民族关系思想的内容

金世宗掌握国家政权后，缓和当时紧张的民族关系成为其稳定统治的关键。这就迫使他在这方面认真地思考和总结，由此形成了"以仁易暴，休息斯民""使子孙得见旧俗，庶几习效之""女真为本"等内容丰富的民族关系思想。

（一）"以仁易暴，休息斯民"

海陵王完颜亮好大喜功，营造两京，不合时宜地发动侵宋战争，致使民不聊生，也给自己和金朝带来了灾难。完颜亮的教训使金世宗的思想受到很大触动，他在即位之初就表示要以仁易暴，效法传说中的圣王尧、舜、商汤，让各族人民过上安居乐业的生活，推行了诸种措施。

其一，响应各族人民停止南侵的呼声，与宋议和。维护金朝与南宋间的和平是金世宗一贯的立场。他在即位之初，就批评完颜亮："宋国讲和之后，聘礼不缺，顿违信誓，欲行吞并，动众兴兵，远近嗟怨。"②正隆六年（1161年）十一月，完颜亮渡江作战失利，被急于北归的将士射杀。金世宗认为恢复和平的最大障碍已不复存在，当即令前方将领传信南宋，称："国朝自太祖皇帝创业开基，奄有天下，迄今四十余年。其间讲信修睦，兵革寝息，百姓安业。不意正隆失德，师出无名，使两国生灵皆被涂炭。今奉新天子明诏，已从废殒，大臣将帅方议班师赴阙，各宜戢兵，以敦旧好。"③金世宗的高姿态与他当时面临的政治压力有关，

---

① 《金史》卷8《世宗下》，第204页。
② 《三朝北盟会编》卷233"炎兴下帙一百三十三"，第1675页。
③ 《三朝北盟会编》卷246"炎兴下帙一百四十六"，第1768页。

第五章 金熙宗至金章宗时期的民族关系思想

如其称帝遭到纥石烈志宁等女真将领反对,国内各族人民起义与南宋即将发动的反攻遥相呼应,迫使金世宗和廷臣私下计议,万不得已时把河南割让给南宋。宋高宗迫于主战派压力传位给宋孝宗,后者起用大将张浚,锐意北伐。金世宗利用南宋主和派干扰北伐的短暂时机,平息了契丹农牧民起义,调集精锐迎击宋军,在符离之战中大捷。尽管在战场上占据优势,金世宗却没有进一步扩张的野心。仆散忠义请求出兵攻宋,世宗称:"意天下厌苦兵革,思与百姓休息,诏忠义度宜以行。"①他主动伸出橄榄枝,宣布"南北讲好,与民休息"。②双方谈判后达成"隆兴和议",金世宗作了很大让步,答应南宋不再称臣,减岁币10万。议和后,金世宗继续采取了一系列措施来缓和双方的敌对情绪,如戒军民不得无故挑起事端,元帅府辖下的戍边军队只保留六万人,其余十几万人一并放还乡里,优恤"靖康之难"中被掳汉人,礼葬宋钦宗遗骨、修缮宋皇陵等。

其二,睦邻友好,尊重藩国。金世宗十分珍惜同周边政权的睦邻关系,与南宋"南北讲好,与民休息",对西夏和高丽,也务求保界安民,不生事端。在他统治期间,西夏和高丽的权臣发动叛乱,利诱金世宗支持,金世宗展现了大国之君的气度,没有凭借宗主国的地位趁火打劫,帮助其国君维护了政权稳定。

大定十年(1170年),西夏权臣任得敬胁迫仁宗李仁孝上表,请求分夏国西南路及灵州罗庞岭地与得敬,自为一国。尚书令李石等认为"事系彼国,我何预焉,不如因而许之",金世宗不认可这种消极的态度,说:"有国之主岂肯无故分国与人,此必权臣逼夺,非夏王本意。况夏国称藩岁久,一旦迫于贼臣,朕为四海主,宁容此邪?若彼不能自正,则当以兵诛之,不可许也。"赐李仁孝诏书,"自我国家戡定中原,怀柔西土,始则画疆于乃父,继而锡命于尔躬,恩厚一方,年垂三纪,藩臣之礼既

---

① 《金史》卷87《仆散忠义传》,第1938页。
② 《金史》卷8《世宗下》,第203页。

务践修,先业所传亦当固守。今兹请命,事颇靡常,未知措意之由来,续当遣使以询尔。"①在金世宗支持下,李仁孝诛杀任得敬及同党,上表致谢:"得敬初受分土之后,曾遣使赴大朝代求封建,蒙诏书不为俞纳,此朝廷怜爱之恩,夏国不胜感戴。"②

大定十五年(1175年),高丽西京留守赵位宠欲以慈悲岭以西至鸭绿江四十余城叛附于金,请兵讨伐高丽王皓。金世宗断然拒绝:"王皓已加封册,位宠辄敢称兵为乱,且欲纳土,朕怀抚万邦,岂助叛臣为虐。"③将其使者徐彦执送高丽。金世宗对唐太宗嘱托唐高宗"吾伐高(勾)丽不克终,汝可继之"不以为然,对太子说:"如此之事,朕不以遗汝。"④

金世宗的善意还体现在友好往来的细节中。大定二年(1162年),金世宗设宴招待西夏来使,发觉使者的饮食不精美丰盛,生气地说:"何以服远人之心。"⑤将掌管此事的官吏各杖六十。大定十七年(1177年),高丽进贡贺正旦礼物,有司上奏其中玉带乃石似玉者,金世宗宽宏地表示:"小国无能辨识者,误以为玉耳!且人不易物,惟德其物,若复却之,岂礼体耶?"⑥

其三,广揽各民族人才,虚心纳谏。金世宗即位后,百废待兴。他认为人才是决定金王朝长治久安的关键,一再强调:"国家事务皆须得人"⑦,"天下至大,岂得无人,荐举人才,当今急务也"⑧。海陵王完颜亮篡位后,开始改变只有女真贵族才能参与军国大计的旧制。金世宗更加豁达大度,广泛吸收各民族的精英,甚至对过去的政敌也既往不咎,任人唯贤。他所任用参知政事以上的宰执中,女真22人,汉族14人,

---

① 《金史》卷134《西夏传》,第2869页。
② 《金史》卷134《西夏传》,第2870页。
③ 《金史》卷135《高丽传》,第2887页。
④ 《金史》卷6《世宗上》,第150页。
⑤ 《金史》卷6《世宗上》,第127页。
⑥ 《金史》卷7《世宗中》,第166页。
⑦ 《金史》卷8《世宗下》,第193页。
⑧ 《金史》卷8《世宗下》,第201页。

第五章 金熙宗至金章宗时期的民族关系思想

契丹2人、渤海2人，从而赢得了各民族的拥护。金世宗吸取海陵王"专任独见，故取败亡"的教训，认为"唐、虞之圣，犹务兼览博照，乃能成治"①，广开言路，虚心纳谏，使大定年间出现了人才辈出、人尽其能的可喜景象。对有功之臣，金世宗不论其民族出身，都十分尊重。他下令增衍庆宫图画功臣，特别嘱咐："如丞相韩企先，自本朝兴国以来，宪章法度，多出其手。至于关决大政，但与大臣谋议，终不使外人知觉。汉人宰相，前后无比，若褒显之，亦足示劝，慎无遗之。"②汉官石琚参加皇室宴会，在场诸王驸马窃窃私语，瞧不起石琚。世宗发觉，对他们说："使我父子家人辈得安然无事，而有今日之乐者，此人力也。"③历举了石琚数十件广为人知的功迹，使他们惭愧谢罪。

其四，抚纳各民族百姓，爱惜民力。金世宗深知民为国之本的道理，即使在镇压窝斡起义期间，仍然注意安辑各族百姓，戒敕将帅："善戢士卒、勿纵房掠"④。当收到仆散忠义捷报，世宗令："或被军俘获，或自能来服，或无所归而投拜，或将全属归附，或分领家族来降，或尝受伪命，及自来曾与官军斗敌，皆释其罪。"除窝斡，其他逃亡起义军官员，只要归附，便准予释放，要求各路官员"毋得辄加侵损"。"无资给者，不以是何路分，随有粮处安置，仍官为养济。"⑤不少胁从之家被士卒俘掠而致离散，世宗诏示："将士往往藏匿其人，有司检括分付。"⑥世宗爱惜民力有汉文景帝之风。一次出游，他发现运河堙塞，责问户部曹望之"有水运不浚治，乃用陆运，烦费民力，罪在汝等"，令马上治理。尚书省奏报，需用役夫数万人。世宗考虑"方春耕作，不可劳民"，吩咐"以宫籍监户及摘东宫、诸王人从充役，若不足即以五百里内军夫补之"。⑦

---

① 《金史》卷6《世宗上》，第128页。
② 《金史》卷6《世宗上》，第150页。
③ 《金史》卷88《石琚传赞》，第1970页。
④ 《金史》卷133《窝斡传》，第2855页。
⑤ 《金史》卷133《窝斡传》，第2858页。
⑥ 《金史》卷133《窝斡传》，第2859页。
⑦ 《金史》卷92《曹望之传》，第2036-2037页。

(二)"使子孙得见旧俗,庶几习效之"

随着政权的稳定和社会生产的恢复,金朝施政方针逐步转移到文治的轨道上来,迁往中原的女真猛安谋克与汉人长期杂居,出现了快速汉化的趋势。凭着优越的政治地位和经济条件,女真人往往"骄纵奢侈,不事耕稼"①,"多好游荡"②,昔日纯朴的民风丧失殆尽,尚武精神日益衰退。

这种局面引起了金世宗的忧虑。他对参知政事孟浩感慨:"女直本尚纯朴,今之风俗,日薄一日,朕甚悯焉。"③大定五年(1165年)金世宗问夹谷清臣:"胡里改路风俗何如?"夹谷清臣认为:"视旧则稍知礼貌,而勇劲不及矣。"由此谈到西南、西北等路军人,"其闲习弓矢,亦非复曩时"④。在一次接待各国使者的宴会上,金世宗即兴命护卫中善射者与南宋使臣较量射艺,不料宋使射中五十,护卫才中七,不得不尴尬地中止比试。大定十八年(1178年)正月,金世宗与翰林侍读学士张酢、吴与权等人谈到边防事宜:"'军政不休几十年,阙额不补者过半,其见存者皆疲老之余,不堪战阵。'大定初已万万不如天会时,今沉溺宴安,消靡殆尽矣。"⑤金世宗和大臣讨论西夏保国数百年的原因,结论是因为西夏"崇尚旧俗"。对以太子为首的女真贵族推崇汉文化,金世宗心存忧虑,担心"浸忘旧风"会导致女真人走向衰落。由此,金世宗产生了复兴女真民族传统文化,"使子孙得见旧俗,庶几习效之"的思想。

一方面,金世宗身体力行,倡导崇尚女真旧俗。金世宗认为"不忘本者,圣人之道也"⑥,在许多场合,反复强调女真旧俗的价值和自己的留恋。金世宗对"亡辽不忘旧俗"称道不已,批评海陵王完颜亮学习汉人风俗"是忘本也",认为"若依国家旧风,四境可以无虞,此长久之计

---

① 《金史》卷8《世宗下》,第179页。
② 《金史》卷73《宗尹传》,第1676页。
③ 《金史》卷89《孟浩传》,第1980页。
④ 《金史》卷94《夹谷清臣传》,第2085页。
⑤ 《大金国志》卷17《世宗圣明皇帝中》,第240页。
⑥ 《金史》卷8《世宗下》,第191页。

第五章　金熙宗至金章宗时期的民族关系思想

也"。① 大定十三年（1173年），金世宗欣赏了女真语歌曲，深有感触地告诉皇太子及诸王："朕思先朝所行之事，未尝暂忘，故时听此词，亦欲命汝辈知之。汝辈自幼惟习汉人风俗，不知女直真纯实之风，至于文字语言，或不通晓，是忘本也。汝辈当体朕意，至于子孙，亦当遵朕教诫也。"② 随即萌生了巡幸上京的念头，对宰相说："会宁乃国家兴王之地，自海陵迁都永安，女直人浸忘旧风。朕时尝见女直风俗，迄今不忘。今之燕饮音乐，皆习汉风，盖以备礼也，非朕心所好。东宫不知女直风俗，第以朕故，犹尚存之。恐异时一变此风，非长久之计。甚欲一至会宁，使子孙得见旧俗，庶几习效之。"③ 大定二十四年（1184年），金世宗巡幸上京，逗留长达一年，期间行旧俗，习骑射；游故地，会耆老；追思往事，燕飨宗亲。一次宴会上，宗室妇女及群臣故老次第起舞进酒，世宗说："吾来数月，未尝有一人歌本朝曲者，吾为汝等歌之。"遂自歌一曲，其词道王业创立之艰难，及守业之不易，当唱至"慨想祖宗，宛然如睹"，世宗慷慨悲泣，不能成声。④ 世宗嘱托群臣："上京风物朕自乐之，每奏还都，辄用感怆。祖宗旧邦，不忍舍去。万岁之后，当置朕于太祖之侧，卿等无忘朕言。"⑤ 离开上京时，他怅然说："朕久思故乡，甚欲留一二岁，京师天下根本，不能久于此也。太平岁久，国无征徭，汝等皆奢纵，往往贫乏，朕甚怜之。当务俭约，无忘祖先艰难。"⑥

金世宗尤为注重保持女真尚武精神。大定八年（1168年），"世宗击球于常武殿，马贵中谏曰：'陛下为天下主，守宗庙社稷之重，围猎、击球皆危事也。前日皇太子坠马，可以为戒，臣愿一切罢之。'"世宗说："祖宗以武定天下，岂以承平遽忘之邪。皇统尝罢此事，当时之人皆以为非，

---

① 《金史》卷89《移剌子敬传》，第1989页。
② 《金史》卷7《世宗中》，第159页。
③ 《金史》卷7《世宗中》，第158-159页。
④ 《金史》卷8《世宗下》，第189页。
⑤ 《金史》卷8《世宗下》，第188页。
⑥ 《金史》卷8《世宗下》，第189页。

朕所亲见,故示天下以习武耳。"①梁肃曾谏曰:"四时畋猎,虽古礼,圣人亦以为戒。陛下春秋高,属时严寒,驰聘于山林之间。法宫燕处,亦足怡神,愿为宗社自重,天下之福也。"世宗解释:"朕诸子方壮,使之习武,故时一往尔。"②

另一方面,金世宗通过法规保护女真民族文化。金世宗屡次颁布禁令,"禁女直人不得改称汉姓、学南人衣装,犯者抵罪"③。命诸王和侍卫学习女真语。完颜璟受封原王时,以国语谢恩,世宗感动不已,对宰臣说:"朕当命诸王习本朝语,惟原王语甚习,朕甚嘉之"④。令"诸王小字未尝以女直语命之,今皆当更易"⑤。大定二十一年(1181年)正月,金世宗对大臣说:"山东、大名等路猛安谋克户之民,往往骄纵,不亲稼穑,不令家人农作,尽令汉人佃莳,取租而已。富家尽服纨绮,酒食游宴,贫者争慕效之,欲望家给人足,难矣!近已禁卖奴婢,约其凶吉之礼,更当委官阅实户数,计口授地,必令自耕,力不赡者,方许佃于人。仍禁其农时饮酒。"⑥

尽管金世宗不遗余力地维护女真传统文化,但是作为一名杰出的政治家,他还是认识到女真民族发展的趋势是不以个人的意志为转移的。世宗即位后,有人提出罢科举。世宗问张浩:"自古帝王有不用文学者乎?"张浩答:"有。"世宗问:"谁欤?"张浩答:"秦始皇。"世宗说:"岂可使我为始皇乎。"⑦

金世宗对汉文化本身并不敌视,而且大量吸收为其所用。从大定四年(1164年)始,金世宗下诏将《易》《书》《论语》《孟子》《老子》《春秋》和《史记》《汉书》《新唐书》《贞观政要》等译成女真文,并对宰臣

---

① 《金史》卷131《马贵中传》,第2813、2814页。
② 《金史》卷89《梁肃传》,第1985页。
③ 《金史》卷8《世宗下》,第199页。
④ 《金史》卷9《章宗一》,第208页。
⑤ 《金史》卷7《世宗中》,第165页。
⑥ 《金史》卷47《食货二》,第1046页。
⑦ 《金史》卷83《张浩传》,第1864页。

第五章 金熙宗至金章宗时期的民族关系思想

讲:"朕所以令译五经者,正欲使女直人知仁义道德所在耳"。①大定十一年(1171年),设女真进士科,又设立女真国子学、女真府学。大定十六年(1176年),金世宗议论古今兴废事迹,说:"经籍之兴,其来久矣。垂教后世,无不尽善。今之学者,既能诵之,必须行之。然知而不能行者多矣。苟不能行,诵之何益?女直旧风最为纯直,虽不知书,然祭天地,敬亲戚,尊耆老,接宾客,信朋友,礼意款曲,皆出自然,其善与古书所载无异,汝辈当习学之,旧风不可忘也。"②说明在世宗看来,儒家的伦理纲常与女真纯直的旧风精神实质是吻合的。弘扬女真旧俗和孔孟之道同样有助于约束臣民安分守己,保持勤劳简朴和积极进取的精神。史载:"世宗、章宗之世,儒风丕变,庠序日盛,士由科第位至宰辅者接踵。当时儒者虽无专门名家之学,然而朝廷典策,邻国书命灿然有可观者矣。"③世宗甚至宣称"我国家绌辽、宋主,据天下之正"④。

(三)"女真为本"

女真为本,是金世宗民族关系思想的一个重要内容。历史上由少数民族建立的政权中,统治阶级中一些人为了维护本民族的特殊政治地位和经济利益,存在疑忌、歧视、压迫其他民族的观点并不少见。但是,往往是所谓的保守派人物持有这种思想,金世宗素以政治开明著称,竟然持有强烈的女真为本思想,引起了广泛的争议。

金世宗急于在山东路括地安置女真贫户,大臣唐括安礼劝谏:"猛安人与汉户,今皆一家,彼耕此种,皆是国人,即日签军,恐妨农作。"金世宗斥责道:"朕谓卿有知识,每事专效汉人,若无事之际可务农作,度宋人之意且起争端,国家有事,农作奚暇?卿习汉字读诗书,故置此以讲本朝之法。前日宰臣皆女直拜,卿独汉人拜,是邪非邪?所谓一家者皆一类也。女真,汉人其实则二。朕即位东京,契丹、汉人皆不往,惟

---

① 《金史》卷8《世宗下》,第184、185页。
② 《金史》卷7《世宗中》,第163、164页。
③ 《金史》卷125《文艺上》,第2713页。
④ 《金史》卷28《礼一》,第694页。

女真人偕来,此可谓一类乎?"①此言清楚地表明世宗对女真、契丹、汉人不能一视同仁,存有很深的民族隔阂心理。唐括安礼劝说金世宗"圣主溥爱天下,子育万国,不宜有分别",对契丹等应爱之如一。世宗分辨说:"朕非有分别,但善善恶恶,所以为治。异时或有边衅,契丹岂肯与我一心也哉?"②在他看来,只有女真人才是金政权可信任的支持力量,其他民族都是不可靠的。金世宗坚持以女真人为本,其目的正如他所言:"朕夙夜思念,使太祖皇帝功业不坠,传及万世,女直人物力不困。"③

首先,金世宗努力保持女真人的政治地位和经济利益。女真人可以"径居达要",而不需要像汉官"自丞簿至是"④大定十年(1170年),世宗对近臣说:"护卫以后皆是治民之官,其令教以读书。"⑤大定二十六年(1186年),世宗下令:"亲军虽不识字,亦令依例出职。"⑥猛安谋克是女真统治的基础,为防止其陷入贫困,世宗不惜强括民地分配给猛安谋克户。大定十七年(1177年),金世宗遣张九思检括官田,宣称:"官地非民谁种,然女真人户自乡土三四千里移来,尽得薄地,若不拘刷良田给之,久必贫乏,其遣官察之。"⑦张九思以功利为务,不问百姓所执凭验,只要名称如皇后庄,太子务长城、燕子城之类就拘括为官。大定二十一年(1181年),尚书省奏山东所刷地数,世宗对梁肃说:"朕尝以此问卿,则不以言。此虽称民地,然皆无明据,括为官地有何不可?"御史台奏:"大名、济州因刷梁山泊官地,或有以民地被刷者。"世宗召群臣说:"虽曾经通捡纳税,而无明验者,复当刷问。有公据者,虽付本人,仍须体问。"⑧

---

① 《金史》卷88《唐括安礼传》,第1964页。
② 《金史》卷88《唐括安礼传》,第1965页。
③ 《金史》卷88《唐括安礼传》,第1964页。
④ 《金史》卷6《世宗上》,第146页。
⑤ 《金史》卷6《世宗上》,第146页。
⑥ 《金史》卷8《世宗下》,第194页。
⑦ 《金史》卷47《食货二》,第1045页。
⑧ 《金史》卷47《食货二》,第1047页。

第五章 金熙宗至金章宗时期的民族关系思想

其次，对契丹采取监控和迁徙同化的策略。世宗对契丹常怀戒备之心，以"大石在夏国西北。昔窝斡为乱，契丹等响应，朕释其罪，俾复旧业，遣使安辑之，反侧之心犹未之"为由，实施监控和迁徙同化策略，企图达成所谓"俾与女直人杂居，男婚女聘，渐化成俗"的长久之策。① 大定三年（1163年）取消参加起义的契丹猛安谋克，将他们分隶于女真猛安谋克。大定十七年（1177年），世宗遣枢密院事纥石烈奥也等将参加过窝斡起义的西北路契丹人徙于上京、济、利等路安置。以兵部郎中移剌子元为西北路招讨都监，诏令："卿可省谕徙上京、济州契丹人，彼地土肥饶，可以生殖，与女直人相为婚姻，亦汝等久安之计也。卿等与奥也同催发徙之。仍遣猛安一员一兵护送而东，所经道路勿令与群牧相近，脱或有变，即使讨灭。"② 令西北路招讨司，将未参与窝斡起义的契丹人，徙于乌古里石垒部地。大定二十年（1180年），将遥落河、移马河两契丹猛安迁于大名、东平等路安置，"欲令与女直户相错，安置久则自相姻亲，不生异意，此长久之利也。"③ 大定二十四年（1184年），将速频、胡里改三猛安二十四谋克迁到上京率水、胡剌温水之地。

最后，防范和削弱蒙古。蒙古诸部大多名义上臣附于金，但保持着很大的独立性。他们势力的发展，对金朝构成了潜在的威胁，矛盾日益尖锐。为了削弱蒙古势力，金世宗下令三年一次出兵蒙古高原屠杀壮丁，称为"减丁"，又大量掳掠蒙古人作奴婢。大定二十一年（1181年），金世宗在西北近六百里边境修建数十处边堡，防御蒙古南侵。对一切可能与蒙古联合的力量，金世宗都极力压制。乌底改世居黑龙江下游，与鞑靼人居地相毗连，是鞑靼人南下攻金必经之地。乌底改"其人皆勇悍，昔世祖与之邻，苦战累年，仅能克复。其后乍服乍叛，至穆、康时，始服声教。近世亦尝分徙"。世宗对乌底改族的防范可谓费尽心思，先是"朕

---

① 《金史》卷88《唐括安礼传》，第1964页。
② 《金史》卷88《唐括安礼传》，第1964页。
③ 《金史》卷44《兵志》，第995页。

欲稍迁其民上京，实国家长久之计"①。后乌底改人叛亡，世宗遣人追讨，"益以甲士，毁其船筏"。参知政事马惠迪劝说："得其人不可用，有其地不可居，恐不足劳圣虑。"世宗表示："朕固知之。所以毁其船筏，正欲不使再窥边境耳。"②乌底改人激烈反抗，世宗反思："近闻乌底改有不顺服之意，若遣使责问，彼或抵捍不逊，则边境之事有不可已者。朕尝思之，抬徕远人，于国家殊无所益。"决定采取"彼来则听之，不来则勿强其来"的"前世羁縻之长策"。③

二、金世宗民族关系思想的特点和根源

金世宗民族关系思想的显著特点是来源于现实，服务于现实。这首先是因为金世宗注重解决现实问题，不尚空谈；其次，世宗熟悉各方面的情况，对现实问题有敏锐的观察；再次，世宗有强烈的忧患意识，一直希望自己的思想能匡补时局；最后，世宗善于将理论与实践相结合，用理论指导实践。

金世宗的民族关系思想受到了多方面因素的影响。

第一，金世宗的出身和经历。金世宗女真名乌禄，生于上京，是金太祖完颜阿骨打庶子完颜宗辅之子。母李氏出身于辽阳渤海大族，知书达礼。世宗由母亲教养成人，自幼熟读诗书，受汉族封建文化影响很大。而女真传统习俗对金世宗也有深刻影响。少年时，金世宗即"善骑射，国人推为第一，每出猎，耆老皆随而观之"。④"既长，统兵为将，达懒、兀术诸父南征，（世宗）未尝不在兵间"⑤历任兵部尚书、会宁牧、中京留守、燕京留守、济南尹、西京留守、东京留守等职，"久典外郡，明祸

---

① 《金史》卷 8《世宗下》，第 193 页。
② 《金史》卷 8《世宗下》，第 194 页。
③ 《金史》卷 8《世宗下》，第 201 页。
④ 《金史》卷 6《世宗上》，第 121 页。
⑤ 《大金国志》卷 16《世宗圣明皇帝上》，第 221 页。

第五章　金熙宗至金章宗时期的民族关系思想

乱之故，知吏治之得失。"①世宗的生活经历使他与女真和汉族社会都保持着密切的联系，因此他既钦慕汉文化和制度的文明，又眷恋女真旧俗的朴实。

第二，从传统民族关系思想中汲取营养。金世宗博览群书，经常召大臣入宫讲论古今及时政利害，有时竟到半夜。他颁发谕旨或议论时事常引经据典，如："朕近读《汉书》，见光武所为，人有所难能者"②；"朕观《唐史》，惟魏征善谏，所言皆国家大事，甚得谏臣之礼"；"昔唐、虞之时，未有华饰，汉惟孝文务为纯俭……梁武帝为同泰寺奴，辽道宗以民户赐寺僧，复加以三公之官，其惑深矣！"③他盛赞司马光："近览《资治通鉴》编次累代废兴，甚有鉴戒，司马光用心如此，古之良史无以加也。"④充分表明了他在史学和儒学上的造诣。因此金世宗对中国传统民族关系思想有着很深的了解，善于从中汲取营养。

第三，对金代前期经验教训的总结。自太祖完颜阿骨打建国至世宗即位，金朝的统治历经近半个世纪，积累的经验与教训为他提供了有益的借鉴。世宗继承了一些在金代前期实践中被证明行之有效的民族关系思想观点，而对一些他认为不切合实际或者错误的观念进行了修正。如世宗采纳了李石意见，继续完颜亮的改革事业，仍以中都为京城，控扼四方。再如，世宗反思："海陵时，契丹人尤被信任，终为叛乱，群牧使鹤寿、驸马都尉赛一、昭武大将军术鲁古、金吾卫上将军蒲都皆被害。赛一等皆功臣之后，在官时未尝与契丹有怨，彼之野心，亦足见也。"⑤

第四，现实环境和政治形势的压力。海陵王无道，招致众叛亲离，金世宗接手的是一个"赋役繁兴，盗贼满野，兵甲并起，万姓盼盼，国

---

① 《金史》卷8《世宗下》，第203页。
② 《金史》卷8《世宗下》，第202页。
③ 《金史》卷6《世宗上》，第141页。
④ 《金史》卷7《世宗中》，第175页。
⑤ 《金史》卷88《唐括安礼传》，第1965页。

内骚然，老无留养之丁，幼无顾复之爱，颠危愁困，待尽朝夕"[1]的乱摊子，当时局面之混乱，恰如李若川所言"当此邺隙，契丹起而乘之，过于五单于争国，各自救不暇，岂暇尚占中原"。[2]虽然后来宋金达成了隆兴和议，但两国之间的地位仍然不平等，宋孝宗一直愤愤难平，多次提出用平等的礼仪接受金国书，均遭到金世宗拒绝。宋孝宗在位期间，南宋政治清明，国力强盛，他志在恢复旧疆，曾与虞允文约定两路出兵北伐中原。因此，"世宗每戒群臣积钱谷，谨边备，必曰：'吾恐宋人之和，终不可恃。'亦忌帝之将有为也"。[3]蒙古诸部的崛起对金北部边境也形成了越来越大的压力。世宗之世，女真人快速汉化，出现了诸多问题，女真贵族骄奢日甚，许多子弟已不识本族语言文字，民生困顿，军备松弛。现实环境和政治形势的压力一直困扰着金世宗，对他的民族关系思想产生了决定性的影响。

三、金世宗民族关系思想的评价

综上所述，我们可以看出，金世宗的民族关系思想既不乏见解深刻的真知灼见，也存在着一定的偏见和歧视。正是由于金世宗的民族关系思想本身的复杂性和矛盾性，导致其实践也对现实产生了积极与消极两方面并存的影响。

（一）积极的方面

其一，元代史学家在《进金史表》中赞扬："非大定之仁政，不足以固百年之基。"[4]可见金世宗"以仁易暴，休息斯民"的思想获得了巨大的成功。这一开明思想的实施，医治了战争造成的创伤，缓和了民族矛盾，促进了社会稳定，推动了金朝全方位的发展。在金世宗治下，"群臣

---

[1] 《金史》卷8《世宗下》，第203页。
[2] 《建炎以来系年要录》卷195"绍兴三十一年十二月戊申"，第3296页。
[3] 《宋史》卷35《孝宗三》，第692页。
[4] 《金史》附录，第2899页。

第五章　金熙宗至金章宗时期的民族关系思想

守职,上下相安,家给人足,仓廪有余,刑部岁断死罪,或十七人,或二十人"。①中国北方的社会生产得到恢复和发展,户口殷繁,家给人足,仓廪有余。据《金史·食货志》记载:"大定初,天下户才三百余万,至二十七年天下户六百七十八万九千四百四十九,口四千四百七十万五千八十六"②;大定二十八年(1188年),群牧"马至四十七万,牛十三万、羊八十七万,驼四千"③;仓廪贮粟由大定十一年(1171年)"二千七十九万余石",增至明昌元年(1190年)"五千二百二十六万一千余石"④。为金章宗时进一步的发展奠定了良好的基础,使章宗能够"承世宗治平日久,宇内小康,乃正礼乐,修刑法,定官制,典章文物,灿然成一代治规"。⑤

其二,金世宗致力于复兴女真传统,希望"使子孙得见旧俗,庶几习效之",同样也具有积极的意义。在崇儒重道,大量吸收汉族先进文明的同时,为了防止女真人过度汉化,挽救本民族的淳朴民风和尚武精神,金世宗倡导习效女真旧俗,学习和使用女真语言文字,这在一定程度上遏制了女真贵族腐化堕落的势头,保障了统治民族的稳定和战斗力,巩固了金政权的统治基础。

(二)消极的方面

金熙宗曾说:"四海之内,皆朕臣子,若分别待之,岂能致一。"⑥海陵王表示:"天下一家,然后可以为正统。"⑦比较而言,金世宗的认识水平向后退了一大步。从金世宗"女真为本"的思想,我们可以看出金世宗有很深的民族偏见。他从女真统治阶级的利益出发,照顾女真和渤海人,剥削汉人,监视和同化契丹人,屠剪蒙古人,虽然取得了暂时的成

---

① 《金史》卷8《世宗下》,第204页。
② 《金史》卷46《食货一》,第1035页。
③ 《金史》卷44《兵志》,第1005页。
④ 《金史》卷46《食货一》,第1035页。
⑤ 《金史》卷12《章宗四》,第285页。
⑥ 《金史》卷4《熙宗》,第85页。
⑦ 《金史》卷129《李通传》,第2783页。

效，却埋下了民族仇恨的种子。

其一，世宗不顾汉人失地后的悲惨境遇，强括汉人的土地来保障猛安谋克的稳定发展，却只满足了女真贵族对土地的贪婪，不仅没有解决女真人内部贫富两极分化，猛安谋克制度仍然走向解体，而且导致了女真人与汉人的矛盾。当金政权在南宋和蒙古的攻击下控制力减弱的时候，这种矛盾就爆发出来，酿成了红袄军等农民大起义，对女真人进行了严酷的报复。

其二，世宗认为海陵时对契丹人很信任，而契丹人举行起义，这是其有野心的证据，因而对契丹人严加防范。却不反思完颜亮强征沿边契丹男子入侵南宋，将其老弱妇孺置于被蒙古掳掠的危险境地，契丹人迫不得已才进行了反抗。世宗采取的监视和同化措施也没有产生根本的效果，反而造成契丹与女真人之间更大的隔阂，激起契丹人的反抗斗争。承安元年（1196年），契丹人德寿在信州起兵，建元身圣，众达数十万，这些人就是被金世宗迁去的。金末耶律留哥之乱也是契丹人东迁埋下了祸根。事实证明他的杂居同化政策没有成功。

其三，对蒙古诸部的"减丁"政策，是金世宗民族关系思想的一大糟粕，其罪恶的行为给蒙古人民带来难以磨灭的痛苦和仇恨，激起他们更猛烈的反抗。同时金世宗对蒙古诸部的压制，客观上加速了蒙古诸部的分化整合，促进了蒙古的统一，实际上为自己培育了更强大的敌人。

从今天的认识角度来看，我们确实应对金世宗民族关系思想中的糟粕作出批判。但是，当时各民族间的分歧、矛盾以及竞争是客观存在的。我们在认清金世宗民族关系思想的时代和阶级局限性基础上，不能用当代的思想水平对其一概否定。对金世宗民族关系思想的价值，还是应该加以肯定的。他的思想是总结历史经验并结合实际形成的，既有对传统民族关系思想的吸收，也有一定的发展和创新，是中国民族关系思想史上的一个重要篇章。

第五章　金熙宗至金章宗时期的民族关系思想

第四节 金章宗的民族关系思想

金章宗（1168-1208年），名完颜璟，是金世宗完颜雍的嫡孙。大定二十五年（1185年）六月，其父宣孝太子完颜允恭病逝。次年，完颜璟被金世宗立为皇太孙。大定二十九年（1189年）金世宗病故，完颜璟即位。金章宗"有志于治"①，"在位二十年，承世宗治平日久，宇内小康，乃正礼乐，修刑法，定官制，典章文物粲然成一代治规"。②在民族关系思想方面，金章宗也颇有建树。金章宗在位期间，金朝的民族关系状况一度出现急剧恶化的趋势，外有南宋、蒙古虎视眈眈，内有契丹等被统治民族伺机反扑，有赖于正确的民族关系思想作指导，他才能够克服一系列危机，领导金朝进入鼎盛时期。

一、"盖欲跨辽、宋而比迹于汉、唐"

从金熙宗时起，"南部边界的稳定和对中原的最后征服，导致了金朝政治和经济中心自北向南逐渐转移"。金朝"无论在伦理上和经济上，都在很大程度上汉化了"。③金章宗生长于金世宗开创的治平之世，耳濡目染了祖父的文韬武略，又受到汉文化素养颇深的父母熏陶，工书画，知音律，雅好汉文化。他在继承金世宗"仁政"的同时，以更加开明的心态改革各项制度，提高女真族的汉文化水平，"盖欲跨辽、宋而比迹于汉、唐"④，试图把金朝建设为一个文明富强的封建王朝，这有以下表现：

其一，尊孔崇儒，健全制度。史载："世宗、章宗之世，儒风丕变，庠序日盛，士由科第位至宰辅者接踵。"⑤章宗即位之初，就大兴郡学，

---

① 《金史》卷12《章宗四》，第286页。
② 《金史》卷12《章宗四》，第285页。
③ 傅海波：《剑桥中国辽西夏金元史》，第273页。
④ 《金史》卷12《章宗四》，第285、286页。
⑤ 《金史》卷125《文艺上》，第2713页。

提倡儒术，下令修缮曲阜孔子庙学，全国州县广修孔庙，避孔子名讳。科举恢复经童科、经义科和增设制举宏词科，加强培养和延揽人才。"明昌之世，《律义》《敕条》并修，品式当浸备"①，编成了《大金仪礼》和《明昌律义》。泰和元年（1201年）修成的《泰和律》，共12篇563条，标志着金朝法制的全面汉化。尊孔崇儒和健全礼乐制度，这些是汉朝以来历代中原王朝的普遍做法，女真统治者能够继续推行，无疑使民众减少了对异族统治的敌意，比一味用武力压迫的效果好得多，同时也促进了女真等民族的发展进步。

其二，废除奴隶制，实现女真族的封建化。大定二十九年（1189年）二月，金章宗诏令"宫籍监户旧系睿宗及大行皇帝、皇考之奴婢者，悉放为良"②，将完颜宗辅、金世宗和完颜允恭的奴婢全部释放。五月，"制诸饥民卖身已赎放为良，复与奴生男女，并听为良"③。明昌元年（1190年）三月，章宗批准尚书省的建议，规定驱婢所生子女，官府给钱四十贯，赎以为良。后来，章宗又将寺院僧道控制的奴婢，即"二税户"也释放为良。明昌二年（1191年），更定奴诱良人法，从法律上废止了奴隶制。泰和四年（1204年）九月，"定屯田户自种及租佃法"④，使女真猛安谋克实行计口授地的屯田制度。

其三，鼓励通婚。明昌二年（1191年）四月，尚书省为解决"齐民与屯田户往往不睦"，提议"若令递相婚姻，实国家长久安宁之计"。⑤章宗采纳了这一提议，允许女真人与汉人通婚。以婚姻为纽带，缓和了两族之间的矛盾，加速了女真族与汉族的融合。

其四，树立正统王朝地位。自秦汉以后，正统地位便成为封建王朝统治者孜孜以求的目标。金至海陵王完颜亮时，对正统地位的争夺达到

---

① 《金史》卷45《刑志》，第1013页。
② 《金史》卷9《章宗一》，第209页。
③ 《金史》卷9《章宗一》，第210页。
④ 《金史》卷12《章宗四》，第269、270页。
⑤ 《金史》卷9《章宗一》，第218页。

第五章　金熙宗至金章宗时期的民族关系思想

了一个高峰，然而完颜亮"混一天下，然后可为正统"①的雄心却最终以身死国危的悲剧收场。金世宗吸取完颜亮的教训，积极维护与宋的和平关系，但对正统地位的争夺却同样不遗余力，大力宣扬"我国家绌辽、宋主，据天下之正"②。作为汉文化造诣最深的一位金朝皇帝，金章宗对正统地位表现出强烈的渴望。明昌二年（1191 年），章宗"禁称本朝人及本朝言语为'蕃'，违者杖之"③。泰和四年（1204 年）年三月，章宗"诏定前代帝王合致祭者"。尚书省奏禀："三皇、五帝、四王已行三年一祭之礼，若夏太康、殷太甲、太戊、武丁、周成王、康王、宣王、汉高祖、文、景、武、宣、光武、明帝、章帝、唐高祖、文皇一十七君致祭为宜。"④章宗欣然批准。祭祀传说中缔造华夏文明的圣王和华夏大一统王朝的有道之君表明了章宗继承华夏王统的意愿。五德转移说是关于正统观长期盛行的一种观念。从明昌四年（1193 年）至泰和二年（1202 年），章宗先后召开三次会议讨论金朝的德运，终于选定了土德作为金朝的德运。在批驳金应继辽为木德的观点时，章宗宣称金灭北宋，俘虏徽钦二帝，意味着宋火德已经断绝，赵构苟延于江南，和东晋司马睿没有区别。从中可以看出，金章宗选择土德，在很大程度上是对南宋进行压制的需要，其目的在于证明金朝是中国王朝合法的继承者。

通过上述措施，金章宗完成了女真族的封建化，使金朝政治、经济、文化都有所发展，"政令修举、文治烂然，金朝之盛极矣"⑤。泰和七年（1207 年），全国户口数达到 7 684 438 户，45 816 079 口，税收也达到金朝的最高水平，可见当时社会经济的繁荣，也证明了章宗的思想取得了丰硕的实践成果。但是，不可否认一些负面的影响也随之而来，如官僚集团在章宗统治时期空前膨胀和腐化。"续通考云，金朝官数，大定末，

---

① 《金史》卷 84《耨碗温敦思忠传》，第 1883 页。
② 《金史》卷 28《礼一》，第 694 页。
③ 《金史》卷 9《章宗一》，第 218 页。
④ 《金史》卷 12《章宗四》，第 267、268 页。
⑤ 刘祁：《归潜志》卷 12，北京：中华书局，1983 年，第 136 页。

在任官万九千七百员,四季赴选者千余,岁数监差者三千。明昌四年,奏周岁官死及事故者六百七人,新入仕者五百一十,见任者万一千四百九十九,内女直四千七百五员,汉人六千七百九十四员。至泰和七年,在任官四万七千余,四季赴部拟授者千七百,监官到任七千二百九十余,则三倍大定矣。"[1]官员数量成倍增长,统治机构重叠臃肿,导致行政效率降低,腐败丛生,使国家财政背上了沉重的负担。

二、"和好岁久,委曲涵容"

金宋自隆兴和议签定之后,四十年没有再发生战事,两国都得到了休养生息的环境。在金世宗和金章宗的治理下,金朝达到盛世,且能够从南宋那里得到大量岁币,因此一心维护和平的局面。但是对南宋来说,隆兴和议仍然是一个不平等条约,南宋君臣耻屈居于金下,"未尝一日忘中国"[2]。章宗为缓和与南宋的紧张关系,在双方交往过程中,一再强调以大体为重,不要计较小节。承安三年(1198年)正月,章宗谕有司:"凡馆接伴并奉使者,毋以语言相胜,务存大体。"[3]泰和二年(1202年),章宗告诫贺宋生日使完颜瑭、张行简:"颇闻前奉使者过淮,每至中流,即以分界争渡船,此殊非礼。卿自戒舟人,且语宋使曰:两国和好久矣,不宜争细故,伤大体。"[4]

但是南宋方面注意到金章宗后期面临的困难局面,认为有机可乘,加之权臣韩侂胄急于建立功勋,对金的边界展开了一连串的侵扰和试探动作。泰和三年(1203年)十月,奉御完颜阿鲁带出使南宋归来,报告南宋权臣韩侂胄"市马厉兵,将谋北侵"。章宗怒,责阿鲁带"生事,笞

---

[1] 李有棠:《金史纪事本末》卷34《章宗嗣统·考异》,北京:中华书局,1980年,第583页。
[2] 《金史》卷98《完颜匡传》,第2167页。
[3] 《金史》卷11《章宗三》,第247页。
[4] 《金史》卷106《张行简传》,第2331页。

第五章 金熙宗至金章宗时期的民族关系思想

之五十,出为彰德府判官"①。为了防止南宋乘金境内当时发生骚乱之机攻金,金章宗下令在沿边屯兵聚粮,并关闭襄阳榷场。此举反而引起了韩侂胄的觊觎之心,他在镇江建庙祭祀韩世忠,追封岳飞为鄂王,追夺秦桧封爵,为北伐做舆论上的准备。

泰和五年(1205年),唐、邓、河南屡次遭到宋军攻击,金人渐渐看清了南宋打破隆兴和议的企图。三月,金擒获宋谍王俊、李忭,供出宋在江州、鄂、岳等地集结大军,贮甲仗,修战舰,计划五月入寇。李忭坦白韩侂胄以为金在西北用兵连年,公私困竭,抓住这个机会攻金一定能成功,下令修建康宫,劝宋宁宗移都建康节制诸道。章宗任命平章政事仆散揆为河南宣抚使,令揆质问宋人:"奈何兴兵?"宋人推辞:"盗贼也。边臣不谨,今黜之矣。"②对于宋人将启边衅,太常卿赵之杰、知大兴府承晖、中丞孟铸都认为:"江南败衄之余,自救不暇,恐不敢败盟。"完颜匡不同意这种看法,指出:"彼置忠义保捷军,取先世开宝、天禧纪元,岂忘中国者哉。"大理卿畏也说:"宋兵攻围城邑,动辄数千,不得为小寇。"章宗问参知政事独吉思忠,思忠说:"宋虽羁栖江表,未尝一日忘中国,但力不足耳。"但当河南统军使纥石烈子仁出使南宋归来,奏:"宋主修敬有加,无他志。"完颜匡又表示:"子仁守疆圉,不妄生事,职也。《书》曰'有备无患',在陛下宸断耳。"③不难看出,完颜匡之所以改变立场,是受到章宗不愿多生事端的影响。于是章宗下令罢河南宣抚司,召仆散揆还朝。

泰和六年(1206年)春正月,面对南宋日益频繁的试探性进攻,章宗遣御史大夫孟铸告诫宋使陈克俊:"大定初,世宗皇帝许宋世为侄国,朕遵守遗法,和好至今。岂意尔国屡有盗贼犯我边境,以此遣大臣宣抚河南军民。及得尔国有司公移,称已罢黜边臣,抽去兵卒,朕方以天下

---

① 《金史》卷11《章宗三》,第261页。
② 《金史》卷98《完颜匡传》,第2167页。
③ 《金史》卷98《完颜匡传》,第2167页。

为度，不介小嫌，遂罢宣抚司。未几，盗贼甚于前日，比来群臣屡以尔国渝盟为言，朕惟和好岁久，委曲涵容。恐侄宋皇帝或未详知。若依前不息，臣下或复有云，朕虽兼爱生灵，事亦岂能终已。卿等归国，当以朕意具言之汝主。"①章宗本来无意用兵，所以再三对南宋晓以利害，劝诫宋宁宗珍惜来之不易的和平局面。

泰和六年（1206年）四月，宋军已经攻陷散关，取泗州、虹县、灵璧等地。五月，宋宁宗正式下诏伐金。章宗坚决还击，命令金军"聚郑、汝、阳翟之兵于昌武，以南京副留守兼兵马副都总管纥石烈毅统之，聚亳、陈、襄邑之兵于归德，以河南路副统军徒单铎统之"，统军使纥石烈子仁"自以所部兵驻汴"，以"山东东、西路军七千付统军纥石烈执中驻大名，河北东、西路军万七千屯河南，皆给以马，有老弱者易其人"。②左副元帅仆散揆行尚书省于汴京，统一指挥河南战事，"尽征诸道籍兵"。为防止宋军深入，"以宋兵方炽，东北新调之兵未集，河南之众不足支，命河北、大名、北京、天山之兵万五千，屯真定、河间、清、献等以为应"。③

尽管战争初期，宋军占领了一些地方，但由于金已做好了战备，迅速展开了反击。北进的宋军往往一战即溃，纷纷败退回宋境。在章宗利诱之下，宋军西线主帅吴曦降金，企图割据四川，这使金军无后顾之忧，能够集中主力进攻两淮和襄樊。十月初，金军主力渡淮南下，攻占淮南、汉水，抵达长江北岸。十一月宋两淮宣抚使丘崈遣使向仆散揆求和，东线战事缓和下来。西线宋军主帅吴曦接受金章宗的封号，于泰和七年（1207年）正月自称蜀国王，献凤、阶、成、西和四州给金。但在二月末，吴曦被忠于南宋的部将李好义等人杀死，随后宋军收复四州。

金军之所以能够轻易地挫败"开禧北伐"，一方面是因为章宗虽然一

---

① 《金史》卷12《章宗四》，第273页。
② 《金史》卷12《章宗四》，第274页。
③ 《金史》卷12《章宗四》，第275页。

第五章　金熙宗至金章宗时期的民族关系思想

向维护和平，但对南宋的进犯也早有准备。如泰和五年（1205年）三月，金擒获宋谍王俊、李忭，河南统军司奏请益兵备战。章宗下诏籍诸道兵，括战马，临洮、德顺、秦、巩各置弓箭手四千人。再如章宗很早就察觉到吴曦与南宋中央政府之间的矛盾，"可以间诱致之"[①]。他亲自指挥策反吴曦，当吴曦在"开禧北伐"关键时刻按兵不动时，章宗得意地说："吴曦之降，朕所经略。"[②]另一方面是因为"开禧北伐"在一定程度上是韩侂胄为捞取政治资本进行的一次军事冒险，在南宋内部并没有得到全面的支持，当时南宋许多官员和士大夫已经习惯了苟且偷安的生活，宋军官兵也普遍缺乏战斗意志和战斗力，即使是一向积极主战的辛弃疾、叶适等人，也在侦查到金军士马尚强壮的情报后，认为此时北伐没有成功的可能，反对贸然开战。

战争进入相持阶段后，金和南宋加紧了议和活动。对于南宋来说，北伐的全面失败使上下都丧失了再战的勇气，投降派重新在朝廷得势，不惜签订屈辱条约。对金朝而言，统治阶级早已失去了建国初期的进取心，"自宗弼渡江而还，既而画淮为界。厥后海陵怫众举兵，国用虚耗，上下离心，内难先作。故世宗之初，章宗之末，有事于南，皆非得已，而详问之使每先发焉"[③]。泰和年间，金朝已经由盛转衰，金章宗本人无意继续战争，曾当面指示仆散揆"朕非好大喜功，务要宁静内外"[④]。他在命令仆散揆"宜广为渡江之势"时，特别说明其目的不是要进军江南，而是给南宋施加压力，"使彼有必死之忧，从其所请而纵之，仅得余息偷生，岂敢复萌他虑"。如果宋宁宗"奉表称臣，岁增贡币，缚送贼魁，还所俘掠，一如所谕"，就可以罢兵。因此"揆、宗浩虽师出辄捷，而行成之使，不拒其来。仪币书辞，抑扬增损之际，有可借口，即许其平矣"。[⑤]

---

① 《金史》卷98《完颜纲传》，第2178页。
② 《金史》卷98《完颜纲传》，第2180页。
③ 《金史》卷93《赞》，第2080页。
④ 《金史》卷93《仆散揆传》，第2068页。
⑤ 《金史》卷93《赞》，第2080页。

泰和七年（1207年）十一月初，在金章宗威逼利诱下，南宋礼部侍郎史弥远与杨皇后密谋杀死韩侂胄，传首级给金朝乞和。章宗认为"侂胄渠魁，既请函首，宋之悔服，可谓诚矣"，因此当南宋请求归还金军占领的淮南地和陕西关隘时，慷慨地表示："朕以生灵为念，已贳宋罪，关隘区区岂足深较，既能函送韩侂胄首，陕西关隘可以还赐。"①

泰和八年（1208年）三月，金宋之间达成《嘉定和议》。金宋改称伯侄之国，给金的岁币增至银、绢各30万两、匹，犒军费300万贯。与《隆兴和议》相比较，《嘉定和议》给南宋添加了更多苛刻的条件。但是应该看到，这场战争是南宋主动挑起来，而金是被动应战的，在战争中金也遭到了严重的损失。金章宗在金军已经取得压倒性优势的前提下，积极与宋议和，表现出"宽仁矜恤曲从之意"②，固然与他在客观形势上面临着一些困难有关，更重要的还是出于他乐于恢复双方和好关系的思想。正是由于金章宗在"开禧北伐"和"嘉定和议"的过程中表现得有礼、有力、有节，所以取得了显著的成效，使南宋君臣在沉重的打击下，从此不敢轻举妄动。即使后来金宣宗为蒙古入侵所迫迁都汴京，南宋也没有胆量再次发动大举北伐。至于南宋派孟珙与蒙军联合攻打蔡州，那个时候金王朝已经处于奄奄一息、坐以待毙的绝境了。

三、经略北疆

蒙古诸部虽然名义上与金朝保持着臣属关系，但经常越过边界骚扰掳掠，一直被金统治者视为不安定的因素。金熙宗时，都元帅宗弼连年亲率大军征讨，却无法让其完全臣服。金朝统治者只能采用传统的羁縻政策，一面用丰厚的赏赐加以笼络，一面在边境屯驻大军严加防御。章宗初期，阻卜、广吉剌等部频频侵入金境内，北方形势出现动荡。在这种情况下，当章宗征求元老徒单克宁的意见："其应袭猛安谋克者学于太

---

① 《金史》卷98《完颜匡传》，第2171页。
② 《金史》卷98《完颜匡传》，第2171页。

第五章 金熙宗至金章宗时期的民族关系思想

学可乎?"徒单克宁借机向章宗建议加强猛安谋克的武备,"承平日久,今之猛安谋克其材武已不及前辈,万一有警,使谁御之?习辞艺,忘武备,于国弗便"。章宗有所领悟,说:"太傅言是也。"①

在对蒙古诸部的策略上,金廷内部出现了分歧。一派主张"出兵击之"②。如太尉徒单克宁"锐意用兵"③;大臣完颜守贞回复章宗"今方南议塞河,而复用兵于北,可乎?"的疑问时,也认为"彼屡突轶吾圉,今一惩之,后当不复来,明年可以见矣"。谈到守御之法,守贞建议:"惟有皇统以前故事,舍此无法耳。"④也就是主张像皇统年间一样,主动出兵对其进行打击。但是另一派则考虑到当时因黄河决口等造成的经济困难,持反对出兵的意见。翰林修撰移剌益进言出兵"天时未利,宜俟后图"⑤;章宗命枢密使夹谷清臣发兵,御史中丞张万公上言"劳民非便"⑥,明昌三年(1192年),金章宗下令自西南、西北路,沿临潢达泰州,开筑壕堑以防备蒙古,这项宏大的过程服役者达三万人,历经多年未能完工。御史台指责"所开旋为风沙所平,无益于御侮,而徒劳民"。张万公甚至把当时灾害频仍的原因归结于此,"劳民之久,恐伤和气,宜从御史台所言,罢之为便"⑦;百官集议开边防壕堑事宜,党怀英等十六人请罢其役。

尽管反对的声音很强烈,但是北部边疆日益严峻的形势迫使金章宗最终下决心出兵。明昌三年(1192年)七月,"诏增北边军千二百人,分置诸堡"⑧。明昌五年(1194年)二月,章宗拒绝大臣撤退北部边境兵马的建议,"命宣徽使移剌敏、户部主事赤盏实理哥相视北边营屯,经画长

---

① 《金史》卷92《徒单克宁传》,第2052页。
② 《金史》卷73《完颜守贞传》,第1689页。
③ 《金史》卷97《移剌益传》,第2160页。
④ 《金史》卷73《完颜守贞传》,第1689页。
⑤ 《金史》卷97《移剌益传》,第2160页。
⑥ 《金史》卷95《张万公传》,第2102页。
⑦ 《金史》卷95《张万公传》,第2104页。
⑧ 《金史》卷9《章宗一》,第222页。

久之计"①。九月,"命上京等九路并诸抹及纠等处选军三万,俟来春调发,仍命诸路并北阻磔以六年夏会兵临潢"。②

明昌六年(1195年)五月,章宗令左丞相夹谷清臣行省于临潢府,正式征讨不肯顺从的蒙古各部。清臣派人侦察,尽知敌人虚实,以宣徽使移剌敏为都统,左卫将军完颜充和招讨使完颜安国为左右翼,率轻骑八千为先锋,亲自率领一万精兵跟进。移剌敏在栲栳泺接连攻克敌军十四座营垒,但在回迎清臣的大军时,随从作战的北阻䪻首领斜出抢夺了移剌敏缴获的牲畜物资逃归。清臣遣人责罚,北阻䪻部因此发动叛乱,对金大肆侵掠。由于夹谷清臣处置失措,导致北方边疆事态紧张,章宗罢免了夹谷清臣,命右丞相完颜襄接替了他的职务,且允许完颜襄便宜从事。为勉励完颜襄,章宗"临宴慰遣,赐以貂裘、鞍山、细铠及战马二"③。十二月,完颜襄驻军大盐泺,与广吉剌部激战多时。在决定下一步进军方略时,金内部出现争议,章宗召完颜襄当面讨论后,"厚赐遣还"④。承安元年(1196年)完颜襄兵分两路进军,东路军进至龙驹河时被阻䪻包围,完颜襄率西路军救援,"大战,获舆帐牛羊。众皆奔斡里札河。遣安国追蹑之。众散走,会大雨,冻死者十八九,降其部长,遂勒勋九峰石壁"⑤。章宗遣使厚赐慰劳,允许其自行赏赉士卒。九月,完颜襄回朝廷,章宗拜其为左丞相,监修国史,封常山郡王。在庆和殿设宴,章宗"亲举酒饮,解所服玉具佩刀以赐,俾即服之"⑥。

然而一个月后,阻䪻又一次发动叛乱,章宗派左丞相完颜襄行省于北京,完颜匡行院于抚州。利用金朝的紧张形势,契丹人在陁锁、德寿的率领下发动起义,"伪建元曰身圣,众号数十万,远近震骇。"⑦起初,

---

① 《金史》卷10《章宗二》,第232页。
② 《金史》卷10《章宗二》,第233页。
③ 《金史》卷94《完颜襄传》,第2088页。
④ 《金史》卷94《完颜襄传》,第2088页。
⑤ 《金史》卷94《完颜襄传》,第2089页。
⑥ 《金史》卷94《完颜襄传》,第2089页。
⑦ 《金史》卷94《完颜襄传》,第2089页。

第五章　金熙宗至金章宗时期的民族关系思想

完颜襄出兵行至石门镇时，秘密对僚属说："北部犯塞奚足虑。第恐奸人乘隙而动。北京近地军少，当预为之备。""即遣官发上京等军六千，至是果得其用。临潢总管乌古论道远、咸平总管蒲察守纯分道进讨，擒德寿等送京师。"①"糺军千余出没剽掠锦、懿间，李迭追败之，复获所掠，悉还本户。"②完颜襄"乃移诸糺居之近京地，抚慰之"，并表示"糺虽杂类，亦我之边民，若抚以恩，焉能无感？我在此，必不敢动"。③承安三年（1198年）二月，斜出到抚州请求投降，章宗询问完颜襄，完颜襄认为利大于弊。于是，章宗接受斜出内附。完颜襄"因请就用步卒穿壕筑障，起临潢左界北京路以为阻塞"。对于反对意见，完颜襄坚持："今兹之费虽百万贯，然功一成则边防固而戍兵可减半，岁省三百万贯，且宽民转输之力，实为永利。"④经章宗同意，完颜襄亲自督工，召集军民和雇佣饥民，历时五旬，开掘了一条从临潢至北京路的边壕。西北、西南路也按完颜襄的请求修建了边壕。由于这一时期负责镇压北方叛乱的完颜裔作战不利，完颜襄奏请完颜宗浩出师泰州，左丞夹谷衡行枢密院事于抚州，自己统军出临潢府进攻，章宗同意并赐内库财物。章宗命宗浩佩金虎符驻泰州便宜从事，又派上京等路军万人屯戍泰州。广吉剌部屡次胁迫诸部入塞侵扰，宗浩请求乘暮春攻打广吉剌。但是有人认为广吉剌部可以牵制阻卜部，不应对其用兵。宗浩不以为然，上奏："国家以堂堂之势，不能扫灭小部，顾欲借彼为捍乎？臣请先破广吉剌，然后提兵北灭阻䍐矣。"章宗诏谕宗浩："将征北部，固卿之诚，更宜加意，毋致后悔。"⑤宗浩采取分化瓦解、各个击破的手段，迫降广吉剌部，大破合底忻部、山只昆部、婆速火部，基本上达到了出兵的目的。

对金章宗经略北疆的评价历来存在争议，虽然《金史》称赞经过章

---

① 《金史》卷94《完颜襄传》，第2089页。
② 《金史》卷94《瑶旦李迭传》，第2095页。
③ 《金史》卷94《完颜襄传》，第2090页。
④ 《金史》卷94《完颜襄传》，第2090页。
⑤ 《金史》卷93《宗浩传》，第2073页。

宗的苦心经营，"自是北陲遂定"①，然而仅仅十余年后，成吉思汗的铁骑就占领了金朝首都的事实却不啻是对这种表彰的一个讽刺。因此，批评金章宗经略北疆思想的观点一度为多数人所认可。他们认为金章宗犯下了诸多失误：

其一，北伐打击了塔塔儿、弘吉剌、合答斤等蒙古草原传统的强部，无形中为正在崛起的成吉思汗削弱了竞争对手，减少了他在统一蒙古过程中的阻力。成吉思汗本人率部参加了完颜襄的平叛，趁机打败了自己的世仇塔塔儿，并因此得到金朝的封赐，其权威和实力进一步增强。金章宗此举无异于养虎为患，之后不久，泰和元年（1201年）成吉思汗联合克烈部打败了泰赤乌部，泰和二年（1203年）又消灭了克烈部，泰和三年（1204年）打垮了乃蛮部，蒙古草原上再也没有势力能够阻挡他的统一大业。

其二，北伐使北疆得到暂时的安宁，麻痹了金章宗的警惕性，从此耽于逸乐，对北方的事务不以为意。王维翰提醒章宗"唯北方当劳圣虑耳"②，章宗却没有给予足够的重视，坐视成吉思汗的势力发展壮大。

其三，修筑边壕耗费了大量的人力物力，增加了财政上的负担，却没有什么实际作用。大安三年（1211年），成吉思汗挥师南下，蒙古骑兵轻松地突破了金章宗苦心经营的北疆防线，击溃了前来迎击的金军主力。

这些看法确实都有一定的根据，但由此就断定金章宗对北疆的经略完全失败了，应该为金被蒙古灭亡负责，则未免失之片面，且在逻辑上犯了以结果来倒推起因的错误。

首先，金章宗对北疆的经略取得了显著的成效，提高了金的威望。泰和六年（1206年），成吉思汗统一蒙古各部，建立了蒙古国。尽管成吉思汗对金怀有强烈的复仇和掠夺的欲望，却"未敢轻动"③，仍然臣服于

---

① 《金史》卷94《完颜襄传》，第2091页。
② 《金史》卷121《王维翰传》，第2648页。
③ 《元史》卷1《太祖纪》，第13页。

第五章　金熙宗至金章宗时期的民族关系思想

金,甚至亲自向金供纳岁币,这无疑是慑于金朝以往展示的强大武力和辉煌战绩。

其次,章宗经略北疆的成功为挫败"开禧北伐"解除了后顾之忧。偏安江左的南宋敢于对金动武的原因之一,就是听闻金朝屡遭鞑靼骚扰,企图形成南北夹击之势。金章宗抢在南宋发动攻势之前平定了北疆,使其南北呼应的设想落空,从而扭转了战略上的被动局面。

既然如此,那么何以在金章宗取得巨大的成功后不久,金就为蒙古所侵,从此一蹶不振呢?要回答这个问题,我们就应当认识到金朝衰亡是诸多复杂的因素共同作用的结果,其中既有社会历史发展的必然因素,又有一些偶然因素的影响。这其中固然有金章宗应该承担的一部分责任,但这份责任却不能和其对北疆的经略捆绑在一起。

第一,金在国家制度、民族结构和对外形势等方面存在先天不足,一直受到这些不利条件的牵制。当女真人承平日久,丧失了建国时艰苦创业的传统,尚武精神退化,猛安谋克"其材武已不及前辈"[①],以武立国的基础就不复存在了。这个时候,如果有强大的内、外势力对其进行攻击,就很容易产生连锁反应,最终导致其政权的颠覆。

第二,就金章宗本人来说,在他统治后期,"秕政日多,诛求无艺,民力浸竭,明昌、承安盛极衰始"[②]。由于章宗不思进取,追逐骄奢淫靡的生活,导致外戚小人纷纷干政,时有"经童作相,监婢为妃"[③]之语,政权的快速腐朽造成了它自身的虚弱无力。

第三,由于金章宗是以皇太孙的身份继承皇位,自己的几个儿子又幼年夭折,因此对宗室疑忌很深,唯独喜爱"柔弱鲜智能"[④]的皇叔卫绍王。泰和八年(1208年),章宗临终前,有妃嫔怀有身孕,出于让自己未出生的亲子在将来继承皇位的私心,章宗竟将无能的卫绍王立为继承人,

---

① 《金史》卷92《徒单克宁传》,第2052页。
② 《金史》卷18《哀宗下》,第403页。
③ 《金史》卷129《胥持国传》,第2794页。
④ 《金史》卷13《卫绍王》,第290页。

留下遗诏说:"朕之内人,见有娠者两位。如其中有男,当立为储贰。如皆是男子,择可立者立之。"①结果不但章宗的如意算盘落了空,而且因为卫绍王懦弱无能,受到成吉思汗的鄙视,讥讽道:"我谓中原皇帝是天上人做,此等庸懦亦为之耶?"②从而坚定了成吉思汗侵金的信心。

  当然,金章宗统治期间和之后黄河泛滥等自然灾害破坏了金的社会生产,削弱了金的国力,给其抵御外侮也带来了一定的不利影响。对于类似因素,我们也应该加以考虑,以全面、真实、客观还原历史真相和人物思想,作出公允的评判并从中汲取经验和教训。

---

① 《金史》卷64《后妃下》,第1529页。
② 《元史》卷1《太祖纪》,第15页。

第六章

卫绍王至金哀宗时期的民族关系思想

第一节 卫绍王的民族关系思想

卫绍王完颜允济（1153—1213 年），金世宗第七子，章宗之叔。泰和八年（1208 年）十一月金章宗病逝，因章宗无子，完颜允济被迎立为帝。至宁元年（1213 年）八月，在胡沙虎叛乱中被弑。卫绍王"柔弱鲜智能"①，没有安邦治国之才，"政乱于内，兵败于外，其灭亡已有征矣"②。在民族关系思想上的两个错误认识，成为导致他"身弑国蹙"③悲剧结局的重要原因。

卫绍王的第一个失误，是在蒙古进攻金的藩国西夏时，坚持"敌人相攻，吾国之福"的观点，不肯发兵救援，导致内部民族关系紧张。

大安元年（1209 年）成吉思汗亲率大军攻入西夏，围攻都城中兴府。西夏襄宗李安全亲督将士登城守御，成吉思汗拦河灌城，危急中李安全遣使至金乞援。金大臣都主张"西夏若亡，蒙古必来加我，不如与西夏首尾夹攻，可以进取而退守。"卫绍王却说："敌人相攻，吾国之福，何患焉？"④不肯出兵相救。

其实蒙古一直是金的心腹大患。金初就曾对其连年用兵，却始终不能完全征服，只好以羁縻之策待之。为压制蒙古的崛起，金世宗采用残

---
① 《金史》卷13《卫绍王》，第 290 页。
② 《金史》卷13《卫绍王》，第 298 页。
③ 《金史》卷13《卫绍王》，第 298 页。
④ 《大金国志》卷21，第 23、24 页。

酷的"减丁"政策，三年一次出兵蒙古高原屠杀壮丁，虽然暂时削弱了蒙古势力，但也埋下了更深的民族仇恨。泰和六年（1206年），铁木真被推为蒙古大汗，统一蒙古各部，不再满足屈居于金藩属的地位，"始议伐金"。然而慑于金往日的声威，"未敢轻动也"①，因而暂时先把兵锋指向了西夏。西夏臣服于金近百年，总体上对金保持着恭顺的态度。大安元年（1209年）已经是蒙古兵第三次入夏，西夏屡受重创，国力严重衰退，无力抵御蒙古的入侵，不得已向金求救。当此之时，西夏愈弱则蒙古愈强，这样的结果对与蒙古存在世仇的金来说是非常不利的。卫绍王不听群臣意见，以蒙夏两国相争为福，却忘记了唇亡齿寒的道理。史家为之痛惜："不特启夏人之构怨，而金之亡于蒙古亦于是决矣。"②

卫绍王的自私和目光短浅很快招致了严重的后果。李安全纳女请和，与成吉思汗达成城下之盟，换来了蒙古暂时退兵。转危为安后，李安全对卫绍王在西夏危急时无动于衷痛恨不已，大安二年（1210年）秋八月，遣兵万骑攻击金葭州作为报复。恼怒的卫绍王还以颜色，取消了给西夏贺金正旦使的例行赏赐。大安三年（1211年）七月，夏神宗李遵顼废黜安全自立后，承袭了敌视金朝的政策，继续发兵侵金。八月，嗣立伊始即兵犯金东胜城。金西南路马军万户纥石烈鹤寿突围入城，夏军解围离去。冬十一月，李遵顼听闻蒙古兵入侵金中都，遂趁火打劫，袭扰邠、岐，入侵泾、邠二州，围平凉府。金陕西同知转运使事韩玉募兵万人赴援，夏兵不胜。遵顼正围攻平凉府，听闻韩玉引兵抵北原，怀疑大军将至，遂解围。此时成吉思汗发动了对金的大规模攻势，卫绍王无力对抗，开始后悔当年的决定，试图挽回同西夏的关系，崇庆元年（1212年）三月，"遣使册李遵顼为夏国王"③。遵顼对金亦虚与委蛇，"十二月，夏国王李遵顼谢封册"。④但是，李遵顼政略昏庸，贪图小利，欲乘金在蒙古

---

① 《元史》卷1《太祖纪》，第13页。
② 《西夏书事》卷40，第377页。
③ 《金史》卷13《卫绍王》，第295页。
④ 《金史》卷13《卫绍王》，第295页。

第六章　卫绍王至金哀宗时期的民族关系思想

攻击下应接不暇时趁火打劫，频侵金边境。直到被弑，卫绍王对西夏的进攻始终处于被动应战的局面。此后，双方进行了连续十余年的战争。"自天会议和，八十余年与夏人未尝有兵革之事。及贞祐之初，小有侵掠，以至构难十年不解，一胜一负精锐皆尽，而两国俱弊。"①等到两国统治者醒悟过来已为时过晚，最终被蒙古各个击破。

卫绍王的第二个失误，是他在蒙古入侵时持消极御敌的思想，导致局势一再恶化。成吉思汗在泰和六年（1206年）已对金"定议致讨"②，其中既有为以往所受的欺凌复仇之意，也有不甘作为藩属以及觊觎金的巨大财富等动机。但是当时金朝在位的章宗完颜璟是个比较英明的君主，且对蒙古一直保持着高度的警惕和压制，成吉思汗认为时机未成熟，没有轻易出击。按照惯例，成吉思汗到净州向金贡献岁币，金章宗派卫绍王前去受贡，卫绍王表现出的傲慢和无能受到成吉思汗蔑视。卫绍王嗣位后，传诏至蒙古，使者令成吉思汗拜受诏书。成吉思汗问金使："新君为谁？"金使答："卫王也。"成吉思汗立即面向南方唾骂："我谓中原皇帝是天上人做，此等庸懦亦为之耶？何以拜为！"③随即乘马北去。金使回去报告此事，卫绍王更加恼怒，打算等成吉思汗再入贡时在榷场加以杀害。成吉思汗得知后，决定与金绝交，布置军队加紧戒备。大安三年（1211年），他听说金朝发生了严重饥荒，国力衰退，遂展开了一连串的突袭和掠夺战争。当年春，成吉思汗亲率大军伐金，轻易跨过金蒙之间的界壕，先后在乌沙堡、野狐岭、会河堡等会战中大胜金军，歼灭其大量精锐部队，所到之处掳掠一空。崇庆元年（1212年），成吉思汗再次发动进攻，深入到金的腹地，重挫金军，蹂躏山西、河北、山东和辽西等地区，甚至封锁了中都。在抵御蒙军的过程中，卫绍王消极防御的思想暴露无遗。

---

① 《金史》卷134《西夏传》，第2876页。
② 《元史》卷1《太祖纪》，第13页。
③ 《元史》卷1《太祖纪》，第15页。

其一，卫绍王在抗蒙战略上没有前瞻性和全局观念，奉行头痛医头脚痛医脚的方针。尚书右丞相徒单镒上疏战守之计，请徙桓、昌、抚百姓入内地，"自用兵以来，彼聚而行，我散而守，以聚攻散，其败必然。不若入保大城，并力备御。昌、桓、抚三州素号富实，人皆勇健，可以内徙，益我兵势，人畜货财，不至亡失"。①卫绍王怕担当失地的恶名，接受参知政事梁绹的看法，责备徒单镒："如此是自蹙境土也。"其后昌、桓、抚三州落入蒙古手中，卫绍王大为后悔："从丞相之言，当不至此！"②徒单镒复奏："辽东国家根本，距中都数千里，万一受兵，州府顾望，必须报可，误事多矣。可遣大臣行省以镇之。"卫绍王不悦曰："无故遣大臣，动摇人心。"时过不久，东京失守，卫绍王自责说："我见丞相耻哉！"③

至宁元年（1213年），完颜弼为元帅左监军，捍御辽东，请求"自募二万人为一军，万一京师有急，亦可以回戈自救。今驱市人以应大敌，往则败矣。"卫绍王生气地说："我以东北路为忧，卿言京师有急何邪？就如卿言，我自有策。以卿皇后连姻，故相委寄，乃不体朕意也。"④不料话音甫落，成吉思汗已率大军兵临京师城下，中都一度告急。因此，在贞祐二年（1214年）中都被围，将帅都不肯力战时，耿端义说："今日之患，卫王启之"。⑤

其二，卫绍王治军不严，纵容将领在抗蒙战争中贪生怕死的表现。大安三年（1211年），西京留守胡沙虎为逃避蒙军，弃城东走，在定安遭遇蒙军，不战而溃，退至蔚州后擅自取库银五千两，强夺官民马匹，杖杀涞水县令，逃回中都。对此目无法纪的败军之将，卫绍王不能明正典刑，反而任命其为权右副元帅，率军防卫中都。卫绍王此举无异于步辽天祚帝之后尘。完颜阿骨打起兵之初，辽军将领萧嗣先领兵讨伐，因骄

---

① 《金史》卷99《徒单镒传》，第2189页。
② 《金史》卷99《徒单镒传》，第2190页。
③ 《金史》卷99《徒单镒传》，第2190页。
④ 《金史》卷102《完颜弼传》，第2253页。
⑤ 《金史》卷101《耿端义传》，第2234页。

第六章 卫绍王至金哀宗时期的民族关系思想

傲轻敌大败于出河店,其兄宰相萧奉先"惧嗣先获罪,上奏:'东征溃军所至劫掠,若不肆赦,恐聚为患。'"天祚帝听从其意见,仅仅给萧嗣先一个免官的处分。辽军官兵一片哗然,相互叹息:"战则有死而无功,退则有生而无罪。"①从此辽军士无斗志,望风奔溃。百年后,卫绍王重蹈亡辽覆辙,对完颜承裕、独吉思忠、胡沙虎等败将均未能严惩以致军纪败坏。左谏议大夫张行信上章说:"胡沙虎残忍凶悖,跋扈强梁,媚结近习,以图称誉。自其废黜,士庶莫不忻悦。今若复用,惟恐为害更甚前日,况利害之机更有大于此者。"②卫绍王不肯听从。卫绍王无原则的恩宠助长了胡沙虎的骄横,当蒙古军迫近中都,胡沙虎却整日围猎取乐。卫绍王派人到军中责备,胡沙虎恼羞成怒,竟然发动政变,自称监国大元帅,胁迫卫绍王出宫并加以杀害。

此外,卫绍王"非我族类,其心必异"的思想作祟,在强敌觊觎下,不知凝聚国内各族人民的爱国热忱,反而激化了各族历史上的矛盾。据史书载:"(元)太祖起兵朔方,金人疑辽遗民有他志,下令辽民一户以二女真户夹居防之。"③卫绍王此举严重影响了契丹人的生活,激起了契丹人的愤怒。崇庆元年(1212年),契丹千户耶律留哥在隆安、韩州一带举兵反金,契丹人闻讯纷纷前来归附,拥众十余万,自立为都元帅,后归附成吉思汗,在蒙古军援助下,大败金军。次年耶律留哥称王,国号辽。耶律留哥起义使女真人心目中"依山负海,其险足恃"④的辽东根本之地局势一片混乱,加速了金的衰亡。

金臣贾益谦曾给予卫绍王公道的评价:"卫王为人勤俭,慎惜名器,较其行事,中材不及者多矣。"⑤然而当时女真统治阶级的民族精神已走向堕落,政治日益腐败,而蒙古迅速崛起,对金虎视眈眈,这样危机四

---

① 《辽史》卷27《天祚皇帝耶律延禧一》,第329页。
② 《金史》卷107《张行信传》,第2363页。
③ 《元史》卷149《耶律留哥传》,第3511页。
④ 《金史》卷99《徒单镒传》,第2191页。
⑤ 《金史》卷106《贾益谦传》,第2335页。

伏的险恶局面，是只知俭约守成的卫绍王无法应对的。他在民族关系思想上的失误，既有环境逼迫的因素，更是其为人优柔寡断，缺乏判断力的结果，这些最终导致了他的悲剧结局。

第二节 金宣宗的民族关系思想

金宣宗完颜珣（1163—1223年），是金世宗的长孙。至宁元年（1213年），胡沙虎发动政变废掉卫绍王，迎立完颜珣为帝。金宣宗在位期间，虽有励精图治之志，却无拨乱反正之材，金王朝在蒙古攻击下走向衰亡。金宣宗未能实现中兴伟业，有许多客观或主观上的原因。他对当时错综复杂的民族关系背景认识不清，民族关系思想和实践出现了一系列失误则是其中之一。

首先，面对成吉思汗的入侵，金宣宗奉行消极防御的思想。宣宗即位时，正值成吉思汗大举围攻中都，遂尽撤沿边诸军保卫京师。成吉思汗见一时无力攻破中都，乘金内地兵力空虚之机，兵分三路，横扫河南、河北、山西、辽东、辽西、山东，数千里黎民尽遭涂炭。之后三路大军会师中都城下，威胁宣宗："汝山东、河北郡县悉为我有，汝所守惟燕京耳。天既弱汝，我复迫汝于险，天其谓我何？我今还军，汝不能犒师以弭我诸将之怒耶？"①金宣宗遣使求和，献给成吉思汗卫绍王之女岐国公主及大量金帛、童男女各五百名、马三千匹，并派丞相完颜福兴送蒙军出居庸关。

蒙古大军北还后，被成吉思汗大军吓破胆的金宣宗和部分官员兴起迁都避敌的念头。元帅左都监完颜弼进言："今虽议和，万一轻骑复来，则吾民重困矣。愿速讲防御之策。"他劝宣宗迁都汴京，"阻长淮，拒大

---

① 《元史》卷1《太祖纪》，第17页。

第六章 卫绍王至金哀宗时期的民族关系思想

河,扼潼关以自固"。①贞祐二年(1214年)五月,南京留守仆散端与河南统军使长寿、按察转运使王质也上表请宣宗南迁。但是当金宣宗准备南渡之时,遭到了许多有识之士的反对。左丞相徒单镒上奏迁都汴京的弊端,"銮辂一动,北路皆不守矣",认为"今已讲和,聚兵积粟,固守京师,策之上也","南京四面受兵"非迁都的理想地点②。纳坦谋嘉进言"河南地狭土薄,他日宋、夏交侵,河北非我有矣。当选诸王分镇辽东,河南,中都不可去也。"③宣宗以国危兵弱、财用匮乏为辞,"决意南迁,诏告国内",太学生赵昉等四百人上书极论迁都利害,却被宣宗借口"大计已定,不能中止"而拒不采纳④。宣宗一行离开中都时,命都元帅完颜承晖、尚书左丞抹捻尽忠辅太子完颜守忠留守。七月,宣宗担心完颜守忠的安全,召其赴汴京。太子的离开使中都军民斗志全无。右副元帅蒲察七斤率其军投降蒙古。贞祐三年(1215年)五月,完颜承晖服毒自杀,抹燃尽忠弃城南逃,中都被蒙古军攻陷。

尽管金宣宗迁都之举可以用为形势所迫来辩解,但造成的后果却成为金灭亡的一个重要因素。

其一,金宣宗南迁暴露了自身的懦弱和无能,一方面致使国内人心涣散,另一方面助长了蒙古的野心,也使得南宋和西夏对金心生蔑视,不肯继续臣服于金。宣宗南迁行至真定,完颜弼建议:"皇太子不可留中都,盖军少则难守,军多则难养。"⑤金宣宗就趁此言论因私念而招太子至南京,而不顾完颜素兰劝其效仿唐玄宗留太子在灵武以系天下人心。金宣宗此举无异于向世人宣布,他对守住中都毫无信心和决心可言。受此影响,蒙军进抵通州时,守将蒲察七斤举城投降,中都"城中无有固志",救援中都的诸路将领也顾望不前,直至次年中都陷落,"终无一兵

---

① 《金史》卷102《完颜弼传》,第2253、2254页。
② 《金史》卷99《徒单镒传》,第2191页。
③ 《金史》卷104《纳坦谋嘉传》,第2288页。
④ 《金史》卷14《宣宗上》,第304页。
⑤ 《金史》卷102《完颜弼传》,第2254页。

至中都者"。①

  金宣宗的软弱退缩大失人心,不但契丹和汉人纷纷起义,部分女真人也对其失去信心。辽东宣抚使蒲鲜万奴就是在这种背景下叛金自立,建立了东真国,使得金在东北地区的统治濒于崩溃。从现有资料看,成吉思汗此前并没有信心占领中都,但在得知宣宗南逃的消息后,他才真正看清了金统治阶级的无能,遂以"既和而迁,是有疑心而不释,特以解和为款我之计耳"②作为借口,很快再次兵临中都城下。汴京是宋朝故都,临近南宋,宣宗迁汴一方面使南宋君臣产生了极大的愤怒和疑虑,另一方面也让其对金衰弱至"穷而南奔"心生蔑视,认为"金有必亡之势",③不肯再输送岁币于金。至于西夏,看到金已是自顾不暇,乘机趁火打劫,依附蒙古攻金。

  其二,金宣宗南迁,直接导致中都失守,进而造成了金在全国的统治面临土崩瓦解的危险局面。金宣宗行至良乡,下令扈从的乣军交还先前发放给他们的铁甲精骑,激起乣军的怨愤。乣军多是契丹人组成,任务是在边境防御蒙古诸部,他们本不愿南迁,此刻又不堪忍受金统治阶级的疑忌,遂发动兵变,投向了成吉思汗,成为成吉思汗攻占中都的一支生力军。金宣宗以重兵驻河南随驾,使得大量精锐部队不能投入到保卫中都的战斗中,如宣宗"议遣亲军六千余及所募二千七百人援中都,宰臣以为行宫单弱,亲军不可遣,遂止"。④奉命救援中都的将领也不肯倾力而为,坐视中都陷入敌手。中都地处中原和东北交通的咽喉,北倚燕山,南控江淮,正如李石所言,金帝在中都,方可"据腹心以号令天下"⑤。中都失守,金中央政府与辽东的陆上联系被切断,只剩下海上一途可供信使往来,从此对东北的局势无能为力了。河北诸路以都城既失,

---

  ① 《金史》卷101《完颜承晖传》,第2226页。
  ② 《续资治通鉴》卷160《宋纪一百六十》"宁宗嘉定七年五月辛巳",第4335页。
  ③ 《宋史》卷437《真德秀传》,第12958页。
  ④ 《金史》卷14《宣宗上》,第309页。
  ⑤ 《金史》卷86《李石传》,第1912页。

第六章 卫绍王至金哀宗时期的民族关系思想

军户尽迁,纷纷传言金宣宗已放弃河北,州县官纷纷逃奔河南。完颜承晖预言"一失中都,辽东、河朔皆非我有",①不幸一语成谶。

其三,金宣宗南迁后国土日蹙,河北失业之民侨居河南、陕西,不可胜数。河北迁至河南的军户,皆靠国家供养,庞大的战争支出加重了金统治区人民的租赋负担,"百司用度,三军调发,一人耕之,百人食之"。②官府不爱惜民力,"征调太急,促其期限,痛其棰楚。民既罄其所有而不足,遂使奔走傍求于它境。力竭财殚,相踵散亡"。③

在蒙古大军围攻中都期间,金宣宗抱有厚贿成吉思汗以求其退兵的幻想,派出使者请和,以致金军将领畏缩不敢战,说:"恐坏和事。"左谏议大夫张行信上言:"和与战二事本不相干,奉使者自专议和,将兵者惟当主战,岂得以和事为辞。"痛惜"自崇庆来,皆以和误,若我军时肯进战,稍挫其锋,则和事成也久矣",指出"顷北使既来,然犹破东京,略河东。今我使方行,将帅辄按兵不动,于和议卒无益也",并提出建议:"事势益急,刍粮益艰,和之成否盖未可知,岂当闭门坐守以待弊哉。宜及士马尚壮,择猛将锐兵,防卫转输,往来拒战,使之少沮,则附近蓄积皆可入京师,和议亦不日可成矣。"对于张行信的意见,金宣宗"心知其善而不能行"。④贞祐四年(1216年)九月,金宣宗召大臣问以讲和之策,有的大臣说要誓死决战,宣宗俯首不乐,礼部尚书杨云翼以《孟子》事大、事小之说宽慰宣宗,且言:"今日奚计哉,使生灵息肩,则社稷之福也。"⑤金宣宗才高兴起来。

在对蒙军消极防御思想的影响下,金宣宗错过了实现恢复大业的良机。兴定元年(1217年),成吉思汗率蒙军主力返回蒙古准备西征,只留下太师国王木华黎率领偏师攻金。木华黎军中只有2.3万人的蒙古左翼

---

① 《金史》卷101《完颜承晖传》,第2225页。
② 《金史》卷102《田琢传》,第2250页。
③ 《金史》卷47《食货二》,第1061页。
④ 《金史》卷107《张行信传》,第2364、2365页。
⑤ 《金史》卷110《杨云翼传》,第2422页。

军,其余 7.7 万人则是由汉人、契丹人和女真人组成的附属军队,对金的攻击力急剧下降。金宣宗却在畏惧蒙军的心理作用下,把主要兵力用于进攻南宋,企图把蒙军入侵造成的损失,从南宋那里补偿回来。其实,当时蒙古在河朔的统治并不巩固。宣宗迁汴后,"河北土人往往团结为兵,或为群盗",①逐渐发展成了几支强大的地方武装力量,他们基本上愿意效忠金朝,对蒙古军队产生了很大的牵制作用。但是这些地方武装的首领互不统属,内斗不已,且单凭他们的实力不足以驱除蒙军,这就需要金宣宗派遣德高望重的大臣置行省于河朔,节制众豪强,并调集金军主力协同作战。然而,金宣宗深陷对宋战争的泥淖中,"枢府武骑尽于南伐",②无力给予他们实质支持,只能通过"九公封建"的方式,封官加爵来笼络人心。最终木华黎得以用弱于金军的兵力削平河朔抗蒙豪强,稳定了蒙古占领区的统治。

对金宣宗和部分金朝官吏懦弱无能的表现,刘祁做过生动地描述:(宣宗)"南渡之后,不能苦心刻意如越王勾践志报会稽之羞,但苟安幸存以延岁月。"③ "为宰执者往往无恢复之谋,上下同风,止以苟安目前为乐,凡有人言当改革,则以生事抑之。每北兵压境,则君臣相对泣下,或殿上发叹吁。已而敌退解严,则又张具会饮黄阁中矣。每相与议时事,至其危处,轧罢散曰:'俟再议'。已而复然,因循苟且,竟至亡国。"④金宣宗奉行消极防御的思想,执行了一条逃跑主义、投降主义的路线,不可避免地落得一个国土沦丧的下场。

其次,在大敌当前的情况下,金宣宗南开宋衅,西启夏侮,四面树敌,无异于自取灭亡。大安三年(1211 年),蒙古南下攻金,宋贺生辰使行至涿州不能前进而返回。此后两年,因战火阻隔及对形势的观望,南宋没有再向金输送岁币。金宣宗迁都汴京后,派人向南宋追讨累积的岁

---

① 《金史》卷 118《苗道润传》,第 2571 页。
② 《金史》卷 46《食货一》,第 1030 页。
③ 刘祁:《归潜志》卷 12,第 136 页。
④ 刘祁:《归潜志》卷 7,第 70 页。

第六章 卫绍王至金哀宗时期的民族关系思想

币。对此，南宋朝野产生了分歧：一方以乔行简的看法为代表，认为"强鞑渐兴，其势已足以亡金。金昔吾之仇也，今吾之蔽也，古人唇亡齿寒之辙可覆，宜姑与币，使得拒鞑"①。另一方以真德秀的意见为代表，认为金覆灭在即，"彼方奔窜不暇，何捍御之足言？"，靠金防御蒙古的想法是"以朽壤为垣而望其能障盗贼也"，要求将岁币用在加强自身实力上。②虽然真德秀等人的意见得到了大多数人的支持，但他们也注意到了蒙古对宋的潜在威胁，如果强大的蒙古成功灭金，"则疆场相望，便为邻国，固非我之利也"③。因此当成吉思汗遣主卜罕至宋，以将河南归宋为条件，争取南宋出兵攻金时，南宋将其驱逐出境。贞祐二年（1214年），西夏约南宋夹攻金，南宋也没有积极回应。南宋丞相史弥远决定采取折中的办法，于贞祐三年（1215年）三月，借贺长春节之机，遣宋使"请减岁币如大定例"④。对金宣宗来说，这本是维持金宋之间和平关系，进而组成同盟抵御蒙古的机会。但是金宣宗却"以本自称贺，不宜别有所祈请"为由加以回绝⑤。这一方面是因为蒙古大军的入侵和各地的叛乱起义严重破坏了金的社会经济，抗蒙和平叛军费开支浩大，金宣宗需要南宋的岁币弥补财政收入的匮乏；另一方面，也是更根本的原因，金宣宗"狃于余威"⑥，对南宋过于轻视，低估了南宋的决心。出乎金宣宗预料，南宋以槽渠干涸为托辞，拒绝向金输送岁币。

兴定元年（1217年），成吉思汗率主力西征，授权木华黎负责对金作战，金宣宗得到了喘息之机。四月，金宣宗以宋岁币不至为名，遣乌古论庆寿、完颜赛不等统军南伐。金宣宗的真实意图并不仅仅在追讨岁币上，金自南迁以后，"地势日蹙，遂有南窥淮汉之谋"，术虎高琪在请求

---

① 叶绍翁：《四朝闻见录》甲集《请斩乔相》北京：中华书局，1989，第23页。
② 《续编两朝纲目备要》北京：中华书局，1995，第268页。
③ 《续编两朝纲目备要》，第260页。
④ 《金史》卷62《交聘表下》，第1483页。
⑤ 《金史》卷62《交聘表下》，第1483页。
⑥ 《金史》卷16《宣宗下》，第370页。

伐宋时就言明其目的在于"广疆土"①。

战争开始后,金军发动的一系列攻势虽然在局部获得胜利,但没有在战略上形成绝对优势。宋军尽管遭受了一些损失,但从各地展开激烈的反攻,陆续收复失地。金宣宗此举使南宋丢掉了以金为屏障的念头,在调兵遣将坚决抗击金军入侵的同时,派出使者与蒙古交好,并公开招纳山东、河北一带的民间武装"红袄军"在金的内部袭扰州县,又响应西夏夹攻金的倡议,与夏军联合作战。

随着在战场上陷入泥淖,金宣宗在朝堂上也受到越来越多的质疑。当宋军连陷赣榆、涟水诸县,宣宗谕宰臣商议。右司谏许古认为:"宋人孱弱,畏我素深,且知北兵方强,将恃我为屏蔽,虽时跳梁,计必不敢深入,其侮嫚之语,特市井屠沽儿所为,乌足较之。"并建议:"止当命有司移文,谕以本朝累有大造,及圣主兼爱生灵意。彼若有知,复寻旧好,则又何求。其或怙恶不悛,举众讨之,顾亦未晚也。"②在场的官员大都认同他的看法。许古谏止宣宗伐宋,劝其"略近功、虑后患"。他以大定、泰和年间南宋犯金,世宗、章宗在"府库充实,天下富庶"的情况下,"犹先俯屈以即成功",成就"万世美谈"为榜样,指出专靠武力并不能使宋人屈服,尤其当前宋富强而金贫弱,战事一起,"则休兵之期殆未见",希望宣宗主动与宋议和,这样在抵御蒙军时就没有了掣肘之患,从而使河南得到休息发展,然后有力量经略朔方,实现中兴大业。③参知政事张行信也上疏支持遣使议和。金宣宗认识到许古的意见是正确的,命他草拟议和牒文。但是术虎高琪等人指责许古的议和牒文有哀祈之意,阻挠议和,最终没有施行。集贤院谘议官吕鉴上书,指出兴兵攻宋以来,自唐、邓至寿、泗屯兵数十万,居民殆尽,军士也有逃亡者。仅息州榷场,"每场所获布帛数千匹、银数百两,大计布帛数万匹、银数千两,兵

---

① 《金史》卷106《术虎高琪传》,第2344页。
② 《金史》卷109《许古传》,第2415、2416页。
③ 《金史》卷109《许古传》,第2416页。

第六章 卫绍王至金哀宗时期的民族关系思想

兴以来俱失之矣"①。主张趁天寒对金军有利,加紧与南宋和谈。平章政事胥鼎上书提出南伐有"六不可"②。杨云翼以"今之事势与泰和不同"③谏止南伐。他们都认识到金的心腹大患是北边的蒙古,攻打南宋毫无胜算,徒耗实力。然而金宣宗及术虎高琪等人在"吾国兵较北诚不如,较南则制之有余力"④的心理作用下,"不能外御而欲取偿于宋,故频岁南伐",将反对意见或者斥为"狂妄无稽",或者以"大军已进,无复可议"为由拒绝。"有言之者,不谓之与宋为地,则疑与之有谋",以致宰执大臣"他事无不言者,独南伐则一语不敢及。"⑤

自金宣宗南伐以来,金军从东、西两线陆续占领了一些州县,但在宋军的反击下得而复失,"地不加辟,杀伤相当"⑥。而蒙古军在木华黎统率下节节进逼,攻占了重镇太原府,西夏不时侵扰西部,辽东耶律留哥之乱未平,蒲鲜万奴又自立,内部一部分红袄军首领被南宋招降,配合宋军攻城略地。当时金的统治范围被挤压到河南和山东、陕西、山西的部分地区,四面树敌,形势异常窘迫。为了摆脱这种被动的局面,金宣宗希望能在重创宋军之后迫其议和,兴定二年(1218年),金军连取成、阶、和三州与大散关。十二月,金宣宗遣吕子羽为详问使议和,却被南宋拒绝入境。金宣宗恼怒之余,令左副元帅仆散安贞发动了新一轮进攻。战况依然如故,金军虽然取得了一些战果,但很快就遭到一系列新的打击,兴定三年(1219年)七月,完颜讹可大败于枣阳,元光元年(1222年),副元帅时全全军覆没,金军损失了大量有生力量,战事陷入胶着状态。

刘祁就此评述:"南渡后,屡兴师伐宋,盖其意以河南陕西狭隘,将取地南中。夫已所有不能保,而夺人所有,岂有是理。然连年征伐,亦未

---

① 《金史》卷106《术虎高琪传》,第2344页。
② 《金史》卷108《胥鼎传》,第2379、2380页。
③ 《金史》卷110《杨云翼传》,第2425页。
④ 《大金国志》卷24《宣宗皇帝上》,第328页。
⑤ 《金史》卷110《杨云翼传》,第2424页。
⑥ 《金史》卷112《完颜合达传》,第2474页。

尝大有功，虽破蕲黄，杀虏良多，较其士马物故，且屡为水陷溺，亦相当也。最后盱眙军改为镇淮府，以军戍之，费粮数万，未几亦弃去。"①经过多年南伐，"士马折耗十不一存"，"国家精锐几尽丧"，金宣宗非但没有实现"取偿于宋"的目标，反而失去了岁币和榷场收入，破坏了防御蒙古军队的能力。②

在处理与西夏的关系上，金宣宗表现得一样愚蠢而不知变通。大安元年（1209年）西夏在成吉思汗入侵时遣使至金乞援，遭到昏聩的卫绍王拒绝，致使金夏关系破裂，西夏便不时攻击金的边境州县作为报复。夏神宗李遵顼废黜襄宗李安全自立，以及金宣宗取代卫绍王都没有改变双方的敌对状态。金宣宗为避蒙军欲南迁，有人提议徙都长安，于是宣宗遣元帅赤盏以重兵宿巩州。李遵顼担忧金将侵入西夏，遣使者赴宋商议夹攻金之秦、巩两州。在仇恨和贪婪的驱使下，遵顼奉行附蒙攻金的政策，不断发兵侵金。但是，西夏军力废弛，在与金军的交战中败多胜少，国力损耗严重，而且蒙古对西夏的索求越来越多，令其不堪忍受，渐渐产生了与金共同抗蒙的想法。固执自负的金宣宗君臣却没有注意到扭转西夏与金关系的有利条件，错过了早日和解的机会。

兴定元年（1217年），金宣宗诏河东行省胥鼎选兵三万五千，交付陀满胡土门讨伐西夏，胥鼎驰奏不可，制止了这一无益的战事。金宣宗也曾有和西夏议和的打算，屯驻延安的右都监庆山奴上奏："夏国决不肯和，徒见欺耳。"③不久之后，在西夏侦查军情的间谍报告，遵顼听闻大金将约和，戒谕将士不得侵犯金的西部边境。对此，有金大臣认为："就令如此，边备亦不宜弛。"兴定二年（1218年）三月，右都监庆山奴发现形势有所改变，奏闻："夏人有乞和意，保安、绥德、葭州得文报，乞复互市，以寻旧盟。以臣观之，此出于遵顼，非边吏所敢专者。"④宣宗和朝廷高

---

① 刘祁：《归潜志》卷7，第71页。
② 《金史》卷112《完颜合达传》，第2468页。
③ 《金史》卷134《西夏传》，第2873页。
④ 《金史》卷134《西夏传》，第2874页。

第六章 卫绍王至金哀宗时期的民族关系思想

官们不以为然,没有回应西夏的善意。兴定三年(1219年)元帅左都监承立上交绥德、保安两地获取的西夏统军司文书,言辞中虽然仍有不逊之语,但是都有保境息民之意。宣宗和宰相大臣们仍然不肯放弃偏见,认为:"镇戎、灵平等镇近耗,夏人数犯疆场。此文正缓我耳,宜严备御,以破奸计。"①金夏之间互不信任的情绪导致谁都不肯主动遣使议和,仇恨日积月累,争战有增无已。

西夏从北宋宣和末年臣附于金,八十余年间双方基本没有发生大的战争,自蒙古围攻西夏都城,卫绍王不肯援助以致两国失和,兵戎相见。直到金宣宗去世金哀宗继位,西夏李遵顼让位给其子德旺,两国关系才迎来转机。德旺采纳右丞相高良惠的建议,遣使入金修好,请以兄事金。金哀宗鉴于金面临的严峻形势,"冀得通好,以息吾民",做了积极地回应,与西夏签订了和议。可是到了这个时候,金与西夏"构难十年,一胜一负,两国精锐俱尽","蒙古势益强,夏国西北疆场日削"②,金政权亦已濒临崩溃。史家评述:"睦邻修好,《春秋》善之。况夏与金世为与国哉!然当金兵未弱,己力未衰,合之则可以捍蒙古,乃于困敝之极,方始请和。鹬蚌之争将解,两虎之力已伤,卞庄、渔人旋制其后矣。"③

金宣宗迁汴之后,蒙古日益强盛,智识之士都认识到蒙古是金最大的威胁。但是金宣宗"狃于余威,牵制群议,南开宋衅,西启夏侮"④,在多条战线同时作战,"兵力既分,功不补患。曾未数年,昔也日辟国百里,今也日蹙国里,其能济乎?"⑤对于这一系列失误,史家曾有精当的评价:"宣宗南度,弃厥本根,外狃余威,连兵宋、夏,内致困惫,自速土崩"。⑥其教训之惨痛值得我们深刻地总结和借鉴。

---

① 《金史》卷15《宣宗中》,第343页。
② 《西夏书事》卷42,第396页。
③ 《西夏书事》卷42,第397页。
④ 《金史》卷16《宣宗下》,第370页。
⑤ 《金史》卷16《宣宗下》,第370页。
⑥ 《金史》卷18《哀宗下》,第403页。

第三节 金哀宗的民族关系思想

金哀宗完颜守绪（1198－1234年），金宣宗第三子。元光二年（1223年），宣宗病逝，完颜守绪继位。登基时，金的统治已经到了土崩瓦解的边缘。哀宗力图振作，使金的形势一度有所好转，然而积重难返，蒙古大军在正大四年（1227年）灭西夏后全力攻金，天兴三年（1234年），金哀宗在蔡州城破时自缢身亡。

金哀宗即位后，对当时局势有比较清楚的认识，纠正了金宣宗民族关系思想中的偏差，停止侵宋，与西夏议和，从而能集中力量抵御蒙古入侵。虽然最终未能挽回亡国的结局，但其思想的价值应该予以肯定。

其一，停止侵宋。贞祐二年（1214年），在蒙古入侵的威胁下，金宣宗迁都汴京。南宋见金有危亡之势，停止对金输纳岁币。兴定元年（1217年），成吉思汗率蒙军主力西征后，金宣宗得到了喘息之机，遂发动了对南宋的战争，名义上借口南宋违背盟约，实际上是"主兵者不能外御而欲取偿于宋，故频岁南伐"①，"贪其淮南之储"②，欲夺南宋土地以补偿被蒙古占领的国土。"从1217年到1224年，每年由金朝发动的一系列进犯虽然常常在局部获得成功，但他们从未获得绝对胜利。宋朝尽管在开始时遭受挫折，但仍拒绝谈判，他们继续抵抗，在1219年夏天甚至在汉水流域一度设法击溃了金军主力。"③金宣宗"取偿于宋"的目的不但没有达到，反而破坏了自己抵御蒙军的能力，"士马折耗十不一存"，"国家精锐几尽丧"。④到金哀宗继承皇位的时候，国土窘促，统治范围已经被蒙古挤压到河南和陕西、山东、山西的部分地区。内有红袄军及河朔豪强割据，外有蒙古步步紧逼，西夏在边境上不断侵扰，可谓四面楚歌，

---

① 《金史》卷110《杨云翼传》，第2424页。
② 《金史》卷46《食货志一》，第1030页。
③ 傅海波：《剑桥中国辽西夏金元史》，第418页。
④ 《金史》卷112《完颜合达传》，第2468页。

第六章 卫绍王至金哀宗时期的民族关系思想

继续与宋的战争无异于自取灭亡。认识到这一点,哀宗即位之初就采取主动的姿态,放弃了对岁币的要求,谋求与宋议和。

宣宗时宣徽使奥敦阿虎出使蒙古,有蒙古大臣指着地图问:"商州至此中军马几何?"又指着图中兴元说:"我不从商州,则取兴元路入汝界矣。"①阿虎归来奏明此事,宣宗大为忧虑。哀宗即位,群臣建议借国丧之机遣使南宋报哀,与之和解,双方尽撤边备,共同守卫武休关隘。哀宗遣人往滁州与宋通好。正大元年(1224年)六月,金哀宗派枢密判官移剌蒲阿到光州张榜,告谕宋界军民,金兵从此不再南伐。正大二年(1225年),严令宿、泗、青口等地巡边官兵,不得再擅杀过淮投宋的红袄军。正大三年(1226年)11月,金哀宗两次召集会议,讨论与宋修好。正大七年(1230年)五月,下诏释放清口宋败军三千人,除了自愿留下的五百人屯驻许州,其余全部遣返回南宋。对于宋军在边界地区的小规模袭扰,哀宗要求金军保持克制,"我以轻骑袭之,冀其惩创通好,以息吾民耳"。②十年之间,哀宗屡敕边将不得妄自侵掠,使金与南宋得以休养生息。天兴二年(1233年),哀宗令阿虎带使宋借粮,指责南宋:"宋人负朕深矣。朕自即位以来,戒饬边将无犯南界。边臣有自请征讨者,未尝不切责之。向得宋一州,随即付与。近淮阴来归,彼多以金币为赎,朕若受财,是货之也,付之全城,秋毫无犯。清口临阵生获数千人,悉以资粮遣之。今乘我疲敝,据我寿州,诱我邓州,又攻我唐州,彼为谋亦浅矣。"并要阿虎带向南宋晓以利害"大元灭国四十,以及西夏,夏亡必及于我。我亡必乃于宋。唇亡齿寒,自然之理。若与我连和,所以为我者亦为彼也。"③

其二,和夏安民。从大安年间金夏交恶,兵连祸结十余年不解。长期的战争极大地削弱了金夏的国力,给各自的抗蒙斗争造成严重困难。

---

① 《金史》卷112《完颜合达传》,第2468页。
② 《金史》卷17《哀宗上》,第376页。
③ 《金史》卷18《哀宗下》,第400页。

元光二年（1223年），金夏关系迎来了转机。在这一年里，金宣宗去世，夏神宗禅位，从而为双方和解铺平了道路。正大元年（1224年）十月，夏献宗李德旺遣使赴金议和，请以兄事金，各用本国年号。金哀宗给予积极的回应。正大二年（1225年）九月，金与西夏签订了和议，金哀宗同意与西夏约为兄弟之国，西夏不再是金的藩国，往来时各用本国年号。金哀宗对谏臣完颜素兰、陈规坦言："夏人从来臣属我朝，今称弟以和，我尚不以为辱。果得和好，以安吾民，尚欲用兵乎。卿等宜悉朕意。"[①]

其三，集中力量抗蒙。金哀宗即位之初，成吉思汗本人远在西线，全权负责指挥对金作战的木华黎病死，蒙古军队的攻势暂时缓和下来，这给了金王朝一个喘息之机。金哀宗力图振作，对外结束了与南宋、西夏的战争，对内任用有功将领，对蒙古展开了反击。

自被立为太子时起，哀宗就着手整训军队，建立了十三都尉，每尉不下万人，强壮矫捷，极为精练。步兵在负担器甲粮糗重至六七斗的情况下，能一日夜行二百里。又建立忠孝军，有一万八千人，每人配有两匹马，都是从被蒙古军队掳掠的奴隶中逃归的回纥、河西及中州人，只有骑射本领高强通过选拔才能加入。亲卫、骑兵、武卫、护卫，迁外诸军又有二十余万人。金哀宗起用了胥鼎、完颜合达、完颜陈和尚等抗蒙官员将领，召回了降蒙的武仙，复封他为恒山公；封原红袄军首领夏全为郡王，赦"赦诸路从宋及淮、楚官吏军民，并其家属"[②]，王义深、张惠、范成进相继以城降。哀宗又下诏为抗蒙死难的将领建立褒忠庙，以激励将士忠勇报国。上述措施使金的局面有所好转，士气也有所恢复。正大三年（1226年），哀宗令金军主动出击，收复曲沃、绛州、平阳和太原等地方，接着又击退了蒙军几次进攻，取得了大昌原之捷等自蒙古入侵以来少有的胜利。

其四，国君死社稷。正大六年（1229年），窝阔台继承蒙古汗位，随

[①]《金史》卷17《哀宗上》，第376页。
[②]《金史》卷17《哀宗上》，第378页。

第六章　卫绍王至金哀宗时期的民族关系思想

即亲率大军攻金，金朝进入极端困难的时期。正大八年（1231年），蒙古大军分三路攻金，右军由拖雷率领，强行取道宋境入金。哀宗命完颜合达、移剌蒲阿率两省军南下堵截。天兴元年（1232年）正月，双方大战于钧州三峰山，蒙军趁大雪奋击，"两省军大溃，合达、陈和尚、杨沃衍走钧州，城破皆死之。"三峰山一战，金兵主力崩溃，抗蒙将领大部牺牲，"自是，兵不复振"。①金都汴京经过蒙军长期围攻，疫病流行，内无粮草，外无援兵。天兴元年（1232年）十二月，哀宗"出巡"，汴京不久陷落。哀宗攻卫州不成，逃往归德，后迁往蔡州。天兴二年（1233年），蒙古与南宋协议联合灭金，蒙宋联军围攻蔡州。次年正月初九，蒙军一度攻入城中，哀宗知危在旦夕，激励群臣："国家自开创涵养汝等百有余年。汝等或以先世立功，或以劳效起身，被坚执锐，积有年矣。今当厄运，与朕同患，可谓忠矣。比闻北兵将至，正汝等立功报国之秋，纵死王事，不失为忠孝之鬼。往者汝等立功，常虑不为朝廷所知，今日临敌，朕亲见之矣，汝等勉之。"②他自认为"我为金紫③十年，太子十年，人主十年，自知无大过恶，死无恨矣"，只是痛惜"祖宗传祚百年，至我而绝，与自古荒淫暴乱之君等为亡国，独此为介介耳"。又立志以身殉国，宣称"古无不亡之国，亡国之君往往为人囚絷，或为俘献，或辱于阶庭，闭之空谷。朕必不至于此。卿等观之，朕志决矣"。④城破前夕，他把帝位传给身手矫健，有将略的宗室完颜承麟，期望他有幸逃脱，延续金的国祚。传位典礼未毕，蒙宋联军已攻入城中，哀宗自缢于幽兰轩。完颜承麟率兵迎敌，死于乱军之中。

哀宗末年长公主曾对哀宗说："近来立功效命多诸色人，无事时则自家人争强，有事则他人尽力，焉得不怨。"⑤其实，长公主的批评并不完

---

① 《金史》卷17《哀宗上》，第385页。
② 《金史》卷18《哀宗下》，第401页。
③ 《金史》卷18《哀宗下》，第401页。
④ 金紫，即"金印紫绶"。
⑤ 《金史》卷124《忠义四》，第2705页。

全符合实情。在金哀宗的感召下，即使在金朝灭亡之际，仍然有大批各族官兵对金王朝忠贞不渝。例如完颜仲德率精兵巷战，闻哀宗自缢，对将士说："吾君已崩，吾何以战为？吾不能死于乱兵之手，吾赴汝水，从吾君矣。诸君其善为计。"遂投水自尽。将士皆称："相公能死，吾辈独不能耶？"于是参政孛术鲁娄室、兀林答胡土，总帅元志，元帅王山兒、纥石烈柏寿、乌古论恒端及军士五百余人一起殉难。①

金末帝完颜承麟在讨论哀宗谥号时认为："先帝在位十年，勤俭宽仁，图复旧业，有志未就，可哀也已！"②金哀宗在位期间，竭尽全力抗蒙图存，取得了一定成效。然而，他的努力最终无法挽救金王朝的覆灭，一方面是因为大厦将倾独木难支，"金至斯时，病在膏肓间矣，仓扁何施焉"③，另一方面，金哀宗本人也缺乏力挽狂澜的才略和魄力。

其一，金哀宗存在畏敌心理，没有与敌决战的勇气。"每北兵压境，则君臣相对泣下，或殿上发长吁而已，兵退，则大张具会饮黄阁中矣。"④正大四年（1227年），陕西行省上奏三策，上策是哀宗亲自率军出战，中策是哀宗去陕州，下策是弃陕西，保潼关。哀宗只答应出兵助陕西军决战。汴京势难久守，哀宗召见白华，询问"亲巡之计已决，但所往群议未定，有言归德四面背水，可以自保者或言可沿西山人邓或言设欲人邓，大将速不台今在汝州，不如取陈蔡路转往邓下，卿以为如何"。白华答道："归德城虽坚，久而失食尽，坐以待毙，决不可往。邓下，既汝州有速不台，断不能往。以今日事势，博徒所谓孤注者也。孤注云者，止有背城之战。为今之计，当直赴汝州与之一决，有楚则无汉，有汉则无楚。汝州战不如半途战，半途战不如出城战，所以然者何我军食力犹在，马则豆力犹在，若出京益远，军食日减，马食野草，事益难矣。若我军便得战，存亡决此一举，外则可以激三军之气，内则可以慰都人之心，或止

---

① 《金史》卷119《完颜仲德传》，第2610页。
② 《续资治通鉴》卷167，理宗端平元年春正月己酉，第4556页。
③ 《金史》卷114《石抹世绩传赞》，第2519页。
④ 《金史》卷115《完颜奴申传》，第2526页。

第六章 卫绍王至金哀宗时期的民族关系思想

为变迁之计,人心恋家业,未必毅然从行,可详审之。"①白华认为上策是出城与蒙军决战,哀宗却只求能够苟延残喘,不敢采纳他的建议。

其二,由于金哀宗仍然抱有轻视南宋的想法,因此没能成功建立与南宋的抗蒙联盟。金哀宗曾对将领们宣称:"北兵所以常取全胜者,恃北方之马力,就中国之技巧耳,我实难与之敌。至于宋人,何足道哉。朕得甲士三千,纵横江、淮间有余力矣。卿等勉之。"②这番话暴露了他对南宋的轻视态度。在这种心理作用下,虽然金哀宗明白与南宋和解的重要性,但他不可能全心全意地去努力建立与南宋的抗蒙统一战线。实际上,早在金宣宗南迁之时,南宋就预见到了新兴的蒙古会给南宋以更大的威胁。乔行简建议"强鞑渐兴,其势已足以亡金。金昔吾之仇也,今吾之蔽也,故人唇亡齿寒之辙可覆,宜姑与币,使得拒鞑"。③但是,由于双方的历史积怨甚深,以及金宣宗为首的统治阶级"不能外御而欲取偿于宋,故频岁南伐"④,导致金与南宋非但没有合力抗蒙,反而持续混战,严重削弱了双方的力量。金哀宗虽然希望从对宋战争的泥潭中脱身,却没有表现出足够的诚意来结盟共抗蒙古,一直等到穷途末路逃到蔡州时,他才放下姿态,派出使臣去请求南宋援助。而此时金军主力已经覆灭,潼关黄河防线被蒙军突破,汴京也已陷落,南宋援助金已经没有任何实际价值。就是在这种绝望的时刻,金哀宗居然还企图乘宋不备,攻占四川作为复兴基地。他任命粘哥完展行省事于陕西,暗中以蜡书诏谕其九月中征兵会于饶丰关,夺取兴元。武仙也在河南西南部召集兵马,欲迎金哀宗入蜀。宋军知道后主动出击,攻克邓、申、唐等州,大败武仙,使哀宗入蜀的希望化为泡影。金朝灭亡在即,金哀宗还包藏祸心,南宋当然不会考虑与之连和而引火烧身。

---

① 《金史》卷114《白华传》,第2511页。
② 《金史》卷119《完颜娄室传》,第2599页。
③ 叶绍翁:《四朝闻见录》甲集《请斩乔相》,北京:中华书局,1989,第23页。
④ 《金史》卷110《杨云翼传》,第2424页。

第七章
辽金民族关系思想的比较和评价

辽金是中国历史上两个重要的王朝。北方的契丹族和东北的女真族建立的这两个王朝先后与两宋对峙，实际上形成了第二个南北朝的局面。在民族和民族政权之间的竞争与合作过程中，辽金统治者对传统民族关系思想的继承和结合自身情况进行的创新都是显著的。前文已经详细地叙述了辽金民族关系思想的具体内容和发展过程，本章将对辽朝民族关系思想和金朝民族关系思想作一比较研究和评价，从而使我们能够更全面地认识这一问题。

第一节 辽金民族关系思想比较

虽然辽朝以契丹族为主体，金朝以女真族为主体，但在二者的统治下，汉族人口占绝大多数。他们的民族关系思想也都立足于下面三个基本点，一是保证以契丹或女真为主体的多民族联合政权的长治久安；二是维护统治民族和联合执政的其他民族统治阶级的根本利益；三是学习和吸收汉文化，提高民族自树能力。从这几点出发，我们可以发现尽管辽朝和金朝的民族关系思想观点可谓庞杂，但却有一定的脉络可循，而且他们之间既存在着高度的相似性，也存在着一定的差异性。

第七章　辽金民族关系思想的比较和评价

一、相似性

首先，辽金民族关系思想对中国传统民族关系思想的继承和发展具有相似性。

契丹和女真都是在建立王朝之前，刚刚完成本民族的统一，他们的领袖人物大多具有一种相对开放的心态，乐于接受和尝试外来的新事物。他们与汉族政权进行了密切的交往，受到深刻的影响，博大精深的汉文化对他们产生了强烈的吸引力。在巩固新生政权和开疆扩土的过程中，契丹和女真统治者逐渐认识到仅仅依靠武力不足以解决他们面对的民族关系难题，也无法维持统治的长久和安定。而通过汲取汉族统治者的成功经验，有助于开创一个各民族和谐相处的太平盛世，因此大多数辽金统治者非常乐于学习和借鉴中国传统民族关系思想。

在这方面，契丹统治者首先做出了表率。辽圣宗"好读唐《贞观事要》，至太宗、明皇实录则钦伏，故御名连明皇讳上一字；又亲以契丹字译白居易《讽谏集》，召番臣等读之。尝云：'五百年来中国之英主，远则唐太宗，次则后唐明宗，近则今宋太祖、太宗也。'"[①]辽兴宗为了方便契丹统治阶级更好地学习汉文化，诏令翻译《通历》《贞观政要》《五代史》等书。辽道宗"诏设学养士，颁《五经》传疏，置博士、助教各一员"[②]，"诏求乾文阁所阙经籍，命儒臣校雠"[③]，"诏有司颁行《史记》《汉书》"[④]。通过对这些汉文典籍的学习，契丹统治阶级对中国传统民族关系思想有了深入的认识，本身的民族关系思想水平也有了质的飞跃。一次侍读官为辽道宗讲解论语，当讲到"夷狄之有君"时，侍读官不敢讲解，道宗说："上世獯鬻、猃狁荡无礼法，故谓之'夷'，吾修文物，彬彬不异于中华，何嫌之有"[⑤]。由此可见辽道宗对"华夷之辨"的认识与

---

① 《契丹国志》卷7《圣宗天辅皇帝》，第71页。
② 《辽史》卷21《道宗一》，第253页。
③ 《辽史》卷22《道宗二》，第264页。
④ 《辽史》卷23《道宗三》，第276页。
⑤ 《契丹国志》卷9《道宗天福皇帝》，第95页。

建国之初契丹统治者有着天壤之别。在处理逞凶伤人的完颜阿骨打时，辽道宗把"示信以怀远方"①作为与边疆少数民族交往的准则，可以说是一个巨大的进步。

女真统治者对中国传统民族关系思想的继承和发展有后来居上之势。天眷二年（1139年），金熙宗对身边的大臣说："朕每阅《贞观政要》，见其君臣议论，大可规法。"②皇统八年（1148年）有人建议"州郡长吏当并用本国人"。金熙宗驳斥："四海之内，皆朕臣子，若分别待之，岂能致一。谚不云乎，'疑人勿使，使人勿疑'。自金本国及诸色人，量才通用之。"③金熙宗认为在金朝的统治范围内，各民族人民都是他的子民，应爱之如一，主张用人不疑，不分民族出身量才通用，这个观点明显是对唐太宗民族关系思想的继承和发展，具有相当的理论深度和现实意义。完颜亮也认为："国家立法，贵贱一也，岂以亲贵而有异也。"④金世宗博览群书，召大臣入宫讲论古今竟至深夜。他颁发谕旨常引经据典，如："朕近读《汉书》，见光武所为，人有所难能者"⑤；"朕观《唐史》，惟魏征善谏，所言皆国家大事，甚得谏臣之礼"；"昔唐、虞之时，未有华饰，汉惟孝文务为纯俭……梁武帝为同泰寺奴，辽道宗以民户赐寺僧，复加以三公之官，其惑深矣！"⑥他曾盛赞司马光："近览《资治通鉴》编次累代废兴，甚有鉴戒，司马光用心如此，古之良史无以加也。"⑦金章宗"盖欲跨辽、宋而比迹于汉、唐"，⑧试图把金朝建设为一个文明富强的封建王朝。⑨在这些观点中，完颜亮"天下一家，然后可以为正统"⑩的思想

---

① 《契丹国志》卷9《道宗天福皇帝》，第95页。
② 《金史》卷4《熙宗纪》，第74页。
③ 《金史》卷4《熙宗纪》，第84、85页。
④ 《金史》卷68《阿鲁补传》，第1598页。
⑤ 《金史》卷8《世宗下》，第202页。
⑥ 《金史》卷6《世宗上》，第141页。
⑦ 《金史》卷7《世宗中》，第175页。
⑧ 《金史》卷12《章宗四》，第285、286页。
⑨ 《金史》卷7《世宗中》，第175页。
⑩ 《金史》卷129《李通传》，第2783页。

第七章 辽金民族关系思想的比较和评价

尤为值得称道。他在前秦苻坚"混六合为一家,视夷狄为赤子"①思想的高度上再进一步,达到了少数民族统治者正统思想的高峰。

其次,辽金民族关系思想在许多思想观点上存在一致。

第一,维护统治民族的特殊政治地位和经济利益,保持统治民族的民族精神和民族传统。

尽管在其统治的中后期有所缓和,但不可否认,辽金民族关系思想中一直存在着民族不平等观点。契丹和女真统治者都把国家权力掌握在本民族的贵族集团手中,极力维护统治民族的特殊政治地位和经济利益,"以为帝王久长万世之计"。《辽史》对此批评道:"辽之秉国钧,握兵柄,节制诸部帐,非宗室外戚不使"。②法律也存在不公平的地方。辽朝前期,甚至施行过"蕃人殴汉人死者,偿以牛马;汉人则斩之,仍没其亲属为奴婢"③这样带有严重民族歧视色彩的法律条文。金朝的女真人和非女真人之间也始终存在不平等现象。皇统五年(1145年),朝廷将大赦天下,女真臣僚均主张"覃恩止及女直人"。④女真官员可以"径居达要",而不需要像汉官"自丞簿至是"。⑤据都兴智先生统计,目前可考的金朝三品以上官员共627人,其中女真人达344人;宰执共158人,女真人竟有101人。为防止猛安谋克户陷入贫困,世宗不惜强括汉民田地进行分配。大定十七年(1177年),金世宗遣张九思检括官田,宣称:"官地非民谁种,然女真人户自乡土三四千里移来,尽得薄地,若不拘刷良田给之,久必贫乏,其遣官察之"。⑥

契丹和女真都在建国的同时,进行了民族的重构。为了民族的发展,他们的领导人以非凡的勇气对不合时宜的旧传统进行了改革。但是,与北魏孝文帝汉化改革的态度不同,契丹和女真的统治者们没有采取全盘

---

① 《资治通鉴》卷103《晋纪二十五》孝武帝宁康元年,第3267页。
② 《辽史》卷114《逆臣下》,第1517页。
③ 《续资治通鉴长编》卷72,真宗大中祥符二年十二月癸卯,第1646页。
④ 《金史》卷70《宗宪传》,第1616页。
⑤ 《金史》卷6《世宗上》,第146页。
⑥ 《金史》卷47《食货二》,第1045页。

汉化的做法，而是在吸收汉文化精华，规范典章制度的同时，注重保持本民族的民族精神和民族传统。他们具有强烈的民族意识，认为只有保持民族精神和传统文化才能保证统治长盛不衰。魏特夫先生认为，契丹统治者"从未放弃他们特殊的部落的政治和军事组织，也从未放弃他们从前的已延续几个世纪的传统或宗教信仰"。[①]

有一个例子可以很好地说明这个问题。皇后萧观音为劝谏辽道宗不要过于迷恋游猎，献上一篇《谏猎疏》："妾闻穆王远驾，周德用衰；太康佚豫，夏社几危，此游畋之往戒，帝王之龟鉴也。顷见驾幸秋山，不闲六御，特以单骑从禽，深入不测。此虽威神所届，万灵自为拥护，倘有绝群之兽，果如东方所言，则沟中之豕，必败简子之驾矣。妾虽愚暗，窃为社稷忧之。惟陛下尊老氏驰驱之戒，用汉文吉行之旨，不以其言为牝鸡之晨而纳之。"[②]由于萧观音的劝谏是从中原帝王的行事准则出发，虽有一片赤诚之心，却与契丹俗尚射猎的传统习俗相背，结果道宗表面上"虽嘉纳"而"心颇厌远"[③]。

女真以武立国，素有"将勇而志一，兵精而力齐"的美誉，"兄弟子姓才皆良将，部落队伍技皆锐兵。"然而随着生活的安定，女真人"尚勇鸷、鄙柔弱"的精神不断淡化，"骄纵奢侈，不事耕稼"，[④]"多好游荡"。[⑤]这种局面引起了金世宗的忧虑。为了遏制快速汉化的趋势，他发起了一场女真文化复兴运动，屡次颁布禁令，"禁女直人不得改称汉姓、学南人衣装，犯者抵罪"[⑥]。尚书右丞唐括安礼"每事专效汉人"，金世宗责问他："前日宰臣皆女直拜，卿独汉人拜，是邪非邪？"金世宗强调"不忘本者，

---

① 魏特夫：《中国社会史——辽(907-1125)》《辽金契丹女真史译文集》，长春：吉林文史出版社,1990年，第8页。
② 《全辽文》卷3《谏猎疏》，第62页。
③ 《续资治通鉴》卷70《宋纪七十》"神宗熙宁七年七月丙辰"，第1760页。
④ 《金史》卷8《世宗下》，第179页。
⑤ 《金史》卷73《宗尹传》，第1676页。
⑥ 《金史》卷8《世宗下》，第199页。

第七章 辽金民族关系思想的比较和评价

圣人之道也"①,赞扬"女直旧风最为纯直,虽不知书,然其祭天地,敬亲戚,尊耆老,接宾客,信朋友,礼意款曲,皆出自然,其善与古书所载无异",号召女真子弟"习学之,旧风不可忘也"②。

第二,对汉人和汉文化的认识有一致之处。

"一个政治、经济、文化发达和人数众多的民族,不论它处于统治或被统治地位,对后进民族始终强烈地起着影响其社会发展的作用;而较为后进的民族即使它处于统治地位,不管其统治集团的主观愿望如何,都无法抗拒这种影响"。③对于契丹统治者对汉人和汉文化的态度,富弼曾指出:"自契丹侵取燕蓟以北……其间所生豪英,皆为其用,得中国土地,役中国人力,称中国位号,仿中国官属,任中国贤才,读中国书籍,用中国车服,行中国法令……"④实际上,女真统治者同契丹统治者一样,积极主动地吸收汉族优秀文化,招揽汉族人才为其效力。

从汉武帝"罢黜百家,独尊儒术"开始,儒家思想就确立了在意识形态中的统治地位,成为治国的理论基础和道德规范。契丹建国之初,耶律阿保机询问群臣"有大功德者,朕欲祀之,何先"。诸臣"皆以佛对"。阿保机说"佛非中国教。"皇太子耶律倍建议"孔子大圣,万世所尊,宜先"。阿保机大为赞同,在上京"建孔子庙,诏皇太子春秋释奠"⑤。为了促进儒学普及,辽太宗在上京置国子监,南京设立太学。辽圣宗曾赐南京水硙庄一区,以助学养士。清宁元年(1055年),辽道宗诏设学养士,并颁五经传疏,置博士、助教。

女真统治者在军务倥偬之际也不忘对宗室子弟的儒学教育。金熙宗"自童稚时,金人已寇中原,得燕人韩昉及中国儒士教之。其亶之学也,虽不能明经博古,而稍解赋诗翰,雅歌儒服,烹茶焚香,弈棋战象,徒

---

① 《金史》卷8《世宗下》,第191页。
② 《金史》卷7《世宗中》,第163、164页。
③ 王锺翰:《中国民族史》,第五编《契丹、女真各民族迭起及其建立政权》,北京:中国社会科学出版社,1994年,第430页。
④ 《续资治通鉴长编》卷150"仁宗庆历四年六月戊午",第3640、3641页。
⑤ 《辽史》卷72《义宗倍传》,第1209页。

失女真之本态耳"。①南宋使者洪皓曾被完颜希尹聘为宾客,教授其八子。金熙宗在上京建孔子庙,亲自前去拜祭,"退谓侍臣曰:'朕幼年游佚,不知志学,岁月逾迈,深以为悔。孔子虽无位,其道可尊,使万世敬仰。大凡为善,不可不勉。自是颇读《尚书》《论语》及《五代》《辽史》诸书,或以夜继焉"。②

在处理与汉人的关系方面,辽朝和金朝民族关系思想都有利用和防范共存的特点。

契丹统治者很早就认识到了契丹要发展强大、长治久安离不开汉族精英的支持。对投靠他们的汉族人才,即便昏聩如辽穆宗,也是着意笼络的。在耶律阿保机统一契丹和化家为国的过程中,汉人曾给予他很大的助力,而随着政权建设和开拓疆土的需要,阿保机延揽汉族人才的热情益加高涨。康默记、韩延徽、韩知古、卢文进、王郁、赵思温等人都在辽朝初期发挥了重要的作用。韩延徽为刘守光出使契丹,被耶律阿保机留下,"遂以为谋主,举动访焉",成为佐命功臣之一,"凡营都邑,建宫殿,正君臣,定名分,法度井井,延徽力也"。③阿保机攻蓟州获康默记,"爱其才,隶麾下。一切藩汉相涉事,属默记折衷之"。④辽世宗耶律阮因为"慕中华风俗,多用晋臣",甚至引起"国人不附"⑤的后果。女真统治者对于愿意投附金朝的汉族士人,也不吝给与高官厚禄。如天辅六年(1122年),完颜阿骨打占领燕京之后,就授左企弓中书令,刘彦宗迁左仆射,时立爱拜为同中书门下平章事,皆委以重任。

辽金汉族士人的心态经历了一个漫长的演变过程。他们起初大多拒绝和异族政权合作,或南逃或归隐。然而,两宋同辽金的战争遭遇了一连串失败,致使他们光复的希望破灭。新兴的辽金政权却展露出勃勃生

---

① 《三朝北盟会编》丙卷166"炎兴下帙六十六",第395页。
② 《金史》卷4《熙宗纪》,第72页。
③ 《辽史》卷74《韩延徽传》,第1231页。
④ 《辽史》卷74《康默记传》,第1230页。
⑤ 《资治通鉴》卷287《后汉纪二》天福十二年,第9367页。

第七章　辽金民族关系思想的比较和评价

机。辽金统治者施以种种怀柔手段相笼络，积极为汉族士人施展抱负提供舞台，争取汉族士人的合作。随着辽金政治和社会文明的进步，大多数汉族士人摆脱了华夷之辨的思想束缚，和契丹、女真贵族走到一起，成为统治集团的一部分。如辽圣宗时，北府宰相室昉与韩德让等"同心辅政整析蠹弊，务在息民薄赋，以故法度修明，朝无异议"①。

但是，辽金统治者在强化对汉族士人利用的同时，对之亦不无防范。这一方面是由于辽金统治者"非我族类，其心必异"的民族猜忌心理作祟，另一方面，辽金汉族地主集团的立场不坚定也是众所周知的事实。金世宗不无讥讽地指出这些人殊不可信，"辽兵至则从辽，宋人至则从宋，本朝至则从本朝"②。

就辽朝而言，直到天祚帝统治时期，仍然墨守耶律阿保机"凡军国大计，汉人不与"③的陈规。对此，《辽史》有一段尖锐的批评："辽之秉国钧，握兵柄，节制诸部帐，非宗室外戚不使，岂不以为帝王久长万世之计哉。及夫肆叛逆，致乱亡，皆是人也。有国家者，可不深戒矣乎！"④

金朝的情况犹有过之。皇统六年（1146年），宇文虚中下狱被杀。皇统九年（1149年），翰林学士张钧被杀害。这些都说明了汉族士人与女真统治阶级之间的关系是如何脆弱。特别是皇统七年（1147年）发生的田毂党狱，先是韩企先为相，所援引者多为燕人，其病重时又有意荐举田毂继任，招致宗弼等女真贵族的疑忌。在田毂一案中，被杀被逐的汉官多达40余人，以致"田毂党事起，台省一空"⑤。

金世宗曾经说过一段话，把女真统治者对汉人的猜忌心理暴露无遗。为救济女真屯田军户，金世宗欲迁汉人佃户入军籍，括其所佃官田分给女真人，尚书右丞唐括安礼表示反对："猛安人与汉户，今皆一家，彼此

---

① 《辽史》卷79《室昉传》，第1271-1272页。
② 《金史》卷8《世宗下》，第184页。
③ 《辽史》卷102《张琳传》，第1441页。
④ 《辽史》卷114《逆臣下》，第1517页。
⑤ 《金史》卷83《张浩传》，第1862页。

耕种，皆是国人，即日签军，恐妨农作。"世宗斥责安礼："卿习汉字，读汉书，姑置此以讲本朝之法。前日宰臣皆女直拜，卿独汉人拜，是邪非邪？所谓一家者皆一类也，女直、汉人，其实则二。朕即位东京，契丹、汉人皆不往，惟女直人偕来，此可谓一类乎？"①

第三，辽金统治者对处理与其他民族关系的认识也存在相同之处。

其一，争取盟友。契丹和女真作为统治民族，人口数量上却存在着劣势，因此他们一直很重视争取族源亲近的兄弟民族成为盟友。

奚族与契丹同出于东胡鲜卑宇文部，渊源颇深。在兼并奚族过程中，阿保机没有一味地依靠武力，而是采取了一些怀柔安抚的手段。因此奚人在辽享有"拟于国族"的优遇。奚王族与宗室耶律氏累世通婚，史称"奚有五王族，世与辽人为昏，因附姓述律氏中"②。奚族首领术里恃险不肯降服。阿保机命曷鲁劝谕："契丹与奚言语相通，实一国也。我夷离堇于奚岂有轹辂之心哉？汉人杀我祖奚首，夷离堇怨次骨，日夜思报汉人。顾力单弱，使我求援于奚，传矢以示信耳。夷离堇受命于天，抚下以德，故能有此众也。今奚杀我，违天背德，不祥莫大焉。且兵连祸结，当自此始，岂尔国之利乎！"③

渤海国是以粟末靺鞨族为主体建立的地方民族政权，被辽朝灭亡后，其遗民被称为渤海人。女真出自黑水靺鞨，与渤海人族属亲近，且交往密切。完颜阿骨打起兵之初就宣称"女直、渤海本同一家"④，招抚渤海人加入女真的反辽同盟。

其二，羁縻诸族。"羁"就是用军事和政治的压力加以控制，"縻"就是以经济和物质利益给以抚慰。"羁縻的本义是'系联'，并引申为'约束'。其施政的方针是'因其故俗而治之'"⑤。辽金两朝疆域辽阔，境内民族众多。对他们直接进行治理，就成为一件极端困难的事情。辽金统

---

① 《金史》卷88《唐括安礼传》，第1964页。
② 《金史》卷67《奚王回离保传》，第1587页。
③ 《辽史》卷73《耶律曷鲁传》，第1220页。
④ 《金史》卷2《太祖》，第25页。
⑤ 张博泉：《论古代边疆民族与疆域研究问题》，《吉林大学社会科学学报》1999年第3期。

第七章 辽金民族关系思想的比较和评价

治者发展了唐朝的羁縻府州制度,将广大边疆民族纳入统治之中。

辽朝以属国、属部制度统辖乌古、敌烈、女真、阻卜等族。圣宗开泰元年(1012年),铁骊"那沙乞赐佛像、儒书,诏赐护国仁王佛像一,易、诗、书、春秋、礼记各一部"①。《辽史》指责辽道宗时期"诸部反侧,甲兵之用无宁岁矣"②。然而辽道宗对西北用兵,实是迫不得已。"自萧敌禄为招讨之后,朝廷务姑息,多择柔愿者用之,诸部渐至跋扈,挞不也含容尤甚,边防益废"。③大安八年(1092年),北阻卜诸部长磨古斯有意摆脱辽朝的统治,发动了声势浩大的反辽斗争。大安九年(1093年)春,西北路招讨使何鲁扫古前往讨伐,为磨古斯所败。一时间,北至胪朐河流域,南至倒塌岭,茶扎剌、拔思母、达里得、耶睹刮、颇里八、梅里急等部都起兵响应。直到寿昌六年(1100年)磨古斯被擒,这次斗争才被平息下去。

蒙古诸部对金朝虽然保持着臣属关系,但经常越过边界骚扰掳掠。金熙宗时,都元帅宗弼亲帅大军征讨,却无法让其彻底臣服。金统治者只好一面用丰厚的赏赐加以笼络,一面在边境屯驻大军严加防御。乌底改"其人皆勇悍,昔世祖与之邻,苦战累年,仅能克复。其后乍服乍叛,至穆、康时,始服声教。近世亦尝分徙"。金世宗时,乌底改人叛亡,世宗认为"近闻乌底改有不顺服之意,若遣使责问,彼或抵捍不逊,则边境之事有不可已者。朕尝思之,抬徕远人,于国家殊无所益",决定采取"彼来则听之,不来则勿强其来"的"前世羁縻之长策"。④

其三,歧视和压迫。封建时代,即使在政治相对清明的时期,民族歧视和民族压迫现象也是无法绝对避免的。辽金统治者由于阶级立场和民族意识的局限性,不可避免地对被统治民族执行了一条民族歧视和民族压迫的思想路线。在民族关系思想层面表现出来的,就是"分而治之"、

---

① 《辽史》卷15《圣宗六》,第171页。
② 《辽史》卷26《道宗六》,第314页。
③ 《辽史》卷96《挞不也传》,第1397页。
④ 《金史》卷8《世宗下》,第201页。

强制同化甚至像"减丁"这样的残暴行为。

辽金"分而治之"思想的始作俑者是耶律阿保机。为了防止女真成为后患,阿保机把女真强族大姓数千户移置到辽阳之南。这部分女真人被编入辽的户籍直接统治,称之为"熟女真"。对位于粟末江以北,宁江州东北的10余万户女真人则实行"羁縻"统治,称之为"生女真"。"熟女真"不得与"生女真"相通,以分其势。占领渤海国后,阿保机又将渤海大諲譔王族及名门大姓迁至契丹内地安置。对异族的掠夺剥削也是普遍现象。辽朝在宁江州设有榷场,女真人以北珠、人参、生金、松实、白附子、密蜡、麻布等土产在榷场交换,契丹人经常掠夺女真商品,或"低其直,且拘辱之,谓之'打女直'"①。到辽末天祚帝时,"责贡尤苛"②。契丹所谓的"银牌天使"对女真人的骚扰,其苦尤难以言状。

女真统治者得势后,亦对契丹抱有高度防范心理。一旦怀疑其有不臣之心,立即残酷镇压。对耶律余睹叛金的处理就是明显的例证。"契丹附大金者,由此一乱,几成灰烬"③。唐括安礼劝金世宗:"圣主溥爱天下,子育万国,不宜有分别"。金世宗却说:"朕非有分别,但善善恶恶,所以为治。异时或有边衅,契丹岂肯与我一心也哉"。④金世宗对契丹实施严密监控、分而治之和迁徙同化策略,"俾与女直人杂居,男婚女聘,渐化成俗"⑤。为了削弱蒙古诸部势力,金世宗下令三年一次出兵蒙古高原屠杀壮丁,称为"减丁",又大量掳掠蒙古人作奴婢。卫绍王"疑辽民有他志,下令辽民一户以二女真夹居防之"⑥。

中国民族关系思想的传统观点"华夷之辨"有贵中华、贱夷狄的涵义,往往会给少数民族政权带来沉重的思想压力。这促使辽金统治者推行汉化政策,抓住华夷区分重文化轻血缘的特点,以自己文化上的进步

---

① 《契丹国志》卷10《天祚皇帝上》,第102页。
② 《契丹国志》卷10《天祚皇帝上》,第102页。
③ 《金史》卷3《太宗纪》,第64页。
④ 《金史》卷88《唐括安礼传》,第1965页。
⑤ 《金史》卷88《唐括安礼传》,第1964页。
⑥ 《元史》卷149《耶律留哥传》,第3511页。

第七章 辽金民族关系思想的比较和评价

来争取"华"的身份,但他们往往又将"夷狄"的帽子扣在其他少数民族头上。

统和二十八年(1010年),萧敌烈劝谏辽圣宗勿伐高丽时,称高丽"岛夷小国"①。辽道宗时,刘辉上书言边事云:"西边诸番为患,士卒远戍,中国之民疲于飞挽,非长久之策。"②将西边少数民族视为"诸番",辽人称"中国之民"。天祚帝文妃萧瑟瑟在《讽谏诗》中说:"勿嗟塞上兮暗红尘,勿伤多难兮畏夷人"③,把女真人称作"夷人"。金章宗和金宣宗掀起德运之议,自居正统,将南宋贬入"闰"位,竟把"夷狄"的帽子扣到了南宋的头上。

二、差异性

第一,统治民族发展的定位有所不同。

契丹原本是一个游牧民族,生活于"大漠之间,多寒多风","畜牧畋渔以食,皮毛以衣,转徙随时,车马为家"。④游牧和渔猎的生产方式决定了契丹人"马逐水草,人仰湩酪,挽强射生,以给日用"的生活方式和"契丹旧俗,其富以马,其强以兵"⑤的价值观念。

在经济生产方面,畜牧业一直是辽代的主要生产部门,"自太祖及兴宗垂二百年,群牧之盛如一日"。⑥大部分契丹人仍过着游牧生活。在行政事务上,辽朝保留着浓重的"行国"特色。契丹统治者保持着先人在游牧生活中养成的习惯,"秋冬违寒,春夏避暑,随水草就畋渔,岁以为常。四时各有行在之所,谓之'捺钵'"⑦。一年大部分时间都不在皇宫里,政治中枢可以说就在四时捺钵之中。作为皇都的上京和中京,主

---

① 《辽史》卷88《萧敌烈传》,第1339页。
② 《辽史》卷104《刘辉传》,第1455页。
③ 《辽史》卷71《天祚文妃萧氏传》,第1206页。
④ 《辽史》卷32《营卫志中》,第373页。
⑤ 《辽史》卷59《食货志上》,第923页。
⑥ 《辽史》卷60《食货志下》,第932页。
⑦ 《辽史》卷32《营卫志中》,第373页。

要用来接见北宋、西夏和高丽的使节,具有礼仪性质。

辽太宗攻灭后晋,用中原皇帝的仪仗进入大梁,改穿汉族皇帝服装接受百官的朝贺,改年号为"大同"。表明他有意向汉族文明靠拢。但是他混一天下的尝试失败了,导致自身客死异乡和国家陷入分裂的危机,严重打击了契丹人的信心。以致后来辽穆宗对周世宗攻取三关不以为意,对国人说:"三关本汉地,今以还汉,何失之有?"①辽朝统治者还长期禁止契丹人参加科举,竟有子中进士而其父因此受刑的情况。

尽管辽圣宗时辽朝已基本完成了封建化,但不管是从契丹统治阶级的思想层面,还是国家的方针大略上都存在着二元的对立和矛盾。从而导致统治者对统治民族发展的定位犹疑不决、反复无常。辽朝国号的频繁改易就是最显著的体现。

女真人的情况则完全不同。自献祖绥可,生女真各部"耕垦树艺,始筑室,有栋宇之制",改变了"无室庐,迁徙不常"②的旧俗,走向发展农业的定居生活。金朝灭辽和北宋,大批女真人陆续南迁,大部分迁入中原。定居中原的女真人,经过与当地汉人的交往和融合,到金朝后期,已经与中原汉人没有明显的差异了。金熙宗进行政治改革,摒弃辽朝统治者"蕃汉分治"的思想,以唐宋官制为模式建立了一元化的中央集权体制。海陵王迁都燕京,断然与女真旧制决裂。随着金朝国家机构的强化,女真部族组织无可挽回地逐渐解体了。到金世宗统治的时候,"许多女真人似乎已经采用了汉人的行为方式并且忘记了自己的民族传统,包括他们自己的语言"③。女真统治者历来忌讳将女真人视为夷狄,金章宗下诏:"禁称本朝人及本朝言语为'蕃',违者杖之"④。泰和元年(1201年),金廷下诏,对于累经签军立功的契丹人户,待遇与女真人相同。贞祐三年(1215年),又废止了对非女真人军户的差别待遇。尤为引人注意

---

① 《契丹国志》卷 5《穆宗天顺皇帝》,第 54-55 页。
② 《金史》卷 1《世纪》,第 3 页。
③ 傅海波:《剑桥中国辽西夏金元史》,第 324 页。
④ 《金史》卷 9《章宗一》,第 218 页。

第七章 辽金民族关系思想的比较和评价

的是金朝科举考试几乎向所有人开放，还专门创立了女真进士科。

第二，对正统的认识和追求存在区别。

正统之论，始于《春秋》，自秦汉大一统王朝形成以后，便成为一个永恒的话题，也成为中国民族关系思想的一个重要内容。在这个问题上，辽金统治阶级的认识和追求有明显区别。

我们都知道，契丹的草原本位思想影响深远。而草原本位主义和正统思想之间存在着严重的对立和冲突。契丹保守派的代表述律太后就是典型的例子。辽太宗执意南下灭晋，述律太后对他说："使汉人为胡主，可乎？"辽太宗说："不可"。太后责问："然则汝何故欲为汉帝？"[①]这段对答成分说明述律太后自认夷狄，把汉和番的界限看得不可逾越。随着辽朝社会的发展，契丹人的观念逐渐发生了一些变化，对正统思想也有了一定的了解。然而，他们对正统地位的追求始终并不热烈，其目的只是不甘心于被称为"夷狄"，想求得与北宋对等或者稍高的地位。

澶渊之盟后，辽朝和北宋维持了百年的和平局面，两国的纠纷都以和平谈判的方式得到妥善解决，如重熙年间的关南地之争和辽道宗时的地界之争，经过谈判和协商，达成了双方基本认可的协议。辽宋一直互相视为兄弟之国，在交往中还有一些佳话流传。庆历年间，辽兴宗"尝以所画鹅、雁送诸宋朝"[②]，而宋仁宗亦作飞白书以答之。至和元年（1054年），辽兴宗提出"通好五十年，契丹主思南朝皇帝，无由一会见"，"欲交驰画象，庶瞻觌以纾兄弟之情。"[③]

相比较而言，金朝统治阶级对正统的认识和追求要深刻得多。天辅五年（1121年），完颜阿骨打就提出"今欲中外一统"[④]的想法，虽然这里的"中外"还只是局限在原辽朝的疆域内，但女真统治者对"一统"的追求已经初露端倪。灭北宋以后，金朝统治阶级沿袭中原政权即是中

---

① 《契丹国志》卷3《太宗嗣圣皇帝下》，第29页。
② 《契丹国志》卷8《兴宗文成皇帝》，第83页。
③ 《续资治通鉴长编》卷177"宋仁宗至和元年九月乙亥"，第4281页。
④ 《金史》卷2《太祖》，第36页。

国的观念，理所当然地以"中国"自居。金朝与南宋的关系经历了君臣、叔侄、伯侄三个阶段，南宋始终处于"以小事大"的地位。金熙宗改制后，金朝迅速走向汉化道路。女真统治者逐步接受了大一统的政治伦理观念。完颜亮以统一天下为己任，提出"自古帝王混一天下，然后可为正统"[①]的观点，他反对贵华夏、贱夷狄的华夷有别观念，斥责"朕每读《鲁语》，至于'夷狄虽有君，不如诸夏之亡也'，朕窃恶之！岂非渠以南北之区分，同类之比周，而贵彼贱我也"[②]。到了金章宗时代，金朝统治阶级又掀起了德运之议。经过多年争论，金章宗宣称承宋统为土德，将南宋贬入"闰"位。

第二节 辽金民族关系思想评价

一、辽金民族关系思想是中国民族关系思想史上的一个重要篇章。

崔明德教授指出："辽、夏、金、元尽管是由少数民族建立的政权，但它们的政治家和思想家对历史和现实民族关系的认识还是相当深刻的，在民族关系思想史上占有一定的地位。"[③]

其一，辽金民族关系思想比较全面地继承了传统的中国民族关系思想。隋唐时期，中国民族关系思想已趋于成熟。由于建国伊始辽金与汉族政权之间就存在着频繁的交往以及汉族士人在其政权建设中扮演着重要的角色，辽金统治阶级很早就对中国民族关系思想有了相当深的认识。

[①]《金史》卷84《耨碗温敦思忠传》，第1883页。
[②]《三朝北盟会编》丁卷242"炎兴下帙一百四十二"引《正隆事迹记》，第476页。
[③] 崔明德：《中国民族关系思想史研究范围和方法的探讨》，《民族研究》2006(2)，第66-77页。

第七章　辽金民族关系思想的比较和评价

立国之初，辽金统治阶级的"开明派"就"慕中华风俗"①，主动汲取传统的中国民族关系思想来充实自己。他们还注重对贵族子弟的教育和培养，"蕃汉官子孙有秀茂者，必令学习中国书篆，习读经史……故中原声教，皆略知梗概"②。传统的华夷之辨思想、天下一家思想、羁縻思想、用夏变夷思想、爱之如一思想、大一统思想、诚信思想、不事四夷思想、以夷制夷思想等在辽金民族关系思想中都有所体现和发展。

以华夷之辨思想在辽朝的演变为例。辽朝前期，契丹统治者大多把自己定位为夷狄。述律太后就说过"自古但闻汉和番，不闻番和汉"③，俨然以番邦自居。耶律德光在潞州送别石敬瑭时说："我若南向，河南之人必大惊骇。"④消灭后晋之后，他坐于崇元殿上犹自忐忑："汉家仪物，其盛如此。我得于此殿坐，岂非真天子邪？"⑤中期以后，契丹统治阶级对"华夷"的认识有了变化。辽世宗时，北宋被迫承认了辽朝的平等地位。辽兴宗一度希望凌驾于北宋之上，坚持将岁币称为"献"。重熙七年（1038年），辽兴宗用《有传国宝者为正统赋》为题试进士，企图借此建立在对宋关系中的优势。辽道宗时期，物质文明和精神文明成果粲然可观，华夷思想也趋于成熟。辽道宗自称"绍百王之正统"⑥，"上世獯鬻、猃狁荡无礼法，故谓之'夷'，吾修文物，彬彬不异于中华"⑦。萧瑟瑟在《讽谏诗》中视女真人为"夷人"。⑧天祚帝在被俘后写的《降金表》中犹自念念不忘："伏念臣祖宗开先，顺天人而建业；子孙传嗣，赖功德以守成。奄有大辽，权持正统。拓土周数万里，享国余二百年。从古以

---

① 《资治通鉴》卷287《后汉纪二》天福十二年，第9367页。
② 《宋朝事实类苑》卷77引路振《乘轺录》。
③ 《契丹国志》卷3《太宗嗣圣皇帝下》，第29页。
④ 《契丹国志》卷2《太宗嗣圣皇帝上》，第18页。
⑤ 《新五代史》卷72《四夷附录第一》，第889页。
⑥ 《高丽史》卷11《肃宗世家一》，第165页。
⑦ 《契丹国志》卷9《道宗天福皇帝》，第95页。
⑧ 《辽史》卷71《天祚文妃萧氏传》，第1206页。

来，未之或有。"①

其二，辽金民族关系思想丰富和发展了中国民族关系思想。辽金时期中国境内许多民族建立了政权，各民族之间和民族政权之间的来往日益密切，民族融合程度不断加深。尤其是契丹和女真等北方少数民族，以积极的姿态加入甚至主导了中国历史发展的进程。由于他们的历史包袱比较轻，因此其统治者能以开放的心态，主动加强与各民族政权的交往，并根据民族关系格局的变化来调整自己的民族关系思想。那些在实践中被证明行之有效的思想得到弘扬，而一些不切合实际或者错误的观念则被修正。在某些方面，他们的认识比汉族政治家还要深刻。这就使得传统思想受到冲击，探索和争鸣日趋激烈，其理论深度和对现实的影响力也在不断地加强。

举例来说，在辽朝广阔的疆域内，对众多处于不同社会发展阶段，生产方式和文化特征各异的民族实行单一制度显然是不现实的。契丹统治者汲取了华夏统治者对待少数民族"因其俗，简其礼"②的智慧和十六国时期少数民族统治者"民族分治"的思想，创造性地发展了"以国制治契丹，以汉制待汉人"③的"南北分治"以及"因俗而治"思想。这一思想的实践效果，已经远远超过了契丹统治者的初衷，为后世留下了一份珍贵的思想遗产。

其三，辽金民族关系思想对当时的现实起到了巨大的能动作用。任何一个涉及到民族关系的事件和政策，都不可避免地要受到当事者民族关系思想的影响。辽金民族关系思想的发展和演变在一定程度上决定了当时中国历史的走向。例如，阿保机和耶律德光热衷于逐鹿中原，导致后唐、后晋沦为短命王朝；辽穆宗秉持草原本位思想，坐视后周、北宋逐步削平地方割据势力。如果不是天祚帝在错误的思想指导下一再贻误

---

① 《全辽文》卷3《降金表》，第57页。
② 《史记》卷32《齐太公世家第二》，第1480页。
③ 《辽史》卷45《百官志一》，第685页。

第七章 辽金民族关系思想的比较和评价

战机,进而全面激化和引爆了辽朝潜在的各种矛盾和危机,女真人的兴起是不可能如此顺利的。当时许多重大事件,如宋金海上之盟、北辽的建立及耶律大石西走创立西辽等,都直接或间接受到了影响。

郝经在总结金朝的历史经验时,也认为金能从一个"东北小夷"发展到可与唐汉比隆,"灿灿一代之典",主要应归功于"用夏变夷"和"一用辽宋制度"的思想。① 这些事例都反映了辽金民族关系思想对当时现实巨大的能动作用。

二、辽金民族关系思想的实践推动了中国统一的多民族国家的发展

费孝通先生《中华民族的多元一体格局》一文指出中国各族的起源是多元的,一步步地融合为多元一体的中华民族。辽金民族关系思想的实践与中华民族多元一体格局的形成密切相关,推动了中国统一的多民族国家的发展。

在辽金与两宋南北对峙之时,各方都竭力为自己的合法性寻求根据,从而使正统思想和华夷观念不断发生着演化。契丹和女真精英开始接受传统的中国民族关系思想,汉族士人在严峻的现实压力下也逐渐认同少数民族建立的王朝,于是"中国"的概念延伸了,统一多民族国家的认识得到强化。辽金统治者开始以"中国之主"自居,汉族士人也称本朝为"中国"。

金于1203年颁土龙法,宣称以五行中的火为德运的宋朝从此让位于德运为土的金朝,以这种方式确定自己在汉族王朝更迭中的合法性。从今天人的感情来看,这可能显得像一场愚蠢的投机,但是对每一个生活在中世纪的中国人来说,它的含义却深远得多:最迟到1203年,至少在女真人自己眼中,他们所建立的金朝已经完全汉化,已在最高层面上成

---

① 《元文类》卷14《郝经政本论》,《四库全书》文渊阁本。

为正统王朝那连续不断的链条中的一环。"①

马大正先生认为:"这些政权的出现,一方面其政权中包括了大量的汉族,他们对各民族政权都有着重要的影响,并影响和加速了这些民族的汉化过程;另一方面,在这些政权所统治的汉族地区,汉族人的'胡化'倾向也很明显。这一时期,北方各民族就是在这种相互交融之中而更加凝结在一起,而北方统一政权的长期维持为这些民族的凝结提供了有利条件。"②辽金时期的民族融合是多向的,既有少数民族融于汉族,也有汉族融于少数民族以及少数民族之间的融合。在这种情形下,往日的华夷之别观念逐渐淡薄。

辽朝的疆域"东至于海,西至金山,暨于流沙,北至胪朐河,南至白沟,幅员万里"③,"不仅第一次将我国广大的北方地区各民族统一起来,而且还第一次打破了长城的阻隔,汉人北迁,北方民族南徙,将北方的游牧经济与长城以南的农业经济结合为一体……契丹国的政治体制以及'因俗而治'的民族政策,为后世祖国各朝统治者留下一份珍贵遗产,丰富了祖国的灿烂文化。所有这些,为祖国各民族再次大统一,奠定了基础"④;金朝"既大大推动了女真社会历史的发展,又在巩固祖国北部统一,发展北方社会经济,促进中华民族进一步形成等方面做出了很大的贡献"⑤。

三、辽金民族关系思想的局限性

在肯定其价值的同时,我们也应当看到由于受历史条件的限制和本身思想境界不足的影响,辽金民族关系思想仍然存在着相当大的局限性。

---

① 傅海波:《剑桥中国辽西夏金元史》,第 371、372 页。
② 马大正:《中华民族从多元到一体》,《中南民族学院学报(人文社会科学版)》,2000 年第 2 期。
③ 《辽史》卷 37《地理志一》,第 438 页。
④ 王锺翰:《中国民族史》,第五编《契丹、女真各民族迭起及其建立政权》,第 432 页。
⑤ 王锺翰:《中国民族史》,第五编《契丹、女真各民族迭起及其建立政权》,第 466 页。

第七章 辽金民族关系思想的比较和评价

其一，在五代中原政权更迭之际，辽朝一度有混一天下的机会，最终却功亏一篑。这其中虽然有其经济、军事力量尚不够强大等客观原因，更重要的还是由于契丹统治阶级的民族关系思想滞后于形势的发展，对其形成了制约。

其二，契丹和女真贵族侵入中原后，对社会生产的破坏十分严重，给各族人民带来了极大的苦难，暴露出其思想的落后和野蛮。女真统治者在入主中原之初，对中原人民实行残酷的掠夺杀戮政策，"虏骑所至，唯务杀戮生灵，劫掠财物，驱虏妇人，焚毁舍屋产业"①，"敌纵兵四掠，东及沂密，西至曹、濮、兖、郓，南至陈、蔡、汝、颍，北至河朔，皆被其害。杀人如刈麻，臭闻数百里。淮、泗之间，亦荡然矣"②。由于遭到北宋人民的激烈反抗，女真贵族斜也甚至计划将南人斩尽杀绝。

其三，在利用汉族官员的同时，辽金统治者也表现出不信任与限制的态度。辽朝规定"凡军国大计，汉人不与"③。赵子砥《燕云录》云："有兵权、钱谷，先用女真，次渤海，次契丹，次汉儿；汉儿虽刘彦宗、郭药师亦无兵权。"④刘祁在《辩亡》中说："大抵金国之政，杂辽宋非全用本国法，所以支持百年。然其分别蕃汉人，且不变家政，不得士大夫心，此所以不能长久。"⑤

其四，辽金民族关系思想中还存在着一些民族歧视和民族压迫的糟粕。在辽朝，契丹人侵害其他民族百姓的不法行为常常得到袒护。苏辙出使辽朝时，就曾注意到"北朝之政宽契丹、虐燕人，盖已旧矣"⑥。金世宗素有"小尧舜"美誉，却有很深的民族偏见。他不顾汉人失地后面临的悲惨境遇，强括汉人土地来保障女真猛安谋克的稳定发展，对契丹人强制监视和同化，镇压和防范蒙古各部，虽然取得了暂时的成效，却

---

① 《三朝北盟会编》[乙]卷106炎兴下帙六《赵子崧家传》，第468、469页。
② 《建炎以来系年要录》卷4"建炎元年四月庚申朔"，第87页。
③ 《辽史》卷102《张琳传》，第1441页。
④ 《三朝北盟会编》乙卷98"靖康中帙七十三"引《燕云录》，第396页。
⑤ 刘祁：《归潜志》卷12《辩亡》，第137页。
⑥ 苏辙：《栾城集》卷42，第749页。

埋下了民族仇恨的种子。

　　长久以来，人们对辽金历史人物的看法一直存在着争议。至于他们的思想，就更是乏人问津。造成这种现象的原因，除了辽金人物自身存在着一定的缺陷，还与两宋在政治、经济、文化等方面的辉煌成就遮蔽了辽金的光芒以及某些传统观念的狭隘有关。在学术界思想开明、学术事业繁荣的今天，我们有必要重新审视，并加大力度对辽金民族关系思想进行研究，本着实事求是的精神，具体问题具体分析，还原历史的真实全貌，并找出其内在的发展规律。

参考文献

一、典籍

[1]司马迁.史记[M].北京:中华书局，1959.

[2]班固.汉书[M].北京:中华书局，1962.

[3]刘昫.旧唐书[M].北京:中华书局，1975.

[4]司马光.资治通鉴[M].北京:中华书局，1956.

[5]薛居正.旧五代史[M].北京：中华书局，1976.

[6]欧阳修.新五代史[M].北京:中华书局，1974.

[7]杜牧. 樊川诗集[M]. 上海：上海古籍出版社，1978.

[8]叶隆礼.契丹国志[M].上海:上海古籍出版社，1985.

[9]脱脱.辽史[M].北京:中华书局，1974.

[10]脱脱.宋史[M].北京:中华书局，1977.

[11]脱脱.金史[M]. 北京:中华书局，1975.

[12]宋濂.元史[M]. 北京:中华书局，1976.

[13]李焘.续资治通鉴长编[M].北京：中华书局，1995.

[14]洪皓.松漠纪闻[M].长春:吉林文史出版社，1986.

[15]杨仲良.皇宋通鉴长编纪事本末[M].哈尔滨:黑龙江人民出版社，2006.

[16]江少虞.宋朝事实类苑[M].上海:上海古籍出版社，1981.

[17]宇文懋昭.大金国志[M].北京:中华书局，1986.

[18]赵汝愚.宋朝诸臣奏议 M].上海:上海古籍出版社，1999.

[19]徐松.宋会要辑稿[M].北京:中华书局，1957.

[20]吴广成.西夏书事[M].上海:上海古籍出版社，2005.

[21]余靖.武溪集[M].台北：台湾商务印书馆，1985.

[22]曾巩.隆平集[M].台北：文海出版社，1967.

[23]田况.儒林公议[M].北京：中华书局，1985.

[24]苏颂.苏魏公文集[M].北京:中华书局，1988.

[25]苏辙.栾城集[M].北京:中华书局，1990.

[26]陆游.老学庵笔记[M].北京：中华书局，1979.

[27]王辟之.渑水燕谈录[M].北京：中华书局，1981.

[28]徐梦莘.三朝北盟会编[M]. 台北：大化书局，1979.

[29]马端临.文献通考[M].杭州：浙江古籍出版社，2007.

[30]郑麟趾.高丽史[M].济南：齐鲁书社，1996.

[31]确庵.靖康稗史笺证[M].北京：中华书局，1988.

[32]李心传.建炎以来系年要录[M].北京:中华书局，1988.

[33]黄以周.续资治通鉴长编拾补[M].北京：中华书局，2004.

[34]刘祁.归潜志[M].北京:中华书局，1983.

[35]李有棠.辽史纪事本末[M].北京:中华书局，1983.

[36]李有棠.金史纪事本末[M].北京:中华书局，1980.

[37]陈邦瞻.宋史纪事本末[M].北京:中华书局，1977.

[38]郝经.郝文忠公陵川文集[M].太原:山西古籍出版社，2006.

[39]张金吾.金文最[M].北京:中华书局，1990.

[40]赵岐，孙奭.孟子注疏[M].北京:北京大学出版社，2000.

[41]毕沅.续资治通鉴[M].北京:中华书局，1957.

[42]陈述（辑校）.全辽文[M].北京：中华书局，1982.

二、先行研究

（一）专著

[1]杨建新.中国少数民族通论[M].北京:民族出版社，2005.

[2]杨建新.中国西北少数民族史[M].北京:民族出版社，2003.

[3]杨建新，崔明德.中国民族关系研究[M].北京:民族出版社，2006.

[4]崔明德.两汉民族关系思想史[M].北京:人民出版社，2007.

[5]崔明德.隋唐民族关系思想史[M].北京:人民出版社，2010.

[6]崔明德.隋唐民族关系探索[M].青岛:青岛海洋大学出版社，1994.

[7]崔明德.中国古代和亲通史[M].北京:人民出版社，2007.

[8]卜建华.青年亚文化的时代表征与引导对策研究[M].天津：南京大学出版社，2020.

[8]饶宗颐.中国史学上之正统论[M].上海:上海远东出版社，1996.

[9]马大正.中国古代边疆政策研究[M].北京:中国社会科学出版

社，1990.

[10]龚荫.中国民族政策史[M].成都:四川人民出版社，2006.

[11]徐杰舜.中国民族政策史鉴[M].南宁：广西人民出版社，1992.

[12]陈述.契丹社会经济史稿[M].北京：三联书店，1963.

[13]杨树森.辽史简编[M].沈阳：辽宁人民出版社，1984.

[14]李桂芝.辽金简史[M].福州：福建人民出版社，1996.

[15]舒焚.辽史稿[M].武汉：湖北人民出版社，1984.

[16]陈述.契丹政治史稿[M].北京：人民出版社，1986.

[17]王钟翰.中国民族史[M].北京:中国社会科学出版社，1994.

[18]赵云田.北疆通史[M].郑州:中州古籍出版社，2003.

[19]翁独健.中国民族关系史纲要[M].北京:中国社会科学出版社，2001.

[20]李锡厚，白滨.辽金西夏史[M].上海:上海人民出版社，2003.

[21]张博泉.金史简编[M].沈阳：辽宁人民出版社，1984.

[22]白寿彝.中国通史[M].上海：上海人民出版社，2005.

[23]孙进已等.契丹史论著汇编（上下）[M].沈阳：辽宁省社会科学院历史研究所，1988.

[24]刘浦江.松漠之间一辽金契丹女真史研究[M].北京:中华书局，2008.

[25]蒋祖怡.全辽诗话[M].长沙：岳麓书社，1992.

[26]傅海波，（英）崔瑞德.剑桥中国辽西夏金元史[M].北京:中国社科出版社，1998.

[27]金渭显.契丹的东北政策一契丹与高丽女真关系史研究[M].台北:华世出版社，1981.

[28]（日）岛田正郎.大契丹国：辽代社会史研究[M].呼和浩特:内蒙古人民出版社，2007.

[29]三上次男.金史研究[M]（3卷）.东京:中央公论美术出版社，1970-1972.

[30]Morris Rossabi. China Among Equals: The Middle Kingdom and Its Neighbors, 10Th-14th Centuries. University of California Press, 1983.

[31]KarlA.Wittfogel and Feng Chia-sheng.History of Chinese society : Liao（916-1125）.Lancaster Press, inc, 1961.

（二）论文

[1]崔明德.中国民族关系思想史研究范围和方法的探讨[J].民族研究，2006（2）.

[2]崔明德.中国民族思想的概念及发展脉络[J].中国边疆史地研究，2006（4）.

[3]崔明德.关于建立中国民族关系思想史学科的构想[J].齐鲁学刊，1998（4）.

[4]崔明德，曹鲁超.近十年来传统民族观及民族思想研究述评[J].齐鲁学刊，2005（5）.

[5]崔明德.中国民族思想的研究内容[J].齐鲁学刊，2007（1）.

[6]马晓丽.汉武帝民族关系思想的演变——以汉与匈奴的关系为例[J].齐鲁学刊，2007（4）.

[7]马大正.中华民族从多元到一体[J].中南民族学院学报（人文社会科学版），2000（2）.

[8]马大正.中国疆域的形成与发展[J].中国边疆史地研究，2004（3）.

[9]李大龙.传统夷夏观与中国疆域的形成[J].中国边疆史地研究，2004（1）.

[10]蒋维忠，安贵臣.辽、宋、金、元时期各族的中华意识评析[J].中央民族大学学报，1996（2）.

[11]郭康松.辽朝夷夏观的演变[J].中国史研究，2001（2）.

[12]周峰.辽代治边三题[J].赤峰学院学报（汉文哲学社会科学版），2008，29（4）.

[13]赵永春，玄花.辽金与高丽的"保州"交涉[J].中国边疆史地研究，2008，18（1）.

[14]李桂芝.辽景宗即位考实[J].学习与探索，2006（6）.

[15]赵永春.辽人自称"北朝"考论[J].史学集刊，2008（5）.

[16]曹显征.辽宋交聘制度研究[D].北京：中央民族大学，2006.

[17]任仲书，苏红.辽宋金元时期的民族关系[J].渤海大学学报（哲学社会科学版），2006，28（6）.

[18]赵旭峰.辽王朝在燕云地区民族政策之研究[J].大连民族学院学报，2006（2）.

[19]杨莉.论辽朝"因俗而治"与封建化进程[J].思茅师范高等专

科学校学报，1999，15（1）.

[20]宋馥香.论辽代圣宗朝的儒化教育与吏风建设[J].松辽学刊（社会科学版），1999（5）.

[21]武玉环.论辽与高丽的关系及辽的东部边疆政策[J].吉林大学社会科学学报，2001（4）.

[22]周宝荣.契丹承天太后的儒化战略[J].史学月刊，2003（7）.

[23]郑玉书.契丹族杰出的女政治家萧绰[J].辽宁工程技术大学学报（社会科学版），2006，8（1）.

[24]杨世彝.浅析辽朝的"因俗而治"[J].青海师范大学学报（社会科学版），1985（3）.

[25]狄宁.浅析燕云十六州的战略价值[J].重庆科技学院学报（社会科学版），2008（11）.

[26]程妮娜.强力与绥怀:辽宋民族政策比较研究[J].文史哲，2006（3）.

[27]赵永春.试论"澶渊之盟"对宋辽关系的影响[J].社会科学辑刊，2008（2）.

[28]孟凡云.圣宗削夺头下因果考论[J].昭乌达蒙族师专学报（汉文哲学社会科学版），2002，21（2）.

[29]杨莉，杨慧芳.试论辽朝前期的政争与封建化的关系[J].学术探索，2002（3）.

[30]田相林.宋辽"澶渊之盟"——古代少数民族与汉族长期和好的范例[J].平原大学学报，2001，18（4）.

[31]赵旭峰.宋元之际郝经的民族思想观[J].云南财经大学学报，2006，21（6）.

[32]金龙善.徐熙与十世纪丽辽外交关系[D].延边：延边大学，2004.

[33]高福顺.尊孔崇儒 华夷同风——辽朝文教政策的确立及其特点[J].学习与探索，2008（5）.

[34]高福顺.辽朝科举制度研究[D].长春：吉林大学，2008.

[35]王玉亭.从辽代韩知古家族墓志看韩氏家族契丹化的问题[J].北方文物，2008（1）.

[36]张国庆.论辽兴宗吸收汉文化之得失[J].社会科学辑刊，1988（6）.

[37]孟凡云.辽兴宗与辽道宗对比研究[J].内蒙古社会科学汉文

版，2000（5）.

[38]刘建丽.西夏与辽朝关系述论[J].辽宁大学学报（哲学社会科学版），2005（2）.

[39]尤李.辽朝崇佛政策的确立与政局的变迁[J].中华文化论坛，2006（4）.

[40]孟凡云.辽圣宗时期宫闱斗争探析[J].昭乌达蒙族师专学报（汉文哲学社会科学版），2000（5）.

[41]陶玉坤.辽宋和盟状态下的政治对抗[J].内蒙古大学学报（人文社会科学版），2000，32（增刊）.

[42]赵永春.辽朝兴衰的历史启示[J].黑龙江民族丛刊双月刊，2006（4）.

[43]林荣贵.北宋与辽并立时期的疆域格局[J].中国边疆史地研究，1998（3）.

[44]任爱君.从舍利到帝王:耶律阿保机"化家为国"的历史背景及时代内涵[J].社会科学辑刊，2004（2）.

[45]刘浦江.德运之争与辽金王朝的正统性问题[J].中国社会科学，2004（2）.

[46]刘浦江.辽朝国号考释[J].历史研究，2001（6）.

[47]王德朋.辽代汉族士人心态探析[J].史学集刊，2003（2）.

[48]赵振海.辽太祖阿保机"以家代国"的斗争[J].华中师院学报（哲社版），1985（3）.

[49]雷家宏.辽太祖耶律阿保机对民族融合的贡献[J].华中师范大学学报（哲社版），1989（5）.

[50]肖爱民.耶律阿保机"盐池宴"考辨[J].北方文物，2003（4）.

[51]李秀莲.阿骨打称都勃极烈与金朝开国史之真伪研究[J].史学月刊，2008（6）.

[52]赵永春.完颜阿骨打对宋政策探析[J].辽宁师范大学学报（社会科学版），2004（5）.

[53]孟古托力.试论金朝儒家文化分期——兼议"崇儒重道"基本国策[J].满语研究，2001（2）.

[54]王文东.试论金代女真人对儒家伦理的吸收[J].满族研究，2003（1）.

[55]赵永春.试论金人的"中国观"[J].中国边疆史地研究，2009（4）.

[56]杨保隆.试谈金代废除勃极烈制度的最初动因[J].社会科学战线，1994（1）.

[57]董克昌.大金统一思想的演化[J].北方文物，1996（2）.

[58]刘肃勇.论金朝完颜亮迁都[J].辽宁大学学报（哲学社会科学版），2009（5）.

[59]宋馥香.金朝争夺燕云地区的策略探析[J].北方文物，2001（1）.

[60]赵永春.完颜昌对宋态度的转变及其成因[J].史学集刊，2004（2）.

[61]赵永春.完颜宗翰对宋政策述论[J].北方文物，2004（1）.

[62]宋德金.大金覆亡辨[J].史学集刊，2007（1）.

[63]赵永春.金世宗对宋议和述论[J].吉林师范大学学报（人文社会科学版），2008（4）.

[64]王德忠.金世宗与宋孝宗之比较研究[J].史学月刊，1999（6）.

[65]付百臣.略论金世宗的吏治思想与举措[J].社会科学战线，2005（4）.

[66]郑传斌.试论金世宗对待汉族文化的态度——世宗"民族偏见"辨[J].河南大学学报（社会科学版），1996（2）.

[67]赵永春.金熙宗对宋政策的转变及其作用[J].北方文物，1998（3）.

[68]赵永春.论金熙宗的改革[J].社会科学辑刊，2004（1）.

[69]都兴智.论金宣宗"九公封建"[J].北方文物，2009（1）.

[70]麻铃.金朝"夷可变华"及"华夷同风"的治边思想[J].社会科学战线，2008（11）.

[71]刘浦江.金朝的民族政策与民族歧视[J].历史研究，1996（3）.

[72]赵永春，周力.金朝兴衰的历史启示[J].江海学刊，2007（2）.

[73]安贵臣，蒋维忠.金代的忠孝意识评析[J].中央民族大学学报（社会科学版），1997（2）.

[74]乔幼梅.论女真统治者民族政策的演变[J].文史哲，2008（2）.

[75]李玉君.论金朝中央集权对女真皇族的防范对策[J].满族研究，2009（3）.

[76]王德忠.论金朝女真族的社会阶层流动及其评价[J].东北师大学报（哲学社会科学版），2007（1）.

[77]刘建丽.略论西夏与金朝的关系[J].宁夏社会科学，2005（3）.

[78]范树梁，贾祥恩.金代民族政策评析[J].内蒙古师大学报（哲

学社会科学版),1996(2).
[79]孟东风.金代女真人的汉化与民族融合[J].东北师大学报(哲学社会科学版),1994(6).
[80]曹显征.辽代的孝道教育[J].昭乌达蒙族师专学报,第21卷(4).
[81]蒋金玲.辽代渤海移民的治理和归属研究[D].长春:吉林大学,2004.
[82]许明武.辽代杰出的军事家——耶律休哥[J].内蒙古民族大学学报,2001,21(1).
[83]张博泉.论古代边疆民族与疆域研究问题[J].吉林大学社会科学学报,1999(3).
[84]张博泉."中华一体"论[J].吉林大学社会科学学报,1986(5).
[85]景爱.辽金史研究的理论方法与实践[J].东北史地,2012(1).
[86]毛利英介.1074—1076年契丹(辽)宋间地界交涉的原因——以契丹方面为中心[J].陶玉坤,译.蒙古学信息,2004(4).